合同话语语用研究

杨红 著

山东大学出版社
SHANDONG UNIVERSITY PRESS
·济南·

图书在版编目（CIP）数据

合同话语语用研究 / 杨红著. —济南：山东大学出版社，2022.9
ISBN 978-7-5607-7622-4

Ⅰ. ①合… Ⅱ. ①扬… Ⅲ. ①汉语—合同—语用学—研究 Ⅳ. ①D90-055②D923.6

中国版本图书馆 CIP 数据核字（2022）第 177659 号

责任编辑 刘 彤
文案编辑 刘晓燕
封面设计 杨 波

合 同 话 语 语 用 研 究
HETONG HUAYU YUYONG YANJIU

出版发行 山东大学出版社
社　　址 山东省济南市山大南路 20 号
邮政编码 250100
发行热线 （0531）88363008
经　　销 新华书店
印　　刷 山东和平商务有限公司
规　　格 787 毫米×1092 毫米 1/16
　　　　 13 印张 253 千字
版　　次 2022 年 9 月第 1 版
印　　次 2022 年 9 月第 1 次印刷
定　　价 58.00 元

前言

Preface

在当代市场经济条件下，合同是经济发展的重要组成元素，市场经济就是合同经济。合同承载着经济发展的目标和重任，并反映一个国家及其民族国民经济生产力的形成过程。合同作为经济交易的一种基本法律形式，对于保障市场机制下的经济交易安全以及推动社会经济的有序运行，起着决定性的作用。此外，合同订立和履行每时每刻都在发生，合同话语纠纷案件及其审理判决也相应存在。为此，本书采用语用学的研究方法，考察合同话语纠纷产生的根源，分析合同话语的具体行为和行为目的，既有跨学科研究的理论意义，又具有一定的现实意义。

合同话语是一种法律话语，既与法学、经济学相关，又涉及法律语言学等其他学科。作为社会历史和市场经济发展的产物，合同是在特定的合同语境中，当事人双方或三方之间在互动过程中所产生的具体合同言语行为，具有社会性。本书在收集真实的合同话语语料基础上，以合同话语为研究对象，并在梳理国内外的合同行为话语和目的话语的文献基础上，运用言语行为理论、间接言语行为理论、目的原则的理论框架，对合同话语进行定性描写、阐释和语用三维分析，深究合同话语纠纷产生的根源。研究合同话语，有利于帮助合同话语人（或合同当事人）正确理解合同法律语言，明确合同双方或多方的言语行为及其行为目的，从而规避合同话语纠纷的发生。研究合同话语，有利于司法人员处理合同话语纠纷案件，找到合同话语间接言语行为所隐含的言外之意以及合同话语背后的真实行为目的。

合同话语的语用研究，为分析合同中的话语纠纷产生根源提供新方法，该研究具有可期待的应用价值。经典言语行为理论、间接言语行为理论与目的原则适用于合同话语语用研究。合同话语人的言语行为、间接言语行为的言外之意以及合同话语目的差异性，是合同话语纠纷产生的根源。合同不是单纯的语言，而是一种行为。合同是做事的，合同是一种言语行为，是一同利益的实现过程中，埋下合同陷阱和合同风险的种子，从而导致合同话语纠纷的产生。针对合同话语纠纷的产生，提出解决合同纠纷和目的冲突的合同言语行为的归类式博弈策略、信息扩展式博弈策略和蜈蚣式博弈策略。

本书的研究成果拟将为合同当事人订立合同和司法人员审理合同纠纷案件之所用，提高合同订立的质量和合同纠纷案件审理的效率。

本书的主要特色和创新之处表现在：

1.将中西方语用学理论结合起来，对合同的话语行为和话语目的进行三维分析。

2.提出把合同当作双向或多向的言语行为来分析的研究论点。

3.合同言语行为序列是合同话语连贯的纽带。

4.条件不对称、目的不一致以及利益不确定的动态语境，诱发了言外之意合同间接言语行为产生。

5.合同话语目的的实现是由合同话语的目的矛盾走向目的统一的一个过程。

6.目的原则在合同话语中的具体运用，丰富和扩展了目的原则的研究内容和研究领域。

7.汉语合同话语语用研究覆盖从立法行为，到法律行为，再到司法行为的全过程。

本书的研究内容共分为以下几个部分：

绪论。阐述合同话语的概念，概述论文的研究价值、目的与意义、研究方法与语料以及篇章布局。

第一章：文献综述。从合同行为话语、目的话语以及其他研究层面，进行国内外合同话语综述和述评，总结成就与不足。

第二章：理论框架。阐述经典言语行为理论、间接言语行为理论以及目的原则的三维分析框架。

第三章：从言语行为视角分析汉语合同话语，重点研究合同言语行为和合同言语行为序列。

第四章：从间接言语行为视角分析汉语合同话语，重点研究合同间接言语行为的言外之意和合同话语的动态语境。

第五章：从目的原则视角分析汉语合同话语，重点研究目的冲突合同言语行为的博弈策略、合同话语目的层次以及合同话语连贯关系。

第六章：结论与展望。总结论文的研究结果、最终结论、研究启示、创新点、局限性与不足以及未来展望。

目录
Contents

绪　论

合同是社会经济建设的重要组成部分，也是企业、个人、社会组织团体以及其他事业单位适应市场经济秩序所必需的法律文本。合同因社会的需要而产生，又因社会的日益发展而得以不断丰富。在合同经济不断发展和合同种类得以不断丰富的过程中，合同纠纷无时不有无处不在，皆因合同中的话语使用而产生或出现问题，尤其是大量的汉语合同漏洞和合同陷阱现象频繁发生，严重影响社会主义现代化建设，并损害合同当事人的合法权益。为维护社会经济秩序，有力保障合同当事人合同经济目的的实现，汉语合同话语语用研究的选题因而就具有一定的现实必要性和研究价值。

汉语合同，有口头合同和书面合同两种形式，合同表达的语言是汉语。汉语口头合同广泛存在于我们的日常生活交际中，如超市购物、市场买菜等。买方和卖方就货物的转移和价款的支付当场完成交易行为，属于口头合同形式。鉴于篇幅有限，本书研究的对象仅限于使用汉语文字和语言单位表达意思和交际意图的书面话语，即汉语书面合同，书中称为“汉语合同话语”（以下简称“合同话语”），其有着自身的话语规则和言语交际的语用思维。

语用思维渊源于哲学，哲学归根结底是对语言使用的思考。西方哲学经历古代哲学的本体论、近代哲学的认识论以及现代哲学语言论的演绎，语用思维与哲学的历史演变自始至终是相互糅合在一起的。洛克的符号行为哲学奠定了传统英国哲学的语用思维，使得经验论哲学家霍布斯、休谟与常识论哲学家里德从行为研究的视角建构社会语用哲学，揭示语言的本质。笛卡尔的哲学方法论影响了法国传统哲学中的语用思维，使人们开始关注语言的实际运用。美国哲学中的语用思维则受到莫里斯的行为主义语用学的影响。康德哲学的“语言学转向”和哈贝马斯的交流行为理论拓展了德国传统哲学的研究领域，从某种意义上改变了德国传统哲学的语用思维并推动了规范语用学的建构。“语言转向”之后的哲学被叫作语言哲学，其主要的两个派别为逻辑主义学派和日常语言学派（尹付，2011：197-200）。语言哲学家布列阿尔、伯格森等人对行为语言和对话理论的研究改变了法国哲学中的语用思维。维特根斯坦以“逻辑”为中心的前期哲学思想（Wittgenstein，1922：25-68）、后期语用学转向的哲学思想（Wittgenstein，1958：11-101），转变了英美哲学的传统风格，促使语言层面的分析转向以语境为核心的语用分析层面。维特根斯坦的“语言游戏说”，阐释语言的复杂性。语言是哲学的本质，寻求语言的本质和语言的逻辑最终回归到对语言意义的分析（李海峰，2012：175）。受维特根斯坦的“意义即用法”和“语言游戏说”的启发，牛津日常语言哲学领袖之一的奥斯汀细致地研究行为的语言表达方式，阐释人类的“言”与“行”交际活动。奥斯汀的哲学研究方法催生了言语行为理论的建构，从而使该理论成为现代语用学的奠基石。

哲学中的语用思维研究涵盖亚里斯多德的语用思维萌芽阶段，洛克和康德思想的欧洲原型语用学、美国实用主义，奥斯汀和塞尔奠定的近代语用学以及当代语用学五个阶段（郭贵春，贺天平，2006：1-6）。源于美国的符号学理论之一的语用学、起源于德国的普遍语用学、渊源于法国对话理论的语用学以及起始于英美国家的言语行为理论的语用学，这四部分语用学共同构建起语用思维的哲学脉络，促使一门独立的学科——语用学的诞生（Nerlich and Clarke，1996：12-15）。而言语行为理论是对语言学的原创性贡献，成为当代语用学的核心内容之一。

本书的研究对象是合同话语，涉及合同话语的交际规则和言语规律，是以言语行为理论和目的原则的语用学作为理论基础。自英国哲学家奥斯汀提出经典言语行为理论以来（Austin ，1962：94-107），言语行为理论成为语用学的哲学基础和核心部分之一。国内外专家纷纷研究奥斯汀的言语行为理论：塞尔继承和发展奥斯汀的许多观点，提出间接言语行为理论（John R. Searle 1969：54-62），廖美珍提出解释言语行为和言语活动的语用新原则——“目的原则”，把哲学上的目的原则应用于研究和分析言语行为（廖美珍，2005：1-9）。在20世纪60年代至今的近60年时间里，言语行为的理论建构性学术成果丰硕，但是对具体的言语行为研究不多。言语行为是具有社会性质的交际行为，有别于人类的其他行为，它是用语言符号构成话语来实现交际意图和实现所期待的目标（钱敏汝，2001：133）。英美国家对言语行为的研究态势，日渐趋向于由理论建构走向具体言语行为的研究（文兵，2014：40-44）。

本书所指的合同话语，正是这样一种有明确目标、具有社会性质的行为。分析合同话语就是对一种具体言语行为的语用研究。合同话语是一种组织性极强和目的性明确的机构话语，合同话语目的的实现实则是奥斯汀言语行为理论和廖美珍目的原则的实际运用和具体实践。法谚道：“目的是合同的灵魂。”合同目的的内容和指向是利益。合同是通过法律话语来表达目的和利益的一种法律行为。合同话语是用来做事的，作为一种法律话语，合同话语的言语行为又是有目的性的。本书旨在对合同话语的言语行为和目的性及其背后的利益驱动进行系统的语用研究。从言语行为理论与目的原则的视角，阐述目的原则与言语行为二者的辩证关系，并从话语行为层面、话语目的层面、利益驱动层面进行合同话语三维分析。通过三维分析，可以全面解读合同话语主体的语用行为和语用目的及语用策略（赵永平，2015：132-135），对于规范合同签订行为和规避合同话语纠纷行为以及司法实践的良好运行，起着一定的借鉴作用。

0.1 什么叫合同话语

合同话语，顾名思义，是指表达合同的法律语言。合同话语，由合同和话语两部分建构而成，且有别于法庭话语、政治话语、教学话语等其他话语类型，是表达合同目的和思想的交际话语。合同话语是人们运用语言表达商品交换思想并进行交际与思维的一种话语产物，是一种法律行为，也是法律话语的一种具体形态。

现代合同概念来源于罗马法。“合同”翻译为英文是“contract”，在罗马法中“contract”被写成“contractus”。前一部分“con”是由“com”转化而来的，有“共”的意思，后一部分“tractus”是“交易”的意思，“contractus”意为“共相交易”，用中文将其翻译为“合同”或“契约”（黄右昌，1930：408）。值得一提的是，对于英文单词“contract”的译法，有时被人们译为“合同”，也有的学者将其翻译为“契约”，随着社会不同时期的发展而发生变化和改变。“合同”一词，在我国的使用是新中国成立之后的事情，此前涉及合同的均以契约代之。1949 年以前，无论在立法还是在司法中，无论在实际生活还是在学者译著中，大多使用“契约”一词。1949 年至 1950 年期间，出现“合同”与“契约”同时混合使用的现象，1957 年之后，“合同”在民法中逐渐代替“契约”。直至今日，“合同”一词成为中国合同制度的法定术语（胡卫，2010：13）。此外，“合同”也成为英文词汇“contract”的专业法律术语翻译。

罗马法上的合同概念，在罗马私法和罗马债法中是不同的。在罗马私法中，凡是能发生私法效力的一切当事人的协议都是合同（周相，1994：654-655）。在罗马债法中，合同是债最重要的渊源，被定义为“得到法律承认的债的协议”。

英美法系合同法是一个独立的体系，合同概念在英美法系中被界定为允诺说和协议说两种说法。允诺说将合同定义为能够由法律强制执行的允诺(promise)，合同是可以依法执行的诺言，这个诺言可以作为，也可以不作为。协议说将合同概念明确为法律上能够强制执行的协议。两人或多人之间为某一特定事情设定的合同义务而达成具有法律强制力的协议。

依据大陆法系民法，合同是一种双方法律行为，是双方当事人的合意。而我国的法律制度受大陆法系的影响较深，大陆法系学者认为合同是一种合意或协议（胡卫，2010：7-12）。合同作为一种典型的民事法律行为，必须要有当事人的合意要素，这种理念在中国合同法律制度中得到充分体现。

中国法律中的法定合同，即合同是平等主体之间的民事法律行为，是平等的自然人、法人和其他组织之间设立、变更、终止民事权利义务关系的协议。合同具有广义、狭义、最狭义之分。广义的合同，泛指发生一定权利、义务的协议，是所有以明确权利义务为内容的协议，它除了民事合同以外，还包括行政合同以及国际上的国家合同等。狭义的合同，即民事合同，是以设立、变更、终止民事权利义务关系为内容的协议，包括债权合同、物权合同、身份合同。最狭义的合同，仅指债权合同（刘有东，2005：1-4）。传统意义上，合同一直以来作为纯粹的法学符号被研究，本书则将语用学的言语行为理论和目的原则引进到合同中来，对合同话语进行研究。

合同话语作为社会历史和市场经济发展的产物，是在特定的合同语境中，当事人双方或三方之间在互动过程中所产生的具体合同言语行为，具有社会性，可以使用不同语言来表达和呈现出来。合同话语有两种形式，即口头合同话语和书面合同话语。鉴于口头合同话语大量出现在日常生活和工作中，每时每刻在人们的口头交际中产生着和变化着，不稳定因素多，语料收集范围广、难度大，研究工作量很大。故此，当前本书研究对象仅限于书面合同话语，并且研究的焦点就是书面形式的汉语合同话语，而将口头合同话语作为未来研究的一个展望。

那么什么是汉语合同话语？汉语合同话语是合同话语的一种。从法学视角来说，汉语合同话语是指我国《中华人民共和国合同法》（以下简称《合同法》）[①] 所规定的签订合同时的规范法律用语，并用汉语明确规定合同内容，包括合同标的、数量、质量、合同价款、合同当事人履行方式、地点、期限、违约责任、合同争议及解决争议的办法等合同话语，是平等主体之间依法设

① 2020年5月28日，十三届全国人大三次会议表决通过了《中华人民共和国民法典》，《中华人民共和国合同法》同时废止。下文分析以当时生效的《中华人民共和国合同法》为准，下同不注。

立、变更、终止民事权利义务关系的汉语协议。本书研究是针对具有相应的民事权利能力和民事行为能力的当事人订立的书面形式的汉语合同话语。从语用学视角来讲，汉语合同话语是指使用中国人的语言文字（中文或汉语）来表达当事人目的和利益的书面合同话语的言语行为，其言语行为是有目的的。

0.2 本书概况

0.2.1 研究价值

本书的研究价值，包括学术价值和应用价值两个方面。学术价值就是本书对于已有的理论而言有自己的创新观点并反映本学科的发展动向。应用价值就是本书能解决什么实际问题以及本书对国民经济发展的作用。

0.2.1.1 学术价值

理论性、创造性和科学性是本书的根基和价值所在，从法律语言学和话语语用的学科发展动向来看，本书的学术价值总的来说体现在三个方面，即理论价值、创造价值以及科学价值。

1. 理论价值。学术价值最主要是看理论价值，也就是本书对现有理论的贡献。本书对现有的目的原则和言语行为理论进行延伸，进而提出合同言语行为目的背后的利益驱动原则，简称“利益原则”。通过对大量的合同事实和合同语料进行分析和研究，使得对合同的感性认识上升到对合同话语的理性认识。不是简单地罗列材料，而是提出自己的新观点和新理论，对合同话语展开行为、目的、利益驱动的分析，形成自己的理论系统，这正是本书的学术价值所在。

2. 创造价值。创造性是文章的生命，没有创造性，文章也就失去了学术价值。本书突破传统的理论性研究，将言语行为由理论研究引入具体言语行为即合同言语行为的研究中。此外，拓展了语用学目的原则的理论应用领域。过去的目的原则主要应用于口头法律语言的研究领域，如法庭话语问答技巧、法庭调解分析、法庭录音会话分析等。迄今为止，几乎没有人将奥斯汀的言语行为理论与塞尔的间接言语行为理论和目的原则三者结合在一起运用到合同话语的语用研究中。本书实则上是将目的原则的研究领域从口头的法庭话语研究扩展到了书面的合同法律语言的目的性研究领域，从而丰富和完善了目的原则的研究内容，因而本书具有一定的研究价值。

3. 科学价值。本书的学术价值除了理论性和创造性以外，还体现在研究的科学性。本书的材料皆取自国内各行各业的真实合同文本。本书以合同事实为依据，在合同话语的立论上切实从客观实际出发，不带主观偏见和臆造，以丰富的第一手合同资料，通过整理、分析、归纳和逻辑推理，进行严谨的论证，并从中提炼和引出科学的结论和观点。

0.2.1.2 应用价值

1. 拟解决合同纠纷的社会现实问题。本书的研究价值在于应用。通过分析国内外合同话语的研究成果，揭示合同话语实践中存在的问题，提出解决合同话语纠纷问题的办法和对策，从而减少合同话语纠纷，降低合同风险。语言学的研究往往有两条途径：一是理论性研究，二是应用性研究。语言学不仅仅局限于字、词、句、语音、语法、语言特征等传统理论研究，更应该将语言学理论的研究运用到实践当中，解决一些社会现实问题，以实现语言学研究的应用价值，达到语言学研究的最高效率。合同作为当事人利益的连接点和利益载体，往往会使当事人为了自己的利益，有意违反合同规范法律用语的要求，就合同标的、质量、价款、付款方式等法律条款语言，在合同订立时故意设下合同文字漏洞或合同话语陷阱，并使用合同歧义话语和合同模糊话语，出现合同用语不规范现象，从而引发当事人之间的合同纠纷。合同纠纷实际上是话语纠纷，源自合同的话语歧义与模糊话语，而话语歧义和模糊话语又源自当事人的利益驱动下的目的冲突。当事人利益目的不一致，各自站在维护自身利益的角度，使用维护自己利益的话语，使得合同纠纷大量存在。合同话语纠纷问题存在的普遍性，使得合同话语纠纷成为法院受案和司法审理的主要焦点，严重干扰和阻碍社会发展。

2. 有利于国民经济发展。随着我国市场经济的发展，各种类型的经济合同实践大量涌现，除法律层面存在的问题外，由于法律语言和非法律语言在经济合同订立、履行中并行存在，受合同主体法律语言水平的限制，非法律语言对经济合同订立与履行活动的冲击，导致歧义和纠纷大量出现，加上法官和合同当事人对合同法律语言的不同理解，也深刻影响到经济合同案件的公正处理。通过研究合同话语，揭示中国合同实践中非规范合同法律言语行为对合同订立和履行的冲击，提出规范的合同法律用语，提高合同当事人乃至全体公民运用合同法律语言的水平。分析法官处理经济合同纠纷的法律语言（话语）与非法律语言（话语），论证规范法律话语对法官公正处理经济合同纠纷案件的重要意义，加强对法官法律语言学理论的培训，提高法官的司法水平。在依法治国和建设法治国家的背景下，合同当事人以及法官和律师等法律工作者都要掌握合同法律语言知识，了解合同法律言语行为和合同法律语言目的性。研究汉语合同话语，解决合同法律文本、合同订立、履行实践中的非法律语言的干扰；运用目的原则，探索合同双方当事人在合同法律文本中言语行为的目的冲突，帮助实现各自的合同目的，规范合同法律语言。因此，本书有利于正确引导当事人规范合同话语，了解对方的合同目的，提高合同话语质量，有利于稳定市场经济秩序，这对国民经济建设起着积极的作用。

0.2.2 研究目的与意义

本书属于法律话语研究。法律话语研究是该书的研究背景和理据。总的来说，本书要达到下列目的，并具有以下几个方面的研究意义。

0.2.2.1 研究目的

1. 丰富法律语言的研究内容。过去和当前的法律语言研究，国内外几乎没有关于合同话语特别是汉语合同话语语用研究方面的著作和文章。一些专家学者侧重于口头法律语言研究，如法庭话语的问与答、法庭调解话语博弈、法庭互动话语中的立场、法庭打断话语现象、法庭口译、法官问询语等。另外，法学工作者、语言学工作者以及法律语言爱好者主要集中于法庭判决书、法律遗书、法律笔译、法律笔记学以及其他研究。汉语合同话语语用研究，旨在增加和扩展法律语言的研究内容，以丰富书面法律语言的研究结构和研究领域。

2. 探索合同话语的本质。通过研究合同事实，发现合同从语言到言语行为到行为目的、再到目的背后的各自利益。双方当事人表面上签订的是合同法律文本（即合同本身，如买卖合同），实际上背后所反映的是合同法律言语行为以及双方当事人合同法律语言的目的性和目的利益的实现。具体来说，合同就是双方目的博弈的结果。目的博弈的过程，就是合同当事人双方签订合同的过程。在博弈的过程中，合同双方当事人有着企业或个人实力的大小、教育程度和专业水平的高低、信息的不对称性、双方合同目的认知差异性等不同，因此，往往产生一方对合同另一方目的认识不到位，或者产生误解，或有意隐瞒自己合同的目的，从而导致合同出现重大误解或欺诈。只有认识合同话语的本质，才能使订立的合同有效和合法，并最大限度地维护和实现当事人的合同话语的经济目的，确保其经济利益的最大化。

3. 为合同订立者和审理合同纠纷案件的司法人员提供理论依据。合同涉及双方或三方当事人，其目的和利益驱动不一致，因此，合同订立时的每一个条款所表达的语言（合同话语）就不一样，自然就会存在潜在的合同风险，包括语言漏洞、陷阱甚至欺诈。一旦合同纠纷出现，并最终进入合同案件审理的司法阶段，对于司法人员如何审理合同案件，分析合同话语背后当事人的真实意图和目的以及利益动机，是个值得研究的问题。因此，本书从大量的合同事实和合同纠纷案件中所发现、分析、提炼和总结出来的合同话语基本规律和合同话语理论，为市场经济条件下的合同当事人提供了理论依据，帮助其规范合同法律语言，减少合同话语的歧义，提高合同质量。此外，也为法官等司法人员公平、公正审理合同纠纷案件提供合同话语的理论依据，以声张司法正义，实现法治价值。

0.2.2.2 研究意义

本书的选题是有意义的，力图将理论性研究与实践性研究二者结合起来，运用语用学理论框架，尝试探讨人类生活和工作中不可或缺的合同话语现实领域，剖析汉语合同话语在法学层面和语言学层面的基本面貌，透过现象看本质，从一般合同现象当中找到并提炼合同话语的语用规律，因此，本书具有理论意义、现实意义以及跨学科建设的意义。

1. 理论意义。过去的法律语言学研究领域主要是在法律语言的口头方向，本书将法律语言学研究领域扩展到了法律语言的书面言语方面（即合同话语），并将言语行为理论和目的原则二者有机结合运用到法律合同领域的研究，揭示了合同话语背后的实质，即合同订立乃合同当事人的法律行为目的以及目的背后利益的博弈，合同法律文本是合同当事人之间从法律行为到行为目的、再到目的背后利益的对立与统一，既丰富和完善了法律语言学理论的相关内容，又是对目的原则的拓展：提出目的的内容和目的指向是利益。

2. 现实意义。合同离不开语言，合同问题实际上是话语问题。合同话语会受到多方面因素的影响，如合同语言文字本身的多层含义、合同订约主体的教育水平和文化程度的差异、语言思维习惯的不同，以及交易成本等因素的影响，合同条款往往存在话语歧义，即相同的一个语言文字一般都会出现两种或两种以上的符合语法的理解或解释。合同当事人对有歧义的合同话语条款各执一词，势必影响合同的履行，并引发矛盾。对有歧义的汉语合同条款要做出合同话语的分析和必要的解释，以便明确当事人的权利义务，从而实现合同的经济目的。合同是通过语言形式而产生的，语言是思维直观的现实存在，合同的表述反映合同以言辞形式存在的思维有了自己的内容。本书从奥斯汀的经典言语行为理论、塞尔的间接言语行为理论以及语用学目的原则的理论视角出发，分析汉语合同话语的当事人目的与国家目的的关系，探究合同言语行为、合同间接言语行为，剖析合同话语目的层次等，以利于解决汉语合同话语的歧义、合同话语的误解、合同话语欺诈、合同话语纠纷和目的冲突等问题，从而实现合同利益的最大化。合同法律语言不规范，直接影响企业法人和公民的经济目的和经济利益。合同法律语言存在问题，同时还会影响依法行政，影响司法和执法，增加司法成本和行政执法成本。因此，合同话语研究有助于弘扬法治精神，对中国法治建设和依法治国的全面推进，具有一定的现实意义。

3. 跨学科建设意义。汉语合同话语研究涉及语言学、法学、语言哲学、语用学以及经济学等领域，对于多领域的学术研究而言，具有跨学科建设的重要意义。

合同话语与语言学和法学密切相关。语言是音义相结合的体系，是人类思想表达的主要手段和工具，是人类文字历史得以延续的重要保障。语言，是一切文明的基石，具有其本身的主体地位。正因为如此，语言学成为一门研究语言一般规律的学科独立存在并走向成熟。法学，顾名思义，关于法的学科，是研究正义的科学，其研究内容是法律现象以及法律基本规律。合同话语研究课题，是合同与话语两个主题的规律研究，合同是用话语表达的，话语构建了合同，从而使得合同话语成为语言学和法学研究内容的一部分。

合同话语与语言哲学和语用学密切相关。合同话语研究的理论框架起点是西方言语行为理论，该理论的提出者是著名的英国分析哲学家奥斯汀。他致力于传统哲学的批判性研究，力求从语言角度思考哲学问题，提出了原创性和建设性的施行话语、记述话语以及言语行为三分说经典理论。该理论成为语言哲学最有意义的理论之一，并成为语用学的核心组成部分。后经其学生塞尔的修正和补充，提出间接言语行为理论，该理论得以完善和广泛应用。合同话语是一种书面言语行为，其言语行为又是有目的的，该研究还引入了廖美珍目的原则的语用学理论进行研究。

合同话语与经济学有着密切的联系。在中国法治建设的过程中，有许多合同在签订时，合同用语不规范、存在合同话语的歧义等，造成合同双方在履行合同时发生争议，造成履行合同的困难或困扰，使得合同当事人的权益受到损害，还影响中国法治经济和市场经济的建设。在一定程度上说，市场经济是合同经济，规范合同语言是市场经济建设的一个重要环节。合同作为市场经济的一种保障和规则，对于维护市场经济秩序，促进经济发展，保护合同债权人的合法权益，有着重要的作用和意义，因此，该研究对于国民经济建设和社会经济发展，具有重要的跨学科建设意义。

0.2.3 研究方法与语料

0.2.3.1 研究方法

研究方法受制于研究对象、研究语料以及研究目的。本书主要采用合同实证研究法、调查研究法、案例分析研究法、历史文献法、数量统计分析法、定量与定性分析法等多种研究方法相结合的方式，展开合同话语语用研究。

1. 实证研究法、调查研究法、案例分析研究法。本书采用人类学田野调查、实地取证、案例分析研究方法，与政府官员、企业经营者、公司高管或职员、专家学者、教师等进行访谈、电话交流、网络沟通，并从法院、律师事务所、政府部门、事业单位、国有或民营企业、高等院校、医院诊所、保险证券机构、银行金融部门、广告公司、燃气公司、上市公司、会计师事务所等十几个机构和部门收集到真实的合同文本，作为本书研究的基础和语料依据。

本书采用实证研究法，包括观察法、实验法、谈话法、测验法。调查研究法是本书最基本的研究方法，包括广泛调查合同订立、合同履行、合同纠纷等情况。案例分析法，是指本书对多个合同话语纠纷案例进行现场旁听、录音整理、文字分析的方法。此外，与合同话语纠纷的当事人谈话和访谈并记录下来，通过对多个合同案例、合同纠纷的基层人民法院和中级人民法院判决书的研究，找到合同话语研究的内在关系和内在逻辑以及研究思路。实证研究法、调查研究法、案例分析研究法这三种研究方法是本书研究使用次数最多和最基础的研究方法，使用这三种研究方法时，注意几个原则，即合同典型性原则、合同真实性原则、合同启发性原则，以期找到合同实务当中的合同话语共性和合同话语研究的价值所在。

2. 历史文献法。历史文献法，是指广泛收集国内外法律语言研究和合同话语研究的文献资料，并对文献资料进行分门别类、去粗取精的分析研究。具体做法是：

第一，利用外文数据库资源。Springer Link 数据库、Alexander Street Press 数据库、ProQuest 全球版博硕士论文全文数据库（ProQuest Dissertations and Theses Global，PQDT Global）、剑桥期刊数据库（Cambridge Journals）、联机计算机图书馆中心（Online Computer Library Center，OCLC）、MyiLibrary 电子图书数据库、不列颠百科全书网络版数据库（Encyclopedia Britannica Online，EB Online）、CALIS 西文期刊目次数据库（CCC）、国道外文特色数据库（SpecialSciDBS）、Wiley-Blackwell 数据库、Elsevier 全文数据库、WorldSciNet 全文电子期刊数据库、科学在线（Science

Online)、科学引文索引（Science Citation Index，SCI ）、INSPEC 数据库、JSTOR 过刊数据库、SAGE 数据库、Gale 数据库、EBSCO 多语种全文数据库等。

第二，利用中文数据库资源。Westlaw 法律数据库、中文社会科学引文索引（Chinese Social Sciences Citation Index）、国务院发展研究中心信息网、EPS 全球统计数据/分析平台、北大法宝数据库、中国知网、维普科技期刊、中国优秀博硕士学位论文全文数据库、万方数据知识服务平台、中国大百科全书数据库、读秀学术搜索等。

第三，利用国外人脉资源收集文献。利用英国导师和同仁的资源，在大英图书馆、英国高校图书馆等查找合同话语方面的历史文献。

3. 数量统计分析法。将国内外收集的文献资料进行整合，统计结果，然后分析。这是本书研究所运用的统计学的方法，即数量统计分析法。通过收集合同文献资料和法律语言研究资料，对相应数量的合同进行统计，编入统计数据库，找到合同内在的逻辑。这种研究方法，在本书运用的地方比较多。

4. 定量与定性分析法。在上述研究方法的基础上，本书还采用定量与定性分析相结合的研究方法。以定性分析为主，定量分析为辅，定量是一个积累，是为了定性而采取的基础性的前期研究。通过对合同的统计，从诸多数量的合同当中进行定量分析，再通过定量分析的结果，找出合同话语分析的基本规律和内在本质，实施定性分析研究。

总而言之，本书用一种方法难以完稿，它需要多种研究方法的综合运用才能得以完成。本书以定性研究为主，以人类学田野调查、实地取证、案例分析研究方法、历史文献法、数量统计分析法、定量与定性分析法为辅，多种研究方法融合相互取长补短。

0.2.3.2 研究语料

本书的研究对象是汉语合同，全部语料来源于国内第一手资料，具有社会真实性和实务性的特点。语料来源与语料典型性说明的具体情况如下：

1. 语料数量。所收集的合同共 261 份，约为 100 万字（汉字）的语料，平均每份合同语料为 3831 个字（汉字），加工成一个合同话语语料库。

2. 语料来源地点。选取山东省、浙江省、海南省、天津市及北京市，作为合同语料来源的地点。选取山东省、海南省作为语料来源地点，是因为在两地有法院、律师事务所、检察院、法学院校等，有利于获取合同语料。之所以选择浙江省作为合同语料来源渠道，是因为这里是中国东部省份经济发展较好和较快的地区，合同普遍存在于该地区的每个领域，其合同涉及商务和经济等方方面面，能够反映经济发达省份的合同典型性和代表性的特点。将北京市列入合同选择的来源地点，是因为它是中国的首都，是中国政治、经济、文化、金融的中心，从此地选择的合同更具有语料的前沿性、典型性和代表性的特征。选择天津市作为合同语料的来源地，是因为笔者有幸旁听了天津市中级人民法院的几场合同纠纷案件的审理，对合同话语漏洞和合同话语陷阱给合同当事人造成的身心伤害和经济损失有切身之感受。也正是因为对合同纠纷案件审理旁听的切身之痛和感悟，所得来的合同语料是第一手资料，也增加了笔者完成汉语合同话语语用研究的力量和决心。

3. 语料来源机构。合同语料来源机构，选自山东省、海南省、浙江省、北京市、天津市等省、直辖市的各部门，包括国有企业、民营企业、国有银行、商业银行、政府、高等院校、医院、法院、证券机构、律师事务所、会计师事务所、广告公司、燃气公司、保险公司、体育赛事中心等，语料来源涉及十几个机构和部门，合同话语研究属于法律语言学研究范畴之一的机构话语。

4. 语料提供者。合同语料的提供者，涉及不同身份的工作人员，包括企业董事长、总经理与企业职员，银行行长与银行职员，政府行政人员，学校校长与教师，律师与会计师等。

5. 语料来源的保密性。由于本书的全部语料皆是真实的合同，涉及合同当事人的业务机密。因此，为了有效保护合同当事人的利益、商业机密以及知识产权，本书中的语料不使用合同当事人的真实名称，确保合同当事人的机密和利益得到合法保护。

6. 语料典型性说明。本书基于 261 份合同的第一手资料，鉴于涉及数量之多、研究篇幅所限，不能逐一对每一份合同语料进行话语分析。因此，将这些合同语料进行分门别类，对经济社会中常用的和有代表性的合同语料展开话语阐述和论证。这些主要的典型性合同实务语料归类如下：

（1）人力资源方面涉及的典型性语料：劳动合同。

（2）市场经济条件下买卖业务典型性语料：买卖合同、供销合同、销售合同。

（3）个人房屋租赁常见的典型性语料：个人房屋租赁合同、企业房屋租赁合同、工厂设备租赁合同、融资租赁合同。

（4）政府层面涉及的城区建设业务典型性语料：旧城区改造拆迁补偿安置协议。

（5）覆盖日常生活的电信业务的典型性语料：电信业务服务协议。

（6）国家留学基金委员会公派留学业务的典型性语料：资助出国留学协

议书。

（7）高等院校合作的典型性语料：校际友好关系协议书。

（8）出版社业务的典型性语料：出版合同。

（9）银行信用卡业务的典型性语料：银行信用卡自动还款业务合同书、多币种银行卡合同。

（10）燃气公司业务的典型性语料：包括股票质押合同、法律事务委托合同、常年法律顾问聘请合同、合作开发房地产补充协议、城区土地整理项目协议书、定向资产管理合同、建设工程施工合同、合资经营协议、管道燃气设施租赁协议、土地租赁合同、合作框架协议书、联营协议、债权让与协议、债务转让协议、股权转让协议、土地租赁合同、聘请常年法律顾问合同、工程承包协议书。

（11）保险公司业务的典型性语料：包括保险营销员保险代理合同、保险营销员保险代理合同约定书、保险营销员保证合同、保护商业机密及知识产权协议、劳动合同书、员工制销售人员劳动合同补充协议、人身保险专业代理委托协议、人身保险经纪业务合作协议、人身保险兼业代理委托协议、保险业务单证管理协议、保险补充协议、保险公司全面业务合作协议、保险兼业代理协议、银保通业务合作协议、保险产品及手续费补充协议、技术开发合同、保险公司购货合同。

（12）体育赛事业务的典型性语料：包括出租车广告媒体地区代理商合作协议书、广告全案服务合同书、广告发布合同、度假区春节氛围布置工程合同、体育赛事广告合同、遮阳亭广告位租赁合同、委托运营管理协议书、旅游官方网承包协议书、体育赛事合作协议书。

（13）广告公司业务的典型性语料：包括合作协议、户外广告租赁公司、租赁及广告制作发布合同、户外广告发布合同、户外广告合同、广告牌制作安装合同。

（14）律师事务所业务的典型性语料：包括民事法律事务委托合同、刑事法律事务委托合同、刑事附带民事法律事务委托合同、仲裁法律事务委托合同。

（15）海事业务的典型性语料：包括船舶修理合同、合同协议书、工程施工合同书、协议书、工程合同书、海事基地施工合同、技术开发合同书、销售合同、维修工程合同。

（16）医院业务的典型性语料：包括医疗设备购销合同，医院科研项目合作协议书，产品升级协议、委托协议书、医院合作协议、施工协议书，建设工程施工合同，购货合同，委托代建合同，建设工程设计勘察合同，医院护士培训合同。

（17）法院案件审理业务的典型性语料：合同纠纷民事判决书、合同纠纷判决录音资料。

（18）银行运营业务的典型性语料：包括一般借款合同、一般抵押质押合同、个人贷款类业务合同、公司借款类业务合同、保理合同、保函、信用证合同、承兑合同、贷款合同、透支合同、银行合作合同、担保合同。值得一提的是，每种类型的银行合同又涵盖以下具有代表性的和典型性的合同语料。

a. 一般借款合同，包括人民币资金借款合同、人民币资金借款合同补充协议、外汇资金借款合同、最高额保证合同、人民币额度借款合同、人民币借款保证合同、人民币额度借款保证合同。

b. 一般抵押质押合同，包括抵押合同、人民币额度借款权利质押合同、人民币额度借款动产质押合同、人民币额度借款抵押合同。

c. 个人贷款类业务合同，包括个人额度借款权利质押合同、个人额度借款保证合同、个人额度借款抵押合同、个人额度借款动产抵押合同、个人额度借款合同、个人住房借款合同。

d. 公司借款类业务合同，包括公司人民币额度借款权利质押合同、公司人民币额度借款动产质押合同、公司人民币额度借款抵押合同、公司人民币额度借款保证合同。

e. 保理合同，包括国际保理合同和国内保理合同。国际保理合同，主要是出口保理服务协议。国内保理合同，有追索权保理合同、无追索权保理合同、保理合作协议。

f. 银行保函，包括反担保权利质押合同、反担保动产质押合同、反担保抵押合同、保函协议书。

g. 信用证合同，包括国内信用证开证合同、国内信用证保证合同、国内信用证开证抵押合同、国内信用证动产抵押合同。

h. 承兑合同，主要包括银行承兑合同、商业承兑合同。

i. 贷款合同，包括委托贷款协议书、人民币资金委托贷款合同、委托贷款展期协议书、个人委托贷款合同。

j. 透支合同，包括透支业务合同、透支业务保证合同、透支业务抵押合同、透支业务动产质押合同、透支业务权利质押合同。

k. 合作合同，包括银企合作协议、借款债务转移协议、硬件设备购置合同、软件开发合同、买断型信贷资产转让合同、客户交易结算资金主办存管协议、交易资金托管协议、人身保险业务合作协议、财产保险业务合作协议。

l. 担保合同，包括保证合同、公路桥梁收费权质押合同、出口退税权利质押合同、保证金质押合同、权利质押合同、动产质押合同、最高额抵押合同、最高额保证合同。

0.3 篇章布局

本书采取自上而下、从外到内、从宏观到微观的方式展开论述。

绪论。阐述合同话语概念、研究目的与意义、研究价值、研究语料以及本书的研究方法和篇章结构。

第一章为文献综述。本章对合同话语语用研究的国内外研究现状进行梳理和综述。分别从法学层面和语言学层面对国内的合同话语研究情况和国外的合同话语研究情况展开阐述，总结合同话语研究所取得的成绩，并从语用视角分析汉语合同话语研究的不足。

第二章为理论框架。在文献综述的基础上，建构本书研究的理论框架。将奥斯汀言语行为理论与塞尔间接言语行为理论以及目的原则相结合，引入到合同话语语用研究中，并提出新观点，即合同话语言语行为层面、合同话语间接言语行为层面、合同话语目的层面的三维分析框架，从具体层面到抽象层面再到现实层面，展开合同话语语用研究。

第三章为言语行为理论的实际应用。建立在第三章的理论框架基础上，将奥斯汀的言语行为由理论建构引入到具体行为的研究中，侧重研究合同言内行为（包括合同话语重叠发音行为、发语行为、发言行为）、合同言外行为（包括合同话语行为主体、行为客体、行为对象、行为缘由和方式）、合同以言取效行为（包括合同话语对应取效行为、宏观和微观流程取效行为）。强调合同预示语列、轮流语列和宣告语列组合的合同言语行为序列研究。

第四章为间接言语行为理论在合同中的实际应用。建立在第三章的理论基础上，将塞尔的言语行为理论引入到合同实务的研究中。阐述合同间接言语行为的分类，着重研究合同间接言语行为的言外之意。剖析单方和双方的言外之意合同间接言语行为与不能明说的言外之意、不想明说的言外之意、不便明说的言外之意、不必明说的言外之意的合同间接言语行为。探究合同间接言语行为的条件不对称动态语境与目的不一致和利益不确定动态语境。

第五章为目的原则理论的实际应用。同样是在第三章的理论框架基础上，将目的原则首次引入到书面法律语言的研究中，即合同话语研究。指出合同话语行为是有目的的。将合同话语目的原则进行分类，包括隐性的国家目的原则和显性的当事人目的原则。对合同话语展开目的原则分析，即目的中性的合同言语行为、目的一致的合同言语行为、目的冲突的合同言语行为。论证合同言语行为与目的原则二者的辩证关系，指出目的牵引着合同言语行为，合同言语行为受到目的的约束。探索解决合同话语纠纷问题的应对策略，包括目的冲突合同言语行为的归类式博弈策略、目的冲突合同言语行为的信息扩展式博弈策略、目的冲突合同言语行为的蜈蚣式博弈策略。着重合同话语目的层次的分析以及目的内嵌式、目的默认式、利益驱动式的合同话语连贯关系的分析。

第六章为结论与未来展望。在上述综述、分析、论证的基础上，概括了本书的主要结论和观点、创新之处、对合同订立者的启发和司法实践启示、研究局限与不足以及对合同话语进行深入研究的未来展望。

第一章 文献综述

1.1 引言

本书研究的对象是合同话语，本章从国内和国外两个方面，通过合同行为话语、合同目的话语以及其他研究三个视角，对前人所做的合同话语研究进行梳理和简要述评，从语用视角分析汉语合同话语研究的不足之处，旨在为本书提供研究的基础和理据。

1.2 合同话语的国外研究综述

合同话语研究属于机构话语之一的法律语言学的研究范畴，关注的是合同中法律语言如何使用。本章对合同话语语用的研究，除了聚焦于合同行为话语和合同目的话语两个语用维度，还对合同话语的其他研究分门别类地进行合同话语的国外研究文献综述。

1.2.1 合同行为话语研究

合同行为话语，顾名思义，是指反映合同订立交际行为和表达合同主体双方或三方的法律行为的法律话语。文献表明，国外对于合同行为话语研究的成果不多。合同行为话语的国外研究文献主要表现在六个方面：

1. 塞尔提出合同言外行为和合同目的的言后之果研究，认为“如果不按照合同履行我（合同主体）的职责，我就确实破坏了合同目的的言后效果，从而触犯法律。但这种巧合不涉及深刻的语言问题，它只不过说明，在这种情况下，一旦言外行为已圆满完成，法律的目的就是保证合同的言后效果”（Searle，1971：9）。此后塞尔再也没有进一步深入研究合同行为话语。

2. 侧重于合同行为话语的管理模式（Lawrence，1993：11-23）以及行为话语特点和管理话语技巧研究（Gay and Salaman，1996：263-282）。合同是一种法律行为，在合同签订过程中，其行为话语的规范和严谨直接影响到合同订立的合法性和合同履行过程中的有效性。研究合同行为话语的特征和合同管理话语技巧以及话语模式，有利于合同法律行为的正常实施，也有利于合同话语主体双方或三方各自的合法权益得到有力的保障。

3. 从心理学视角对合同违反行为的语言模型研究。借鉴心理契约理论（Rousseau，1995：204），论述个体经验的心理契约话语、合同话语规范行为、隐性合同行为话语以及社会契约行为语言模式（Peyrat，2008：479-501）。

4. 通过哈贝马斯的哲学观点，对综合性社会契约话语进行研究，分析契约话语的内在逻辑（Boatright，2007：293-295）以及话语伦理和话语道德行为（Gilbert and Behnam，2009：215-234）。

5. 从历史语用学和文化因素两个维度，重点研究协议中所涉及的间接法律言语行为，并深究其法律言语行为的言外内涵（Danet，1980：445-564）。

6. 聚焦于协议中的行为话语的伦理研究，展开道德行为话语的特征（Olivecrona，1962：151-191）、话语规则条款（Jucker and Taavitsainen，2000：67-95）、法律话语与现实研究以及历史行为话语的分析（Stansbury，2009：33-56）。

通过文献整理，发现欧美及其他国家的合同行为话语研究成果有限，此外，所研究语料几乎是英语合同文本，没有涉及汉语合同文本语料，也就是说，对于汉语合同话语研究的国外学术文献近乎为零。

1.2.2　合同目的话语研究

合同目的话语，顾名思义，是指用于表达合同目的的法律话语。合同主体双方或三方皆因其各自目的的实现而订立书面合同，合同中的各个条款的目的都通过法律话语来表达。从文献收集和整理情况来看，合同目的话语研究的国外文献甚少，具体来说，其研究主要涉及以下三方面内容：

1. 文献中所提及的合同目的话语，实则皆是指话语的共同目标“Objectives”，强调合同目的话语的语境认知以及合同话语的目标研究（Takahara，1979：249-272），评析合同话语的语用功能（Usher，2013：811-831）。

2. 注重当代高科技手段下诞生的“云科技合同”（简称“云合同”）研究，

侧重于云合同的目的话语秩序和过程分析以及云合同目的系统里的静态类型语言和动态类型的编程话语研究（Bartolini，Governatori and Milosevic，2008：5-7；Secomandi and Wan，2012：441-454；Scholliers，Tanter and Wolfgang，2015：360-375；Tasneem，2014：105-116；Bushey，Demoulin and McLelland，2015：128-153）。

3. 着眼于合同中的谈判目的话语分析、谈判过程中的不同阶段交际目的话语以及沟通互动话语策略研究。采用话语互动分析，对企业管理层与劳资双方谈判目的、目的话语方法以及交际冲突话语展开论证研究（Walton and McKersie，1965：66-91；Stephenson，Kniveton and Morley，1977：231-241；Pondy，1992：257-261；Nicotera，1995：180-193；Goering，1997：383-400）。

1.2.3　合同话语的其他研究

除少量的国外合同行为话语和合同目的话语的语用研究以外，文献表明，多数西方学者侧重于从合同话语的词汇、合同翻译、合同修辞、合同语言特征等其他研究视角，论述合同话语。具体来说，文献资料主要包括以下四个方面的研究：

1. 合同词汇研究。国外对于合同词汇的研究，多见于对隐性合同词汇的研究。隐性合同，又称"隐性合约"（Implicit Contract），是西方国家企业雇主与员工之间就工资待遇所达成的一种心照不宣的契约，是一份雇主向员工提供包括保险在内的构想中的就业合同。雇主与雇员双方达成一种话语互动默契，所使用的合约话语词汇表达隐性而含蓄。自 20 世纪 70 年代三个创始人提出隐性合约理论以来（Baily，1974：37-50；Gordon，1974：341-359；Azariadis，1974：1183-1202），学者们开始对隐性合约（Fried and Howitt，1980：471-487）、合约话语的词汇、不对称的隐性话语信息以及由于合约条款中词汇的隐性特点所导致的失业现象而展开不懈的探究（Rosen，1985：1144-1175）。法国学者聚焦于显性合同与隐性合同的话语互动和话语策略研究等（Corts，2012：550-568；Gürtler and Gürtler，2014：135-146）。

2. 合同话语的翻译研究。国外学者对于合同话语翻译的研究涉及领域较宽。比如：评论翻译科学、翻译原型、合同主体文化对翻译的影响因素以及合同话语翻译的标准模型（Bugel，2005：18-19）；侧重劳动合同话语翻译应用与合同法律条款辩论（David，2005：449-480）；评析拉美后裔的代孕合同话语翻译以及协议法律条款辩论话语的翻译立场（Labadie，2008：49-66）；探究加拿大与英国合同谈判话语的翻译技术、人际关系的建立和合同交际话语翻译

(Estabrooks，2008：11-15)；指出多种语言的法律合同翻译的意义和合同术语翻译的一致性及专业性（Rozovics，2011：14-17)；着眼于话语对象、话语翻译功能研究，分析日本法律合同条款的直译方法等（Fujii，2013：421-444)。

3. 合同话语的修辞研究。修辞，顾名思义，修饰言辞和言论。所谓合同修辞，是指运用言辞修饰手段，使得合同话语达到好的预期表达效果。国外关于合同话语的修辞研究，主要包括在：指出西方国家人力资源管理针对员工的期望与心理预期，所达成的心理契约修辞、心理契约修辞的现实以及话语修辞作用（Kotter，1973：91-99；Keenoy，1990：363-384；Bowles and Coates，1993：3-21；Watson，1995：805-821；Grant，1999：327-350)。聚焦于合同主体互动话语修辞研究（Wenger，1991：245-262)；阐述合同修辞话语的共同责任以及合同话语主体的相互依存关系（Poole，1995：83)；剖析修辞合同中的隐性话语和显性话语（Gregerson，2005：161-178)；分析营销修辞和合同诉讼话语的保护策略（Onsman，2008：77-85)；提出修辞捕获的理念、合同标签话语的内涵和修辞形式（Radin，2012：457-468)；探讨合同的传统修辞、失信的合同话语方式以及合同关系的情感结构等（Shanks，2015：1)。

4. 合同话语的特征研究。欧美国家关于合同的语言特征研究非常深入，涉及心理契约、投资合同、医疗合同、IT 服务合同、租赁合同等多种合同类型。比较典型的研究成果具体来说，主要包括在：侧重于 IT 服务合同的语言特征和外包合同价格谈判话语研究（Domberger，Fernandez and Fiebig，2000：107-118)；剖析投资合同语言特征和话语风险理据以及合同话语设计和管理的重要性（Kaplan and Stromberg，2004：2177-2210)；论述土地租赁合同条款的决定因素特征以及合同话语风险规避（Rainey，Dixon and Ahrendsen，et al 2005：1-19)；论述心理契约的话语特征及其对企业兼并和收购带来的重大影响（Linde and Schalk，2008：305-320)；诠释心理契约的违反特性、契约话语差异以及话语关联的心理因素（Sandra and Briner，2013：85-106)；探析营销合同特征及合同风险特性（Strydom，Van and Willemse，2014：65-82)；阐述医疗保险合同和医疗护理合同的特点、合同受益人的权益保障与话语特性的设置（Peng，Burgess and James，et al.，2015：353-358)；着眼于合同话语的格式特征和直观的形式主义合同话语特征的分析与研究（Wilkinson and Hoffman，2015：1269-1301)、(Wilkinson，2015：2109-2129)；强调合同模式语言特征、社会合同话语分析、合同文本的话语特征研究等（Klimas，2006：66-82；Gerding，2013：1323-1356；Rawolle，2013：231-240)。

1.2.4 合同话语国外研究述评

综上所述，国外的合同行为话语和合同目的话语的研究成果不多，大部分的研究着眼于合同话语的词汇、句法、翻译、修辞等方面。合同行为话语属于广义的法律语言学研究范畴，合同目的话语是狭义的法律语言学研究，侧重于关注合同中的静态语言特征研究，其研究成果丰富。

伴随着全球经济一体化发展的到来，合同在社会经济和日常生活中越来越重要，不可或缺。合同语言的具体使用以及如何使用，就显得尤为重要。从文献综述来看，国外对于合同话语的语用研究在广度和深度上都还不够，有待于拓展和进一步研究和探索。运用言语行为理论和目的原则探究合同话语的实质，对于丰富法律语言学和合同话语纠纷解决机制的理论和实践具有重要的借鉴作用。

1.3 合同话语的国内研究综述

关于合同话语的研究，以下将从合同行为话语、合同目的话语以及合同话语的其他研究三个方面梳理国内文献，并对前人的研究成果进行综述。

1.3.1 合同行为话语研究

合同话语是一个跨学科的研究，涉及法学和语言学两个领域。文献表明，从语言学视角展开的合同行为话语研究较少，而法学视角的合同行为研究成果比较丰富。

1. 法学视角的合同行为话语研究。国内对于合同行为话语的研究主要包括：阐述无效合同行为以及合同行为认定（姚仁安，1993：39-41）；评析合同行为的合理性、自律性以及合法性（王志录，姜杰出，赵守安，2004：48；汪洪，2010：53-55）；探讨合同纠纷案件中的合同行为以及审计执法（王振铎，2009：58-59）；认为法学视角的合同行为动态研究主要从两个方面着手，即签订合同行为和履行合同行为，签订合同行为是合同生效的前提和条件，履行合同行为是合同主体双方利益实现的保证（贾宝金，2010：140-141）；指出非签约行为和签约行为的动机以及合同行为的博弈现象（张宗和，王玮，2009：42-48）；侧重于合同效力性的强制性规范与管理研究（申琦，2009：78-79；

吴飞飞，2015：61-67)；强调合同行为的效力及其类型（王铁，2012：22-26)。

2. 语言学视角的合同行为话语研究。国内对于合同行为话语的研究主要是阐述合同暗示条款的言语行为机制，分析暗示条款行为话语的确定性、补充性和法定性的特征以及合同条款中的言语行为特点，特别是指出合同隐性施为动词的语用作用，并对隐性的以言行事行为展开论证（胡铁生，马岩峰，2009：66-68)。偏向于合同承诺类言语行为的特点分析和研究（王玲，2011：28-33)。侧重于对合同的言语行为特点进行研究，具体表现在合同语篇的承诺类言语行为、授权类言语行为以及指使类言语行为，包括对合同话语中的命令行为、请求行为、禁止行为所展开的合同话语分析（易明勇，2013：28-31)。

1.3.2 合同目的话语研究

从法学和语言学两个维度的文献资料梳理和分析情况来看，语言学维度的合同目的话语研究似乎还没有起步，大部分语言学专家学者只是侧重于目的话语研究，其研究不涉及合同。因此，相对而言，法学视角的合同目的话语研究要稍微丰富些。

1. 法学视角的合同目的研究。国内法学界针对合同目的研究，其成果主要体现在：研究英美法中的合同目的落空概念、目的落空原则，保证合同交易的安全（陈虹，2000：199-202)；诠释合同目的的使用范围与解释规则、合同目的与合同动机的转换（赵惠琳，2003：137-140；黄欢，2014：250-260)；针对《合同法》，阐述合同目的的概念、合同目的理论、合同目的的性质及特点（顾瑞，2006：27-29；孙文凯，2015：83-86)；研究合同目的的内涵、进行合同真实目的调查与诠释并分析合同目的的相关案例（马忠法，2006：120-125；吴庭刚，2006：91-93)；解释缔约和履约的前后阶段的合同目的的利益论（李云波，2009：163-166)；描述合同目的的产生、合同目的的特征，并重点研究合同情事变更和不能实现的合同目的（梁晓月，2012：3-13)；阐述典型的合同交易目的、合同主观目的以及合同目的的实现（崔建远，2015：40-50)。

2. 语言学视角的合同目的话语研究。国内对于合同目的话语的研究到目前为止微乎其微。但值得一提的是，对于目的话语的国内研究论著偏多，并且所有有关目的话语的研究都与合同内容无关。国内目的话语的研究不涉及书面合同法律话语，主要涉及口头形式的法庭话语，有些法庭话语涉及合同话语纠纷案件的审理和判决，运用目的原则研究法庭话语的科研成果相对多一些，具体来说，包含以下几个主要方面的研究：一是指出法庭审判参与者的目的关系，分析国内法庭互动话语的对应结构（廖美珍，2003：78-89）。二是运用目的原则，研究法庭互动话语的合作模式与话语活动，揭示法庭参与人之间的目的关系以及法庭冲突双方的合作程度问题（廖美珍，2004：43-52）。三是探索出目的原则语用分析新途径和法庭互动话语的目的分析模式（廖美珍，2005：1-10）。四是阐述国内刑事法庭审判中的话语问答、话语主体的各自目的和答话策略以及法庭话语的语用内涵（曹宇，2008：149-150）。五是分析审判法庭参与人的目的关系，找到目的互动的话语标记语，发现刑事审判中的庭审言语机制、法庭话语目的功能、法庭话语中的言说方式、互动话语的标记语规则以及目的理论的语用功能（胡桂丽，2009：81-84）。六是指出法庭审判话语是有目的性的行为，对法官话语目的和庭审话语目的关系做出逐一界定和剖析（张清，2010：130-133）。七是采用话语分析的方法，对少数民族地区的法庭话语主体进行话语目的关系的研究，剖析话语合作和话语冲突的过程以及庭审中法官话语目的性的特点（吴红军，2012：149-156）。八是围绕着庭审调解的交际过程，展开调解目的话语的方式、表达和领悟与话语目的性和庭审纠纷化解功能的研究，阐述法庭话语主体目的的博弈性和策略性（柯贤兵，李思思，2014：102-106）。九是着眼于庭审话语目的的冲突、一致和中立所产生的距离关系和语用距离功能的研究，探究庭审话语语用距离的空间模型，并提出庭审话语目的语用距离论和理论分析框架以及庭审话语策略等（吴红军，2015：128-133）。

需要说明的是，除了上述九个方面的研究成果外，还有许多学者和硕博生运用目的原则研究口头的法庭话语，而直接涉及合同目的话语的研究寥寥无几。合同的订立和履行，属于合同的法律行为阶段，只有当合同产生话语纠纷并引发民事诉讼甚至刑事诉讼时，合同才进入司法行为阶段，也就是说，合同话语才演变为法庭上合同纠纷案件处理的法庭话语，法庭话语的内容涉及合同话语纠纷的司法审理和判决。

1.3.3 合同话语的其他研究

国内对于合同行为话语和合同目的话语的语用研究刚刚起步，而大多数专家学者以及硕士生和博士生主要聚焦于合同话语的词汇、合同翻译、合同修辞、合同语体等的研究。具体来说，关于合同话语的文献资料主要包含以下几个方面的研究。

1. 合同话语的词汇研究。国内学者着眼于合同古体词、同义词、合同术语、专业词汇、词组及词汇特点（郑道昌，蔡先凤，何艳萍，2002：46-50）；探索合同词汇层次、外来词、并列词汇特征以及合同模糊限制词的使用（莫再树，2003：47-53）；关注合同词汇特征和词汇意义的研究（陆艳芳，2007：132-134；段友国，2010：143-144；李国华，2012：122-123；王园，2014：113-115）；阐述商务合同中的名词性替代、动词性替代以及代词替代的功能（徐峰，2008：17-31）；指出合同文本中出现的人称指示语、地点指示语、时间指示语的表达方式，探析指示语的特殊语境、属性、特点、类型和指示语的语用功能（薛海英，2008：12-26）；侧重于合同中的情态动词、多义词、商务术语、同义词用法的研究等（刘圆圆，2014：80-82）。

2. 合同话语的翻译研究。国内学者注重合同翻译的规范和责任与合同译文的合格要求和翻译质量标准（王春晖，1994：50-53；陈谦，1997：30-31；孙志祥，2001：52-55；恒齐，隋云，2003：74-77）；剖析合同中存在的话语固定表达方式、习语、语法结构、文化差异以及合同专业知识等方面的翻译错误和译文失真现象（宋雷，1998：22-25；陈建平，2003：32-35）；探索合同话语的翻译结构，合同术语的翻译技巧、方法以及翻译策略（许国新，2002：61-64；兰天，2007：92-94；崔卫，2010：210-211；王琳，2011：537-540）；通过功能翻译理论和目的论，探讨商务合同翻译内容的对等性和法律效力（王桂莲，2014：144-145）；研究合同话语基调的翻译手段以及合同中的情态动词翻译和施为动词的翻译表达方式等（龚晓斌，姜燕，2014：1-7）。

3. 合同话语的修辞研究。修辞指修饰文字词句，运用各种表现方式，使语言表达得准确、鲜明而生动有力（刘永红，2006：78-80）。国内对于合同话语的修辞研究主要包括：强调修辞在合同文本中的应用性、实用性和重要性，指出修辞方式与公文语体密不可分（杨文波，1989：97-101）。提出修辞主体和修辞客体与修辞本体和修辞受体的法律修辞模式和修辞语境，并认为法律修辞加强话语效果（杜金榜，2006：12-15）；评析修辞对合同篇章衔接的作用以及遣词造句和篇章布局对于合同修辞和法律保障所产生的影响（贺剑瑜，2009：141-143）；侧重于语域理论视角下的话语方式和合同修辞特征的论述，强调语域对合同修辞的制约作用（张美君，2011：93-97）；提出把法律当作修辞的理念、研究法律修辞的意义（陈金钊，2012：69-78）；梳理西方修辞与逻辑研究成果，指出西方法律传统受到修辞和逻辑的支配，二者是法律方法的两个核心要素（焦宝乾，2014：69-88）。

4. 合同话语的语体研究。合同语体是正式的书面语，应规避口语和俗语，应采用陈述句，避免疑问句和感叹句（李继忠，2000：48-51）；合同语体采用商务古体词和同义词及外来词，并使用长句和被动句（吴贵武，2011：163-164）。合同语体的格式应固定、措辞应精准、句法结构应完整、行文应规范等（唐淑敏，1996：16-21）。合同语体呈现为约首、正文和约尾三部分组合而成的合同话语篇章结构，是正式的、严谨的语体形式的法律文本。

5. 合同话语的语篇研究。随着全球经济的日益发展，合同成为市场经济活动中不可或缺的重要法律文本和经济往来依据，合同语篇的研究开始引起我国部分硕士研究生的关注，比如描述合同篇章的连贯与衔接、语篇功能、合同主体角色和言语、合同语篇的情态和语气分析（张晓杭，2007：26-62）。揭示合同的语篇意义，剖析合同的语篇结构以及合同中的语篇意义、人际意义和概念意义，强调系统功能语法在合同中的应用性，并以之来解释合同的语篇内容（张巧梅，2011：23-46）。从劳动合同纠纷入手，对合同文本中的语言、权利、意识形态关系进行批评性话语分析和论证，揭示合同中雇主与雇员的关系以及合同话语中的权利失衡以及话语表达方式（符曼，2009：21-38）。

1.3.4　合同话语国内研究述评

不难发现，国内对合同话语的研究基本上是基于商务合同，并且是英文的合同研究。相对而言，中文的合同话语研究偏少，无论是静态研究还是动态研究，汉语的合同话语的论文和著作成果都非常有限。

近代语言学的发展，拿它的主流来说，研究的对象是语言本身，研究的方法是静态分析。静态研究很重要，是根本，但是不应当到此为止，用一堵墙把自己圈起来。语言不存在于真空，语言是供人们使用的。研究人们怎样使用语言，这就是语言的动态研究（吕叔湘，1983：8）。要正确理解和处理静态与动态的辩证关系，区分静态研究和动态研究（范晓，1988：81-86）。自 20 世纪 80 年代以来，语言学随着快速的社会时代发展也日益变化和更新，迎来了语用学等学科领域的丰富研究成果（何兆熊，2002：50-86；何自然，冉永平，2002：26-33；姜望琪，2003：15-63；何自然，陈新仁，2004：8-37），静态研究转向动态研究已经成为语言学势不可挡的发展趋势（刘焕辉，1991：129-144）。

从静态研究来看，合同话语的词汇特点、句子结构、语言规则研究（胡庚申，郝建华，2002：91-93；黄晓，钟文，孙婷婷，2006：220-221），句法特征和文体特征研究（莫再树，2003：83-88），合同话语翻译研究（胡庚申，王春晖，申云桢，2002：82-91；陈建平，2005：80-84），修辞与语体语法研究（刘大为，1994：1-3；陶红印，1999：15-24；宋德文，2006：87-128；冯胜利，2010：400-412；徐默凡，2013：27-35），等等，这些属于狭义法律语言学视角的合同话语研究成果丰硕。然而，从广义的法律语言学研究来说，合同行为话语的合同话语研究，其学术成果却是非常有限。此外，目的话语研究虽然有一些论文，但与“合同”有关的目的话语的语用研究比较少。

从动态研究来看，尽管合同行为话语和合同目的话语两个维度的语用研究较少，但是它们对于合同立法和合同纠纷处理的司法实践却有着积极的指导意义和借鉴作用。因此，梳理和综述合同话语的国内研究文献具有重要性和必要性，可以总结成就，发现问题和不足，有利于拓展合同行为话语和合同目的话语语用的动态研究。

1.4 小结：成就与不足

通过对国内外合同话语两个层面的研究综述来看，就合同话语总体的研究来说，无论是国内还是国外，目前都已经初具雏形。虽然刚刚起步，但起步本身就是一种成就。然而，现在存在的问题和不足却值得我们去总结与思考。

首先，发达国家与发展中国家研究的失衡问题与思考。合同属于法律语言学研究范畴。合同法律语言的研究文献，侧重于以古希腊罗马和基督教文明为主的西方国家为主要研究阵地，如英国、美国、澳大利亚及欧洲国家。文献表明，非洲、南美及亚洲国家的法律语言研究很少，甚至许多国家在法律语言方面的研究至今还是空白。这反映了地区研究严重不平衡的一种现象和事实，这是值得思考的问题。语言是法律的切入点，法律语言学知识应该向全球普及。

其次，法学与语言学研究的失衡问题与思考。合同话语研究方面，国内外文献中绝大多数侧重的是法学视角的合同法律行为分析研究。从语言学视角对合同话语的研究不多，特别是从合同言语行为和合同目的性视角来研究合同的论文著作较少。一定程度上反映了法学和语言学研究的不平衡问题，如何从语言学视角特别是从语用学视角研究合同话语，值得我们思考。

再次，合同话语语用研究的问题与思考。合同是一个国家经济正常运作的传输工具，是维护国家市场经济秩序的重要手段。可以说，合同遍布和渗透在一个国家的政治、经济、文化等角落，是人类生活中不可或缺的一个重要部分。语言建构了合同，语言是合同的起点，没有合同话语知识，怎么行？研究合同话语的目标是什么？合同话语背后的实质是什么？如何找到合同话语语用研究的切入点，去解决实际的社会现实问题诸如合同话语纠纷及其他法律话语问题？

最后，从语用视角分析汉语合同话语研究的不足。从语用视角分析汉语合同话语研究的不足之处主要体现在以下几个方面：(1) 国内外研究主要偏重英语的合同话语研究，疏于汉语合同话语研究。(2) 国内外研究侧重于口头的法庭话语研究，轻于书面的汉语合同话语研究。(3) 国内外研究重视合同话语的描述研究，忽略汉语合同话语的语用分析和解释。(4) 国内外研究着眼于静态研究，没有揭示汉语合同话语语用的动态研究。(5) 国内外研究偏向于从合同措辞、翻译、语体、修辞、特征入手，疏于诠释和剖析汉语合同话语的深层次关系。(6) 国内外研究专注于目的话语研究，很少有对合同目的话语进行研究，或者可以说几乎没有汉语合同话语研究。(7) 国内外研究仅仅发表论文，尚无一本合同话语著作。(8) 国内外研究目前没有言语行为视角下的汉语合同话语分析。(9) 国内外研究目前尚无目的原则视角下的汉语合同话语分析。(10) 国内外研究目前欠缺利益驱动下的汉语合同话语分析。(11) 国内外研究目前还没有汉语合同话语的三维分析框架。

综上所述，国内外对于汉语合同话语研究的总体评价是：英语合同多，汉语合同少；口头多，书面少；描写多，解释少；静态研究多，动态研究少；面上多，深层少；其他目的话语多，合同目的话语少；论文多，著作少。

可见，从语用视角分析汉语合同话语的研究是不足的，亟待我们去挖掘和创新研究。因为法庭案件审理多数与合同纠纷有关，而产生合同纠纷的主要原因之一，又与合同行为话语和合同目的话语的模糊性和不确定性以及语用问题有关。倘若在合同订立之时，在问题的源头上就把好关，确保合同话语的目的和行为的语用规范性，那么，就可以从源头上制止或减少合同纠纷的发生，从而合同纠纷案件的法庭审理工作就会减少很多。

总而言之，我们有必要开辟新路径，从不同的维度和视角，探索汉语合同话语语用研究。汉语合同话语语用研究，利于解决现实的合同法律话语问题，并利于拓展法律语言学的书面话语研究范畴。社会需要我们从新的视角和采用不同的方法，对合同话语进行研究，以丰富法律语言学的研究内容和加深对中国合同法律语言的认识。

第二章　理论框架

合同不但是一种行为，而且是平等主体之间以设立、变更、终止民事权利义务关系为目的的一种法律行为（崔建远，2012：1-2）。合同作为民事法律行为的一种言语表达方式，其话语就是一种行为，即合同话语是一种目的明确的言语行为。每一种言语行为都具有其自身的特色目的，换而言之，合同言语行为具有特征性的目标。鉴于此，本书关于汉语合同话语的语用研究将以奥斯汀经典言语行为理论、塞尔间接言语行为理论和目的原则作为重要的理论基础，对合同话语的语用建构进行剖析和解释。此外，本书拟提出合同话语三维分析框架，从合同话语言语行为层面、合同话语间接言语行为层面、合同话语目的层面，对合同话语实施具体、抽象、现实层面的三维分析，以求对合同话语的行为性和目的性有一个全面深刻的认识。

2.1 引言

合同财产流转的内容和事实的不同，造就合同话语的行为性和目的性也就不同。合同话语的行为性和目的性既有区别又有联系，二者关系是辩证统一的，是相辅相成的。合同话语的行为性，涉及合同话语的订立效力和履行行为，或保全和担保、变更和转让、解除和终止、违约和解释行为以及合同所处其他不同阶段的法律行为。而合同话语的目的性也应根据合同在不同阶段的行为性变化而做出相应的目的性调整和改变。为了更好地把握合同话语的行为性和目的性的动态过程分析，本章拟将对奥斯汀经典言语行为理论、塞尔间接言语行为理论以及目的原则语用理论的主要理论观点进行梳理，并在此基础上，建构合同话语的三维分析框架，为下文的合同话语语用研究提供理论上的支持和建构。

经历欧洲18世纪的启蒙运动洗礼和19世纪的自然科学革命，从此，语言学逐渐成为哲学的研究对象，语言意义与语言使用以及语言与思维被哲学家们从哲学的视角展开研究（付习涛，2004：174-177），哲学成为语言学研究的摇篮。20 世纪初，传统的西方哲学发生两次“语言学转向”，西方哲学从认识论哲学转向语言哲学，哲学命题从“自我”转向“语言”，开拓了现代哲学的全新研究领域，也奠定了语言哲学基础，出现了维特根斯坦的语言哲学观，其前期的思想关注语言与逻辑关系，后期强调语言与日常生活的关系。在维特根斯坦的《论逻辑哲学》研究中，提出“语言游戏说”以及“语言家族相似”观点，认为一词多义现象普遍存在（Wittgenstein，1922：35-86）。朱慧敏指出语言游戏的类别很多，语言是一种言语行为活动，将语言的分析转向对言语行为的分析（朱慧敏，2009：151-153）。遗憾的是维特根斯坦并没有对言语行为思想进行拓展研究。20 世纪 50 年代，英国著名的分析哲学家、牛津派日常语言哲学代表奥斯汀继承和发展了维特根斯坦的语言哲学思想，从行为科学视角，提出言语行为理论（Speech Act Theory），之后，美国哲学家塞尔继承、修正和发展了该理论。言语行为理论成为语用学的核心内容之一，也成为最有影响力的西方语言哲学理论之一。

自 1955 年以来，西方国家出现了很多与“言语行为”相关的研究。20 世纪 60 年代影响和震动语言学界和哲学界的知名论著有《如何以言行事》（Austin，1962：94-107）、《言语行为中的意图与约定》（Strawson，1964：439-460）、《什么是言语行为?》（Searle，1965：221-239）、《论奥斯汀的话语行为和话语施事行为》（Searle，1968：405-424）、《理论语言学概况》（Lyons，1968：33-56）、《约定》（Lewis，1969：99-110）、《言语行为：语言哲学论》（Searle，1969：54-62）等。20 世纪 70 年代的主要论著有《意义与言语行为》（Hare，1970：3-24）、《奥斯汀与言内行为含义》（Strawson，1973：46-68）、《言内行为与言外行为》（Forguson，1973：160-185）、《言外行为的分类法》（Searle，1975：344-369）、《间接言语行为》（Searle，1975：59-82）、《语言行为》（Bennett，1976：61-80）、《言语行为理论中的“言”与“行”问题》（Holdcroft，1978：12-66）、《语言交际与言语行为》（Bach and Harnish，1979：35-60）、《间接言语行为》（Searle，1979：11-89）等。20 世纪 80～90 年代有关言语行为的核心作品有《言语行为理论与语用学》（Searle，Kiefer and Bierwisch，1980：11-81）、《言语行为逻辑基础》（Searle and Vanderveken，1985：80-101）、《论奥斯汀》（Warnock，1989：19-87）、《言语行为理论历史》（Smith，1990：29-61）、《托马斯·里德哲学中的言语行为理论因素》（Schuhmann and Smith，1990：47-66）、《论约翰·塞尔及其批评者》（Leporean and Van，1991：36-80）、《言语行为理论基础：从哲学和语言学视

角看》(Tsohatzidis，1994：21-56)、《言语行为理论》(Sbisa，1995：23-71)等。21世纪初关于言语行为研究的论著不胜枚举，诸如《言外之力与语义内容》(Green，2000：435-473)、《新解言语行为理论方法》(Barker 2004：32-101)、《作为言语行为的有条件声明、否认与假设》[Kearns 2006 (29)：455-485]，等等。“言语行为理论”自建构以来，不仅影响到人们的理念，而且推动了哲学、心理学、法学理论、文学理论等诸多领域以及语用学、语言哲学等学科的发展。言语行为是人们在宗教、文化、政治、经济等业务往来中所诞生的产物和日常交际中不可或缺的主题，言语行为自始至终存在于我们的生活中(Alston，2000：29-49)。“言语行为理论”不仅反映了语言对事物的描写和描述功能，而且还反映了语言在社会实践当中为实现目的和完成目标的执行能力，道破了人类语言所隐含的规范性结构和语言能力以及语言的力量(Anscombe，1963：53-82)。以下将对奥斯汀经典言语行为理论、塞尔间接言语行为理论以及目的原则的语用理论展开阐述。

2.2 经典言语行为理论

经典言语行为理论是奥斯汀提出来的理论。他在世时没有著作，去世后他的同事和学生将其所写的论文和演讲稿收集整理成《哲学论文集》《如何以言行事》《感觉和可感觉的》三本书。其中，《如何以言行事》一书呈现了奥斯汀的言语行为理论，该理论在他的思想中占有重要的位置，也是他对整个世界哲学史和人类语言学史的卓越贡献。《如何以言行事》原著的目录里只有“Lecture I to Lecture XII”和“Pages”(第一讲至第十二讲以及页码)，并无每个讲座的标题。译者根据原著的内容，将第一讲至第十二讲都注明了标题，分别是“施行式与记述式”“适当的施行式的条件”“不恰当：未成”“不恰当：滥用”“施行式的可能标准”“显性施行式与隐性施行式”“显性施行式动词”“言语行为三分说——话语行为、话语施事行为、话语施效行为”“话语施事行为和话语施效行为之间的区分”“在‘说……当中’对‘经由说……’”“陈述和施行话语与话语施事力”“话语施事力的分类”(Austin，2013：1-136)。

这十二讲中，反映奥斯汀言语行为理论的脉络和思想进程的最重要的有以下四讲：一是“施行式与记述式”(Performatives and Constatives)，二是“显性施行式与隐性施行式”(Explicit Performatives and Implicit Performatives)、三是“言语行为三分说——话语行为、话语施事行为、话语施效行为”（Locutionary Act，Illocutionary Act，Perlocutionary Act）、四是“话语施事力的分类”（Classification of Illocutionary Force）。这些建构了经典言语行为理论。以下对这四讲进行详细阐释。

2.2.1　施行式与记述式

在阐述“施行式与记述式”的区分之前，首先应当关注和聚焦于奥斯汀原著中的英文表达“Performatives and Constatives”的不同译法，国内学者将其翻译为不同的汉语文字，常见的汉译最起码有 10 种。杨玉成和赵京超将其翻译为“施行式与记述式”（杨玉成，赵京超，2004：68）。其他学者将其翻译为不同的汉语表达方式，比如“施事句与述谓句”（顾曰国，1989：30-39；王大方，2009：133-135），“施为句与叙述句”（束定芳，1989：8-14），“施为句与表述句”（何自然，1988：137；朱慧敏，2009：151-153；吴延平，2007：60-63；彭述初，2012：129-131），这是目前所见最多的和普遍被接受的一种译法，“行为式说话方式与记述式说话方式”（王健平，2003：204），“完成行为式表述与述事表述”（钱汝敏，2001：134），“施为句与述言句”（韩仲谦，左进，2007：91-92），“施为性与表述性”（陈成辉，刘绍忠，2002：143-146；王晶红，2011：125-127），“叙事句与施为句”（付习涛，2004：174-177），“言有所为与言有所述”（王宏军，1998：1-34；孙海燕，2007：67-70）等。基于奥斯汀整本原著的翻译时间距今最近和翻译内容的整体性以及汉译世界学术名著丛书出版社的权威性考虑，本书采用杨玉成和赵京超的译法“施行式与记述式”。

施行式与记述式分别是施行句（Performative Sentence）或施行话语（Performative Utterance）与记述句（Constative Sentence）或记述话语（Constative Utterance）的简称。施行式与记述式是奥斯汀前期的理论思想，主张句子存在真假之分和适当与不适当之分（何自然，陈新仁，2004：58）。施行式需要具备和满足两个条件，首先是既非描述和报道以及表述证实某个东西，也非明确真假之分；其次是说出的话语就是一种行为，或是实施某种行为的一部分。而对于记述式，奥斯汀强调它是指描述或陈述真与假之分的句子。在两者之分的同时，奥斯汀侧重于施行式研究，指出人们说出一句话时并不只是纯粹在描述一件事情，或陈述自己要去做那件事情，而是说话本身就是在做事（To utter a sentence：it is to do it）。特别值得一提的是，奥斯汀在讲座中提及了合同与施行式之间的关系，通过举例指出了许多施行句或施行话语是合约式的或宣告式的。说几个词就是在实施一个行为或展现一个事件，比如教堂婚礼上，新郎和新娘用“我愿意”回答神父的问题。当他们说出“我愿意”三个字的同时，也就是实施了结婚这一个行为和呈现了结婚这个事件。此外，奥斯汀进一步指出了，精确性和道德同样都支持这句平实的话语：我们说出的话语就是我们的合约。奥斯汀的这一观点对于本书合同话语的语用研究有着借鉴的作用。

奥斯汀对施行式与记述式进行区分，该研究是言语行为理论的起点和基石，这是奥斯汀对言语行为理论的第一次贡献。经过对施行式的适当条件和不恰当情形的研究之后，发现施行式与记述式的界定有时候会造成模棱两可、含混不清甚至出现相互混合使用的状态，发现二者区别不大，并无实质性的差异（顾曰国，1989：31）。奥斯汀意识到对施行式和记述式二者进行分类是不科学的（束定芳，1989：9），因而，将研究重点转向了施行式，并把施行式分成显性施行式和隐性施行式两种。

2.2.2 显性施行式与隐性施行式

显性施行式（Explicit Performatives）和隐性施行式（Implicit Performatives）（Austin，1962：67-82），又被称为“显性施行句或显性施行话语、隐性施行句或隐性施行话语”。除此之外，“Explicit Performatives”和“Implicit Performatives”还被翻译为“显施事句”和“隐施事句”（顾曰国，1989：33）。本书采用杨玉成和赵京超译著《如何以言行事》里的翻译叫法，即“显性施行式”和“隐性施行式”（杨玉成，赵京超，2004：68）。凡是包含“第一人称”和“纯粹的显性施行式动词”的句子就是显性施行式，比如句子中出现“我打赌”（I bet）、“我道歉”（I apologize）、“我反对”（I object to）、“我批评”（I criticize）、“我承诺”（I promise）、“我赞成”（I agree）、“我保证”（I assure）等，显性施行式因上述显性施行式动词的不同从而产生不同的行为，诸如承诺、道歉、反对、批评、表扬、打赌以及保证行为等。而没有出现上述这些显性施行式公式的句子就叫作“隐性施行式”，其行为含糊、隐蔽、复杂、多层面。没有显性施行式动词的句子，比如，“你能关窗吗?”，这个句子既可以表示一种“隐性的询问行为”，也可以表示另一种“隐性的请求行为”，甚至是一种“隐性的抗议行为”。再比如说“开炮”，在特定的语境中表示命令的隐性施事行为，此类例子不胜枚举。

施行式动词是划分显性施行式和隐性施行式的关键和标记，而“说……就是做”则用作甄别显性施行式动词的一种检验方式。“言”即“行”的这些动词可以体现和彰显话语的行事力量（Illocutionary force），简称“语力”。奥斯汀将“语力”划分为五个类别的动词，即表态式（Behabitives）、承诺式（Commissives）、表明式（Expositives）、裁决式（Verdictives）、运用式

(Exerctives)(Austin，1962：149-150)。然而，纯粹的显性施行式动词并不是普遍现象，奥斯汀认为，"我同意"(I agree)与"我批准"(I endorse)是有区别的，前者并不是纯粹的显性施行式动词，后者却是。而再比如"我欢迎"(I welcome)、"我期盼"(I foresee)、"我抱歉"(I am sorry)、"我谴责"(I blame)、"我不确定"(I wonder)属于不纯的施行式动词，然而"我预言"(I forecast)和"我质疑"(I question)却都是纯粹的显性施行式动词。在此基础上，奥斯汀发现"显性施行式与隐性施行式"之分并非预期的科学，他在第七讲座的倒数第五段提出"It is time then to make a fresh start on the problem"(现在是重新思考这个问题的时候了)，该句中的"the problem"(这个问题)就是指显性施行式和隐性施行式的区分所陷入的混乱问题。重新审视"显性施行式与隐性施行式"之分，是奥斯汀对言语行为理论的第二个贡献。这一次的思考进一步为"言语行为三分说"的提出奠定了基础。

2.2.3　言语行为三分说——话语行为、话语施事行为、话语施效行为

"言语行为三分说"，是指奥斯汀讲座中提及的"Locutionary Act，Illocutionary Act，Perlocutionary Act"(Austin，1962：94-119)，也就是经典言语行为理论的核心内容。奥斯汀的"言语行为三分说"引起哲学界、语言学界、法学界以及社会学界等领域的学者纷纷致力于该研究。为方便对言语行为理论框架的阐述，有必要先从我国学者们对"locutionary act""illocutionary act"和"perlocutionary act"的译文迥异着手。在中国知网输入关键词"言语行为"，可以查到16052条论文检索结果。其中，有关"locutionary act""illocutionary act"和"perlocutionary act"术语汉译就有几十种，专家和学者以及广大的师生们对三分说术语的译法各异，互换使用。

总体来看，奥斯汀的"言语行为三分说"的汉语翻译主要有24种，相互之间有文字共同部分，也有完全不同之处。这些汉语译文皆出自公开出版的著作和发表的论文中，译法多样，纷杂缭乱。比较典型的汉语翻译分别是：(1)说话行为、施事行为、取效行为(顾曰国，1989：30-39)；(2)语意行为、语行行为、语效行为(夏征农，2003：1528)；(3)说话行为、行事行为、取效行为(姜望琪，2003：34-35)；(4)说话行为、以言行事行为、以言取效行为(吴延平，2007：61-63)；(5)语言行为、以言行事行为、以言取效行为(马蒂尼奇，1998：16-28)；(6)言之发(以言指事)、示言外之力(以言行事)、收言后之果(以言成事)(何自然，1988：133-143)；(7)言之行、言之力、言之果(束定芳，1989：8-14)；(8)言之行、言之的、言之果(肖本罗，李彩红，2006：57-60)；(9)以言指事、以言行事、以言成事(张旭春，1998：

4)；（10）以言指事行为、以言行事行为、以言成事行为（冉永平，2005：75)；（11）以言指事、以言行事、以言取效（王健平，2003：208）的翻译；（12）以言表意、以言行事、以言取效（徐有渔，周国平，陈嘉映等，1996：299)、(陈嘉映，2003：240)；(13）以言表意行为、以言行事行为、以言取效行为（刘志丹，2012：117-120)；（14）以言表意行为、以言施事行为、以言取效行为（韦森，2005：121-130)；（15）直陈行为、行事行为、语效行为（钱冠连，霍永寿，2003：26)；（16）言辞行为、非言辞行为、超言辞行为（阿兰·米哈伊尔·苏波特尼克，2010：1)；(17）叙事行为、施事行为、成事行为（崔凤娟，2009：341-351)；(18）表述性行为、施为性行为、成事性行为（赵明，1999：149-153)；(19）语谓行为、语用行为、语效行为（邱惠丽，2006：37-40)；（20）本体行为、意向行为、效应行为（郭聿楷，1990：10-16)；(21）言说行为、意向行为、取效行为（孙淑芳，1998：7-12)；(22）言中行为、言外行为、言后行为（崔建斌，1999：67-71)；（23）言内行为、言外行为、言后行为（陈海庆，张绍杰，2004：420-426)；（24）言内行为、言外行为、以言取效行为（廖美珍，2014：24)。

此外，除了上述使用频率较高的24种言语行为三分说术语翻译以外，还存在着其他的译法，比如，“言有所述、言有所为、言后有果”“言之发、示言外之力、收言后之果”“以言指事、以言行事、以言成事”等等。同一英语术语，被翻译成几十种汉语译文。虽说是仁者见仁，智者见智，但至今翻译界没有统一说法，学界也很少有人质疑这种现状。

本书对于言语行为三分说的叫法，下文中一律采用廖美珍的翻译叫法，即“言内行为、言外行为、以言取效行为”(廖美珍，2014：24)。

奥斯汀言语行为理论的思想基础为“人类说什么就是做什么，在说什么时做什么”，“通过说什么来完成做什么”。简而言之所表达的意思为“说话就是做事”。每一个言语行为不是孤立的，而是一个整体。每一个言语行为实际上是由“话语行为、话语施事行为、话语施效行为”构成的抽象行为。奥斯汀的言内行为，包含“The Phonetic Act”“The Phatic Act”“The Rhetic Act”(Austin，1962：95)，用汉语将其分别翻译为发音行为、发语行为、发言行为。发音行为（The Phonetic Act）的含义比较容易理解，意思仅仅是指发出特定声音的行为。发语行为（The Phatic Act）是指说出某些词汇或单词，发出特定的声音，属于一定的词汇库，并遵循特定的语法。发言行为（The Rhetic Act）是指说出词汇表达或多或少的话语意义和所指的行为（杨玉成，赵京超，2013：91)。发音行为是发语行为和发言行为的前提和基础，奥斯汀列举了几个经典例子来说明究竟什么是发音行为、发语行为、发言行为，这些例子如下：

“他说‘猫在垫子上’”是发音行为。

“猫在垫子上”，是发语行为。

“他说猫在垫子上”，是发言行为（词汇 ＋ 含义 ＋ 所指），行为包括词汇与声音。

以上是对言内行为中的发声行为、发语行为、发言行为三种区分的最好例证。无论是语句“他说‘猫在垫子上’”，还是语句“他说猫在垫子上”，都是说话人“所发出的一串串声音、所说出语句、所使用词汇来表达猫在垫子上的这件事情的含义和所指”。也就是说，“所发出的一串串声音”实则上就是发音行为，“所说出语句”就是发语行为，“所使用词汇来表达猫在垫子上的这件事情的含义和所指”就是发言行为（杨玉成，赵京超，2013：91）。

人们“说什么”，实际上就是“言内行为”。人们“说什么”不仅是“话语行为”，而且是在实施“话语施事行为”。“言外行为”就是“在说什么时就完成做事的行为”（Performance of An Act in Saying Something），从语言功能的角度来讲，我们又称之为“以言取效行为”（Illocutionary Forces），即人们说出话语的同时也正在彰显施事行为产生的效果或力量。

2.2.4 话语施事力的分类

“话语施事力”分为裁决式（Verdictives）、运用式（Exerctives）、承诺式（Commissives）、表态式（Behabitives）、表明式（Expositives）五个类别（奥斯汀，2013：139）。这五个类别的名称或称呼还有比较典型的译法，比如“评判行为类、施权行为类、承诺行为类、表态行为类、论理行为类”（顾曰国，1989：30-39）；另外还有一些学者将其翻译为“判言、施言、托言、行言、注言”（王健平，2003：219-220）。

为方便本书撰写，下文一律采用“裁决式、运用式、承诺式、表态式、表明式”的译文。裁决式，顾名思义是指由陪审团、仲裁员、裁判依据事实和证据作出判决的典型案例，比如估计、测算或评价。运用式，是指如何运用和实施权力以及发挥影响力，诸如告诫、命令、选举、催促、咨询等等。承诺式，就是保证和担当，承诺做事的同时，实际上还包含宣告、公告的意图甚至支持。表态式，是与态度和社会行为相关而极其混杂的一组类别，例如致歉、恭贺、称赞、哀悼、咒骂、挑战等。对于表明式，奥斯汀认为很难给它下定义，一般来说，如何使用语言文字并使其具有说明性，比如“我假定”“我辩论”“我回答”“我容许”“我要求”“我承认”“我阐明”（Austin，1962：150-151）。

此外，话语施事行为或话语施事之力涉及语境，语境的差异反映的话语使用的意义和表达效果是不一样的。也就是说，人们“说什么”，不仅包含着说出一定含义词句的“话语行为”、实施命令、警告、承诺宣布等“话语施事行为”，而且还存在着影响着听者或说话者或其他人的感情、思想并产生一定效果的第三种行为“话语施效行为”，涵盖说服、阻止、信服、相信等某种结果，并且说话时可能原本就有计划、意图和目的（Austin，1962：94-107）。

总而言之，奥斯汀经典言语行为理论经历“施行式与记述式之分”“显性施行式与隐性施行式之分”“言语行为三分说——话语行为、话语施事行为、话语施效行为”三个最重要的理论探索阶段，特别是言语行为三分说标志着奥斯汀言语行为理论研究的飞跃。

2.3 间接言语行为理论

间接言语行为理论是美国哲学家塞尔提出的语用学理论。继奥斯汀之后，塞尔进一步研究、发展和完善言语行为理论。塞尔认为，所有的语言交际都包含言语行为，说话就是实施一种行为，包括实施命令、承诺、阐述、询问等行为。语言交际的单位不是符号、词句，也不是符号象征，而是言语行为。换而言之，言语行为是语言交际的最基本和最小单位（Searle，1969：16）。而传统语言学则把符号、词句作为交际单位。关于言语行为，塞尔研究成果丰硕，他在著作《言语行为：语言哲学论》（*Speech Acts*：*An Essay in the Philosophy of Language*）和《语言哲学》（*The Philosophy of Language*）中，对言语行为概念、言语行为的类型、方法、范围、原因、表达、含义、命题、规则、话语施事行为的结构、指称问题等展开分门别类阐释。在此基础上，针对奥斯汀言语行为的划分以及施事行为的分类提出质疑和批判，其研究的重点归纳为四点：一是基于“言语行为三分法”研究，塞尔提出“言语行为四分法”；二是“间接言语行为”研究；三是“话语施事行为的分类”；四是“言语行为与意向性”观点。这是塞尔对言语行为理论做出的独特贡献。

2.3.1 言语行为四分法

奥斯汀采用抽象法划分出言语行为理论，提出言语行为三分法。塞尔一方面跟奥斯汀一样也很重视言语行为的划分问题，另一方面与奥斯汀在句义和语力上看法不一样，塞尔认为，句子都有语力，句义和语力共同存在于一个句子或一个言语行为中，二者不是孤立的，一个句子的句义里实际上就包含一定的语力（Searle，1968：412）。在某种意义上，塞尔是对奥斯汀的“句义与语力截然不同，有着根本性区别”观点的评判与批评，正因如此，其在一定程度上也是对奥斯汀经典言语行为理论发展的推进与完善。塞尔认为奥斯汀“话语行为、话语施事行为、话语施效行为”的言语行为三分说具有一定的局限性，缺乏分类标准。因而塞尔在批判和继承奥斯汀经典言语行为理论的基础上，保留其“话语施事行为”和“话语施效行为”，用“命题行为（Propsitional Act）”取代“话语行为”，并增加“发话行为（Utterance Act）”，构成新的“言语行为四分法”，即“发话行为、命题行为、话语施事行为、话语施效行为”（原文英语表达为“Utterance Act，Propositional Act，Illocutionary Act，Perlocutionary Act”）。

对于塞尔的“Utterance Act，Propositional Act，Illocutionary Act，Perlocutionary Act”存在着不同的译法，比较具有典型性和代表性的几种译法，诸如有的学者将其翻译为“发话行为、命题行为、施事行为、取效行为”（顾曰国，1994：1-8）；有学者将其翻译为“发话行为、命题行为、以言行事行为、以言取效行为”（朱慧敏，2009：151-153；吴延平，2007：60-63）；还有学者将其翻译为“说出行为、以言表意行为、以言行事行为、以言取效行为”，并将这四个行为的英文概念翻译为“说出行为”，即“说出语词（词素和句子）”。王健平指出，“以言表意行为”即“进行指称”，“以言行事行为”即“做出陈述、提出问题、下达命令、进行允诺等”，“以言取效行为”即“说者的话语在听者的行为、思想、信念等方面产生某些效果和影响”（王健平，2003：222）。为便于撰写以及与奥斯汀“言语行为三分法”对应，本书对塞尔“言语行为四分法”的翻译拟用统一的叫法，即发话行为（Utterance Act）、命题行为（Propositional Act）、话语施事行为（Illocutionary Act）、话语施效行为（Perlocutionary Act）。

塞尔认为，发话行为是指说出词句所完成的行为。命题行为是指在特定语境中和一定条件下，通过指称或断定所完成的行为。换句话说，也就是命题所完成的行为。话语施事行为，塞尔对此完全采用了奥斯汀的术语“Illocutionary Act”，认为“声明”“谴责”“描述”“主张”“警告”“批评”“称赞”“反对”“请求”以及“辩论”等，都属于话语施事行为。话语施效行为，是话语施事行为对听者的行为、思想、信念等所产生的结果和影响。例如，通过争论来表示可能劝说某人，通过提出要求表达可能让某人去做某事，通过告知来达到说服某人、使人信服、使人高兴、使人烦恼、使人受到开导、使人受到启发、激发某人等效果或使人意识到后果，这些都是话语施效行为。

在塞尔看来，这些行为都不是分开的，而是同时发生的，正如一个人可以抽烟、读书、挠头同时进行（Searle，1969：22-25）。

“发话行为”和“命题行为”与话语施事行为的关系，并不像购票、搭乘火车、火车旅行之间的关系，三者之间不是手段与目的的关系。与奥斯汀一样，塞尔认为话语施事行为中往往包含某种语力，即话语施事力。在话语施事行为的语言表达中存在着典型的逻辑模式，即话语施事力和命题内容，比如，“我承诺我去那里”，在这个句子中，“我承诺”就是话语施事行为，具有话语施事力的作用和力量，即当我说出“我承诺”语句的同时就完成了相应的承诺行为，即“言”中有“行”，话语说出的同时完成了话语施事行为，而“我去那里”，则是命题内容和命题成分。至于话语施效行为，是“言语行为四分法”中不可或缺的一个部分，与奥斯汀的解释一样，塞尔也认为话语施效行为的存在性，也就是话语一旦说出去之后就会产生相应的后果和影响（塞尔，2001：F26-F27[①]）话语施效行为涉及社会因素和心理效应等超语言因素，因而没有得到足够的学术重视，也没有更多的创新和探索，目前国内外大部分学者对于话语施效行为的研究主要还是停留在对话语的后果和影响方面的分析（顾曰国，1994：10-16）。

2.3.2 间接言语行为

塞尔把话语的意义区分为话语字面意义和话语的实际意义，基于这种区分，他把言语行为分成两种，即直接言语行为（Direct Speech Acts）和间接言语行为（Indirect Speech Acts）（Searle，1980：205-220）。言者说出话语时所表达的含义与话语语句本身的字面意义是一致的，就是直接言语行为（王健平，2003：231-238）。人们在实际工作和日常生活的交际中，很多时候说出的话语，其意义与实际内心所想表达的含义完全不一致，例如，当人们向他人说出“祝贺”二字时，字面意义确实是恭贺他人，但说话者也可能并不愿意看到别人升职或比自己优秀，那么，“祝贺”的实际意义就可能会是讽刺他人、嫉妒他人，这就是间接言语行为。

塞尔指出，间接言语行为就是“通过完成一种言语行为从而间接地完成另一种言语行为”（Searle，1975：66-81）。间接言语行为中包含言外之意、言外之力、隐喻或虚构，也就是话语实际的意义远远超出了字面意义。对于隐喻，塞尔解释为用不同于字面意义的话语来意指的东西或含义。对于虚构，塞尔指出实际上是作者假装完成的言语行为（Searle，1979：65）。间接言语行为存在

① F26-F27为书中的导读页码。

于生活的各个领域中，无处不在，如以下三个示例：

例 1：法律是把尺子。

字面之意：法律就是一把尺子。但该句子是一个隐喻，所要表达的实际意义或言外之意是：以法律身份的“尺子”叙事，即法律是隐喻的本体，尺子是喻体，尺子映射了标准和规范。诸如法院的判决，行政机关制定的规则和政策、公民的行为准则，这些都必须以法律为“尺子”，以此来衡量法院判决，行政机关制定的规则、政策的合法性。

例 2：房间很热。

该句话的字面之意和实际意义或言外之意是什么？其间接言语行为该如何理解？要理解间接言语行为，必须从句子的字面之意去推导出言外之意。那么如何通过字面意义推导出间接的言外之意呢？这取决于双方共有的背景信息(包括语言的和非语言的)、听话人的分析推理能力。这句话的字面意义是陈述天气很热，实际根据上述推理原则它可以有多种言外之意，如暗示听话人打开门窗或开空调，或暗示听话人不要在房间里等。

例 3：《天净沙・秋思》

枯藤老树昏鸦，小桥流水人家，古道西风瘦马。夕阳西下，断肠人在天涯。

这首散曲所表达的意思是：描绘了枯干的藤萝、凹凸的古树、黄昏时的乌鸦、窄窄的小桥、潺潺的流水、依稀散落的几户人家、古道、冷飕飕的西风以及一匹瘦马的景象。夕阳西下，不由得让漂泊天涯的游子产生愁断寸肠的苍凉之意。《易・系辞》主张：“圣人立象以尽意。”从塞尔的间接言语行为理论视角来看，《天净沙》既有“象”的外在表现，又有“意”的内在情韵。“象”是物质性的东西，是第一性的、客观的；“象”包括自然界的物象和人类社会生活中的物与事。“意”是意识范畴，是第二性的、主观的。“意”则包括人类内心世界的思想情感和精神世界的认识。枯藤、老树、昏鸦、小桥、流水、人家、古道、西风、瘦马、夕阳、天涯，都是“象”，之所以能并列在一起，是因为它们间接传达出来一种萧条悲凉的“意”，映射出与游子相似的孤独心境。这些意象有机组合产生了一个生动画面和凄美的艺术效果。作者说出“枯藤、老树、昏鸦、小桥、流水、人家、古道、西风、瘦马、夕阳、天涯”，实质上表达了“游子愁断寸肠”的另一言语行为，这就是间接言语行为。

从上述例子来看，塞尔的间接言语行为在法律、诗歌以及日常生活中随处可见。因而，塞尔又将间接言语行为划分为规约性间接言语行为(Conventional Indirect Speech Acts）和非规约性间接言语行为（Non-Conventional Indirect Speech Acts)。规约性间接言语行为是指，通过话语字面意义就能做出一般性推断进而得出间接言语行为。例如，“你能把门关上吗?”的字面意义是“询问”，可是，通过字面意义可以很快而且很容易地推断出来“说话者的言外之意或言外之力是在向听者提出请求”，这就是规约性间接言语行为。与之相反，非规约性间接言语行为的情况比较复杂，话语的言外之意或言外之力需要根据说话人和听话人双方共同熟知的语境来推断（何自然，1988：151-152）。

塞尔所列举的对话，邀请者说“Let's go to the movie”，对方回答“I have to study for the exam”。前者说出的话语可以通过字面意义很快推断出“说话者是向听话人发出邀请”，这个句子就是规约性间接言语行为。然而，后者所回答句子的意义就没有那么容易推断出来，“为了考试我不得不学习”的回答要根据双方共同的对话语境，才能推断出后者话语的实际意义是“今晚不能去看电影”，该句子就是非规约性间接言语行为（Non-Conventional Indirect Speech Acts）。

2.3.3 话语施事行为的分类

奥斯汀将话语施事力分为裁决式（Verdictives）、运用式（Exerctives）、承诺式（Commissives）、表态式（Behabitives）、表明式（Expositives）五个类别。对此，塞尔也很重视分类问题，针对话语施事行为分类，他事先提出两个规则、九个条件、十二个标准。此外，他将话语施事行为划分为五大类，即断言行为（Assertives）、指令行为（Directives）、承诺行为（Commissives）、表态行为（Expressives）、宣告行为（Declarations）（Searle，1979：1-23）。针对话语施事行为的分类有学者有不同的译法，比如，表述言语行为（Assertives）、指令言语行为（Directives）、承诺言语行为（Commissives）、表情言语行为（Expressives）、宣告言语行为（Declarations）（廖美珍，2014：151）。

话语施事行为的两个规则是指制约规则（Relative Rules）和构成规则（Constitutive Rules）。前者指制约话语行为的相关规定或原则，后者指新的话语行为产生的原则。这两个规则制约着人类的言语行为（Searle，1969：33-42）。

塞尔强调九个条件的必要性和充分性，包括交际双方具备话语交流能力的条件、话语中需表达命题的条件、话语中同时表述命题和行为的条件、说话人与听话人针对做某事达成共识的条件、一方不表述就会出现双方都不清楚交际内容或说话人是否去做某事、交际中存在说话人打算做某事的条件、说话人说了就要做或言行一致的条件、说话人希望听话人了解其话语意图，最后一个条件就是说话人和听话人的话语表述准确。在这九个条件之上他又提炼得出四条构成规则，即本质规则、真诚规则、命题规则、预定规则（Searle，1969：42-50）。

由此可见，话语的规则与话语的条件是密不可分、相互关联的。在九个条件和细分出来的构成规则的基础之上，塞尔进一步明确和划分了言语行为的十二个标准，包括话语施事行为的目的性标准、话语与事实的适切性标准、话语施事行为的心理因素标准、话语施事行为的迫切性与语力强度标准、说话人与听话人的身份关系和权利影响标准、说话人和听话人双方的利害性标准、施事话语与交际上下文语篇的区别标准、话语施事行为的社会性和超语言的社会规约性标准、施事句表述相应的话语施事行为标准、施事行为的话语实施风格差异标准（诸如含糊暗示和明确表态），等等（Searle，1979：1-7）。在两个规则、九个条件、十二个标准的充分论证情况下，塞尔将话语施事行为进行概括，归纳为五个门类：断言行为（Assertives）、指令行为（Directives）、承诺行为（Commissives）、表态行为（Expressives）、宣告行为（Declarations）（顾曰国，1994：1-8）。

断言行为（Assertives），是指说话人对某件事情或某个事物所做出的判断、陈述、描述、报道以及说明等。说明在某些程度上，说话人承认或认可了某事或某物具备这种情况或状况，或反映了说话人话语所表达的一种心理状态，即“信念”。例如，“天晴了”，这个句子就表达了说话人对天气的判断和相信“天晴了”的一种信念。塞尔使用一些特殊符号组成的公式或逻辑式来表示断言行为，如“⊢ ↓ B（p）”。其中，“⊢”表示“断言”；“↓”表示“适应方向，由话语或语词到世界”；“B”代表“Believe”；“p”表示命题内容。这种断言式的话语类型一般有真假可言，可用真值分析和评判。

指令行为（Directives），是指说话人向听话人提出指令、建议、命令、要求、请求、邀请等，是说话人要求听话人去做某事。这种话语类型往往没有真假可言，不需要用真值标准做出指令。同样，指令行为也可用公式或逻辑式来表达，即“! ↑W（H does A）”。“!”表示指使行为的目的；“↑”表示“适切方向，由世界到话语或语词”；“W”表示愿望（Wish）或需要（Want）；“H”表示听话人；“does”表示做；“A”表示行为或行动（Action）。从整体上来看，“H does A”就是指令行为类型话语的命题内容，所表达的心理状态是愿望和指令，如“请把窗打开”。

承诺行为（Commissives），没有真假可言，是指说话人向听话人承诺、答应、发誓、打赌、保证所做的某件事，例如，“我保证今天去上班”，是说话人向听话人承诺明天去上班的“打算”。承诺行为的逻辑式或公式表达为“C

↑I（S does A）”。“C”表示承诺话语类型；“↑”表达“适切方向，由世界到话语或语词”；“I”表示意图（Intention）；“S”表示说话人；“does”表示做；“A”表示行为或行动（Action）；这种类型的话语表达的是“打算或真诚、真心实意去做某事”的一种心理状态。

表态行为（Expressives），是指说话人向听话人做出的一个表态，表达一种态度和心情，诸如感恩、感激、歉意、哀思、哀悼、欢迎、恭贺等。表态行为的逻辑式或公式为“EØ（P）（S/H＋性质）。其中，“E”表示表态话语；“Ø”表示适切方向为零，表态式的这种话语类型不存在适切方向，没有涉及语词或话语与世界的关系；“P”表示心理状态；“（S/H＋性质）”表示命题内容，表示说话人或听话人具有某种特性，也就是说表态行为的话语类型所涉及的命题内容的某些特性与说话人和听话人相关。比如，“我祝贺你取得成功”，这句话中的“祝贺”和“取得成功”与话语交际的双方——说话人和听话人都相关。

宣告行为（Declarations），是指说话人对某人或某事所做出的公告、宣布，诸如任命、宣布解雇、雇用、命名等促使当事人或现实世界发生客观的变化等。比如，“宣布战争开始”，战争由此打响。随着这种话语的宣布和宣告，相应的宣告行为就此发生，客观世界也就随之发生变化。宣告行为的逻辑式或公式为“D ↕ Ø（p）”。其中，“D”表示宣告话语；“↕”表示“适切方向为双向，既是由话语或语词到世界，又是由世界到话语或语词的双向”；“Ø”表示无真诚或诚实条件；“（p）”表示命题内容（王健平，2003：228-230）。

2.3.4 言语行为与意向性

关于意向性，西方经院哲学家和语言哲学家们一直都关注这个问题，尤其是欧洲大陆哲学派和语言分析哲学的代表们，都对意向性的概念、性质、分类、特征、本质以及意向的目的、意向活动、意向方式、意向结构等进行了深入的研究，对意向性理论的建构和发展起着不同程度的作用和做出了一定的贡献（涂纪亮，1991：19-27）。而塞尔主要从言语行为的视角来研究言语行为。

所谓意向性，塞尔理解为“是许多心理状态和事件所具有的一种性质”（Searle，1983：1），是指人们的精神状态指向，诸如用愿望、信念、担心等来表达的一种意向状态。他认为言语行为和意向性的关系是辩证统一的，二者密切相关，人类的言语行为都具有一定的意向性，而意向性又决定了采取什么样的言语行为方式和言语行为类型。意向性将人类的心灵与言语行为连接在一起，从而使得语言哲学成为心灵哲学的一个分支。人类所有言语行为都有与之相应的一种意向，意向是言语行为产生的前提。言语行为强调“行为”，而意向性侧重于“精神状态”，是心灵、心智、心理内部的一种意向状态。通过进一步研究，他发现人类的言语行为存在着双层意向性，即完成行为的意向性与行为完成中的意向状态，使得言语行为的意向性又进一步得到明确。意向性与言语行为具有相似之处，包括意向内容、满足条件、适切方向、命题内容以及语力等，其中，“满足条件”同样适用于解释言语行为和意向性二者（黄萍，2009：69-72）。

值得一提的是，话语是实现意向性的载体，有着特殊的作用。仅有意向，没有语言表达，也就不可能存在言语行为。没有语言，也就不可能实现意向状态，比如，仅有撒谎的意向，没有撒谎的相关语言词句的表达，也就不可能实施撒谎的言语行为。话语的意义取决于意向，意向是大脑对愿望、信念等心理活动能力的概括（Searle，1983：1）。意向性的逻辑式或公式是“S（r）”。其中，“S”表示精神状态，“r”表示意向内容（王健平，2003：235-238）。

2.4 目的原则

本节对目的原则理论的阐述，将从目的论的变迁和目的原则的定义入手，再依次展开目的关系、目的分析、目的交际以及目的语境的阐述。

2.4.1 目的论的变迁

什么是目的？哲学家给了目的一种比较典型的定义：目的是主体在认识客体的过程中，按照自己的需要和对象本身的固有属性预先设计，并以观念形态存在于主体头脑中的某种结果。它体现了自身需求与客观对象之间的内在联系（廖美珍，2005：1-10）。作为哲学范畴，“目的论”一直以来都是西方哲学的研究课题。关于“目的论”的概念和相关论述，可以追溯到古希腊的自然目的论、中世纪的神学目的论、莱布尼茨的目的论、康德批判哲学的目的论、费希特的目的论、谢林的目的论、黑格尔的目的论、德国古典哲学之后的目的论（王平，2012：12-132）。哲学中的“目的论”，经历了从“以万物为目的”到“以神为目的”，再到“以人为目的”，最后到“以历史为目的”的过程，“历史将被理解为在目的论上受到指引的东西”（黑格尔，2001：451）。

古希腊时期的自然目的论，包括阿那克萨戈拉的“奴斯理论”、苏格拉底的道德目的论、柏拉图的目的理念论、亚里士多德的“四因论”。目的论最早由前苏格拉底时代的阿那克萨戈拉提出，他主张心灵是事物发展的动因，实则上目的论的观点就已经朦胧包含其中了（策勒尔，1992：68）。阿那克萨戈拉认为“奴斯”是一切事物发展的动因，也就是在“奴斯”提出后才出现了目的论或目的因的观点，只是没有被概念化（王平，2012：15-17）。

此后，苏格拉底提出的“德行至善”的道德目的论与阿那克萨戈拉的“奴斯理论”二者是相吻合的，其弟子柏拉图继承和完成了他的工作，并创建包含底层到高层的不同层次的理念论，这个理念论实则是一个目的论系统。柏拉图的理念论是一个静态的目的论。与之相反，柏拉图的弟子亚里士多德，提出了动态目的论（王平，2012：18），也就是“四因论”，他认为事物发展都有其自身的原因，主张哲学是解决和了解事物发展原因的学科，事物的发展都存在着“形式因、物质因、动力因、目的因”（被称为“四因论”）（亚里士多德，2009：11-19）。在亚里士多德的论著里出现了目的论的前缀词“telos”，声称“橡子的内在目的或内在终极目的就是成为一棵完全成熟的橡树”（Aristotle，1050：9-17）。目的论，其词源来自希腊语的“telos”和“logos”，“telos”的含义是目的，“logos”的含义是逻辑或规律，此后演变为英语词汇“teleology”（目的论）（Eric，1977：4187）。哲学家认为“目的论”就是关于“telos”和“logos”（海德格尔，1999：21-60）。

继古希腊的自然目的论之后出现的是中世纪的神学目的论。前者以“万物”发展动因为理念，后者以“神圣心灵”为中心，并以神学家奥古斯丁和阿奎那为代表，以神论的上帝来作为事物发展的终极动因。奥古斯丁的目的论思想主要体现在恶与善的二元论冲突上，表现为神论意义上的思想（奥古斯丁，1996：20-61）。阿奎那的目的论思想主要是用来论证“上帝存在”和“以上帝为中心”（阿奎那，1997：35-82）。古希腊的目的论以自然为目的，因而称作“自然目的论”。而中世纪的目的论是以上帝为目的，故称为“神学目的论”（王平，2012：21-24）。中世纪意义上的神学目的论，它承认上帝的存在性，主张上帝是唯一的。

在中世纪神学目的论信仰的基础上，先后经历了启蒙运动和浪漫主义时期。针对启蒙运动中的机械论，莱布尼茨信奉经院哲学，主张实体多元论，机械服从目的论，从而提出莱布尼茨目的论（王平，2012：42）。受莱布尼茨哲学的影响，出现康德批判哲学的目的论，其理论研究的重点是以“人”为目的，主张“人”是目的（康德，2002：231）。人类的自由和道德是康德批判哲学目的论的终极目的（王平，2012：53）。

在康德批判哲学目的论基础上，又先后出现费希特的目的论、谢林的目的论、黑格尔的目的论、德国古典哲学之后的目的论。费希特的目的论提出行动哲学，划分出批判哲学和独断哲学，认为批判是内在的，独断是超经验的（费希特，1997：37）。谢林的目的论强调自由与必然的统一，他假定历史过程要经历命运时期、自然界时期、天意时期，提出历史发展的三阶段理论（王平，2012：127-128），整个自由的表演的过程就是历史（谢林，1997：240）。针对康德、谢林以及费希特的历史哲学观中的目的论因素，黑格尔对其理论思想进行进一步深化和发展，他把历史看作是哲学的历史，认为真理的历史和历史的真理是不分的，世界历史不过是自由概念的发展（黑格尔，2006：450；王平，2012：130-131）。马克思针对目的性也有过论述，通过蜘蛛织网的活动展开了目的论述（廖美珍，2014：3）。之后的德国古典哲学，无不打上了康德、黑格尔等哲学家的目的论烙印。“目的论”，是对世界哲学学说的诠释。

但是，很少有人把“目的论”用于语用学的分析，目前为止，只有为数不多的学者将“目的论”用于语用学的分析，诸如奥斯汀、塞尔、顾曰国、廖美珍等。奥斯汀在阐述话语施事力的分类时，提到了“目的”，原文是“To perform a locutionary act, and therein an illocutionary act, may also be to perform an act of another kind. Saying something will often or even normally, produce certain consequential effects upon the feelings, thoughts or actions of the audience, or of the speaker, or of other persons, and it may be done with the design, intention, or purpose of producing them.”① （Austin，1962：94-107）遗憾的是奥斯汀只提及“目的”二字，却并没有把“目的”概念化。在对话语施事行为进行分类时，塞尔提出十二个标准，其中，第一个标准就是言语行为“目的”标准，他指出施事行为的目的标准是不同的（Searle，1979：1-7）。如“许诺行为的目的”表示“说话人要去承担自己答应的事情，“命令的目的”就是“听话人一定要去做某件事情”（王健平，2003：226）。

相对于奥斯汀而言，塞尔针对“目的”的阐述多一些，他用一段话来论述“目的”，但是没有形成“目的论”研究体系。顾曰国指出，“人类行为通常是有目的的”。他提出并阐述了“修辞目的和超语言目的”，其重点在于研究修辞技巧（顾曰国，1989：8-15）。无论是奥斯汀、塞尔、顾曰国对目的的研究，还是钱冠连提出的“目的-意图原则”以及朵门尼克·帕利斯（Domenico Parisi）和克莱斯提安诺·喀斯特弗兰奇（Cristiano Castelfranchi）对目的进行的划分，包括“有效目的、无效目的、无意识的目的、有意识的目的、交际

---

① 该段落的译文为：话语施事行为或话语施事之力涉及语境，语境的差异反映的话语使用的意义和表达效果是不一样的。也就是说，人们“说什么”，不仅包含着说出一定含义词句的“话语行为”、实施命令、警告、承诺宣布等“话语施事行为”，而且还存在着影响听者或说话者或其他人的感情、思想并产生一定效果的第三种行为——“话语施效行为”，这种话语施效行为包含说服、阻止、信服、相信等某种结果，并且说话时就存在。

性目的、透明目的、非透明目的、社会性目的、中性目的”（廖美珍，2005：1），都没有系统地深化目的论研究。

从语用学视角，完全把哲学上的“目的论”应用于言语活动解释和言语行为分析，并开辟了语用学研究新途径的学者是廖美珍，他将“目的论”命名为“目的原则”。通过十余年的研究，廖美珍探索出语用学目的原则的一整套分析模式。廖美珍目的原则理论可以概括为几个方面：目的关系、目的分析、目的交际、目的语境。

2.4.2 目的关系

言语行为目的原则的描述性表述为：理性（正常）的人的理性（正常）言语行为都是有目的的，或者说，任何理性（正常）的人的理性（正常）行为都带有目的的保证——交际目的。说话就是表达目的，说话就是实践（实行）目的，说话就是实现目的。从这个意义上说，说话不是手段，说话是目的。语言不是工具，语言是生命和生存的展布。换句话说，目的是言语生成的原因。目的是言语发展的动力。这既是一个哲学命题，也是一个语用原则。目的原则是言语行为分析的基石（廖美珍，2005：2）。廖美珍从语用学视角对“目的原则”提出一个很全面的定义和概念界定。

人是一切社会关系的总和，无论是在工作还是生活交际中，人与人之间都存在着相互的交际目的关系。目的关系是目的原则的重要内容，涵盖目的一致、目的冲突、目的中性。廖美珍对这三种目的关系的概念进行了界定，并通过法庭话语案例的会话展开相应分析和阐释。他认为，话语交际涉及听话人和说话人，双方的交际目的存在着相同或相似的关系，即目的一致。互动双方的目的不兼容，或者说一方的目的不利于另一方的目的实现，就是目的冲突。特别指出的是，交际双方目的一致和目的冲突的这两种目的关系，既可以预先设定也可以当场确定。目的中性，即无利益冲突，是指说话人和听话人的目的处于中性状态，交际双方各自的目的互不干扰（廖美珍，2005：5-6）。

2.4.3 目的分析

关于目的分析，主要侧重于目的分析模式和目的分析流程两个方面的论述。

一方面是目的分析模式的研究，廖美珍从系统学的维度，阐述目的的层次观、结构观、系统观，提出自上而下、自下而上的两种目的分析模式，即从总目的到子目的、从子目的到总目的，并将目的划分为主要目的和次要目的、直接目的和间接目的、总目的和子目的（廖美珍，2014：23）。

另一方面是目的分析流程的研究，这个目的分析流程的论证是从目的原则的阐述到目的关系分析、具体目的分析、目的与话语连贯分析、目的与话语手段分析、目的与话语权势分析到目的追求的结果分析（廖美珍，2014：32）。目的分析流程，是语用话语分析的新途径。从传统意义上来讲，语用话语分析模式通常从词、句等展开研究，分析话语篇章的连贯模式（Halliday and Hasan，1976：30-69）。廖美珍认为，词汇替代、词汇重叠、重复、照应等传统的形式手段并不能保证语篇的连贯，而判断是否连贯的标准是目的，即言语行为的总目的。他指出这种解释更有说服力，由于不指向共同的目的，所以不关联、不连贯。反之，由于指向共同的目的，所以话语才连贯和关联。目的与手段和策略密切相关，选定目的的同时，也就选择了相应的手段和策略（廖美珍，2014：27）。

因而，要进行目的与话语连贯的分析和目的与话语手段策略的分析。此外，还要进行目的与话语权势的分析和目的追求结果的分析。话语的意义、地位和权势关系是在目的追求中体现的，而目的追求结果的分析，又是权衡和判断话语交际成功的重要标准（廖美珍，2014：30-31）。如果说目的原则是目的分析模式的理论依据和基础，那么，廖美珍的这种系统目的分析模式则是目的原则理论得以贯穿具体言语行为分析实践的有力保障。

2.4.4　目的交际

目的交际，是廖美珍从人们赖以生存的交际维度论述目的原则，是从更宏观的层面上对语用目的原则进行的理论深化（廖美珍，2009：62-64）。关于目的交际，廖美珍从三个方面展开论述，即传统语言交际模式、目的原则下的交际模式、目的原则下的交际结果（交际成功和失败）（廖美珍，2009：101-109）。

2.4.4.1　传统语言交际模式

廖美珍对主要的传统语言交际模式和理论进行了回顾（廖美珍，2009：62-64），包括语码理论的编码-译码模式（Shannon and Weaver 1949：12-91），行为主义理论的刺激-反应模式（Bloomfield，1933：50-61 ）、言语行为理论的交际模式（Austin，1962：52-116）、格莱斯意义理论及交际模式（Grice，1957：15-32）、格莱斯合作（会话含义）模式（Grice，1975：16-69），关联理论的明示-推理模式（Sperber and Wilson，1986：21-56）、顺应论模式（Verschuren，1999：65-80）、哈贝马斯交往行为模式（哈贝马斯，2004：39-

66)、珍妮·汤姆逊互动模式（Thomas，1995：65-84)、顾曰国的三维分析法（Gu Yueguo，1996（7）：3-4)。这些传统的语言交际模式各有其优势和不足，廖美珍对其利弊进行了全面的剖析、评判和继承，并指出：我们既不否认也不排斥其他交际模式的独有的解释和作用，我们也绝不贬低和轻视其他的原则和理论（廖美珍，2014：111)。

2.4.4.2 目的原则下的交际模式

以言语行为理论为依据和理论基础，目的原则下的交际模式涉及基础层面（预设层面)、表达和理解层面（言内行为)、实施和领悟层面（言外行为)、目的追求和反应层面（以言取效行为)。此外，目的原则下的交际模式涵盖两个目的反应形式，包括沉默和选择说话。其中，选择说话包括目的采纳、目的拒绝、目的协商、目的搁置四种形式。

关于交际模式的几个层面的解释是，基础层面是指说话人和听话人各自的目的预设模式，这是实施言语行为的前提；表达和理解层面是指说话人的目的表达和听话人的理解；实施和领悟层面是指说话人的目的实施和听话人的目的领悟。针对说话人的目的表达和目的实施，廖美珍侧重于目的表达在语言层面的可理解性、隐显性、礼貌性三个因素的研究（廖美珍，2009：102-103)。针对听话人的理解和目的领悟，一是指出目的表达的“显性目的”和“隐性目的”之分；二是强调目的显性度、目的价值性、目的程式性和新颖性与语言机构性和日常性的关联；三是论述目的显性度、目的价值性、目的程式性和新颖性；四是研究听话人的目的领悟与反应选择，如选择沉默反应、选择说话反应。

关于交际模式的这两个目的反应形式，“选择说话”的形式主要表现在目的采纳、目的拒绝、目的协商、目的搁置。廖美珍指出：“目的采纳，就是听话人采纳说话人的目的；目的拒绝，就是听话人拒绝采纳说话人的目的；目的协商，是指听话人并不马上采纳或拒绝说话人的言语行为目的，而是与对方进行协商，然后决定是否采纳；目的搁置，是指听话人知道对方的目的，由于种种原因，既不采纳也不拒绝对方的目的，而是将对方的言语行为目的暂时搁置起来（廖美珍，2009：105)。

2.4.4.3 目的原则下的交际结果（交际成功和失败）

人类交际的过程复杂，有的交际很顺利，有的交际不顺畅，这些交际的结果都是不一样的。目的原则下的交际结果一般表现为交际成功和交际失败。交际成功与否取决于言语表达的理解、目的领悟、目的采纳三个层面。理解对方言语表达的内容是交际成功的最基础层面，在此基础上，能够领悟对方的言语行为目的是交际成功的第二个层面，目的采纳是建立在前两个层面上，采纳说话人的言语目的的“可取反应形式”，从而达到交际成功的目的。交际失败也表现在三个层面，即对方没有理解说话人的言语表达内容和形式、说话人的言语行为目的没有被对方有效理解、目的未采纳（廖美珍，2009：105-106）。

2.4.5　目的语境

语境，是语用学的一个重要研究领域，也是目的原则研究中的一个核心部分。目的原则下的语境，是指由社会互动意义上的人，在一定目的的驱使下，实施一定的言语行为，从而引起的或者激活的、参与言语行为和意义生成、参与言语行为和意义理解的那些因素（廖美珍，2014：147）。廖美珍的研究要点主要集中在语境的动态性研究、语境的创造性研究、人是语境的中心说，分别阐述如下。

2.4.5.1　语境的动态性研究

语境动态性研究，侧重于目的追求的动态原因、目的追求的动态过程两个层面。

目的追求的动态原因研究分为独白话语和互动话语。独白话语是单向的和单一维度的目的追求过程，是说话人独自追求目的的话语过程。互动话语是双向的和双向维度的目的追求过程，话语双方都有各自的目的，一方目的受到对方制约，从而使得目的追求更具有挑战性，因此语境更加具有动态性。

目的追求的动态过程研究分为言语行为选择的动态性、目的互动产生的动态性、目的的可预测性（显性）和不可预测性（隐性）的动态性研究。言语行为选择的动态性分为说话人的言语行为选择的动态性和听话人的言语行为选择的动态性，说话人的言语行为选择的动态性，表示说话人有多种选择，如请求、命令、恳求等；听话人的言语行为选择的动态性，表示听话人选择方式多样，如反应、不反应等。目的互动产生的动态性研究，是指互动双方都有目的，目的的互动推动话语的动态发展。目的的可预测性（显性）表现为话语语境发展的流畅性，目的的不可预测性（隐性）表现为话语语境发展的曲折性、反复性和波折性（廖美珍，2014：125-137）。

2.4.5.2　语境的创造性研究

廖美珍在语境的创造性研究上，着重于语境创造的主体、言语行为与语境创造、言语目的与语境创造三个层面。

语境创造的主体包括说话人和听话人，或称作“作者和读者”，二者是语境的创造者，因此，也就有了说话人语境和听话人语境。语境创造的主体不同，语境创造的方式、手段、主动性和程度也就不一样。语境创造主体的语言能力存在差异，语境创造的效果也会受到相应影响（廖美珍，2014：154）。

语境创造实则上是言语行为的创造，言语行为理论是语境创造理论的基础和依托，塞尔的五类言语行为，即表述言语行为、指令言语行为、承诺言语行为、表情言语行为、宣告言语行为，这些言语行为创造相应的语境，行为不同则语境也不一样。

廖美珍认为言语目的是语境创造的决定因素，而语境也是人的言语行为所创造的（廖美珍，2014：154-158）。因此，语境创造离不开语境主体、语境主体的言语行为和言语目的，反之，语境主体、主体的言语行为和言语目的又制约着语境创造。

2.4.5.3 人是语境的中心说

人是语境的中心说，即人为中心说。这一说法，是廖美珍语境研究的核心内容，也是对目的原则下的语境论研究的深化。他从更深层次看到了人在语境研究中的地位和作用。一是语言与人的密切关系，语境离不开语言，因此语境也就离不开人，研究语境以人为前提。二是语境活动离不开语境主体——说话人和听话人，只有从语境主体的角度出发才能更好地把握语境，语境主体是语境的中心要素。三是语境的动态性离不开说话人和听话人的选择的动态性。四是语境的创造性离不开人，说话人和听话人是语境创造的主体（廖美珍，2014：186-188）。说话人和听话人的每一次话语表达和听话理解，实则上都是一次语境创造和语境建构，离开人，语境创造无从谈起。

2.5 合同话语三维分析框架

以奥斯汀的经典言语行为理论、塞尔的间接言语行为理论以及廖美珍的目的原则为研究基础和理论依据，本书的研究拟用三维分析框架，即从言语行为出发分析汉语合同话语、从间接言语行为出发阐述汉语合同话语、从目的原则出发论证汉语合同话语。

2.5.1 合同话语言语行为层面（具体层面）

从具体层面讲，以奥斯汀的经典言语行为理论为研究依据，合同话语是一种言语行为。合同，不仅仅是一种书面的法律文本，而且它是用来做事的。每一份合同的语言文字，都是在做具体的一件事情，在实施一个具体的言语行为。下面以买卖合同为例做具体介绍。

合同名称“买卖合同”以及该合同项下的每一个合同条款，都是在实施一种“买与卖”的言语行为，都是买方和卖方在做具体的买卖交易。表面上，买卖合同是一种语言文本，实则这个文本已经超越了合同语言或合同话语，切换到了一种现实的经济活动中，卖方转移合同标的物的所有权给买受人，买受人支付标的物价款。出卖人要履行向买受人交付合同标的物的义务和出具提取标的物的凭证和单据，而买受人要承担向出卖人按时支付足额的合同价款的义务。合同当事人——出卖人和买受人从买卖合同文本上的字、词、语句走向了现实而又具体的合同行为，即双方自签订合同之后，开始将买卖合同文本中的每一个合同条款逐项落实为具体行动，换句话说，“言即行”，双方从合同话语开始到具体“做事”，“做事”的内容包括出卖人按照合同指定的地点、时间、方式、手段、运输工具交付合同标的物，买受人也按照合同指定的地点、时间、方式开始接收合同标的物并将货款按照合同规定汇付到出卖人指定的银行账户上。此外，出卖人与买受人按照合同文本上的话语逐项落实违约金责任、办理合同标的物的瑕疵担保手续、承担双方不履行合同义务的风险或办理合同变更、终止、解除、仲裁以及合同争议等事项。其他合同文本也类似于买卖合同，即合同话语就是合同言语行为，合同就是做事。

2.5.2 合同话语间接言语行为层面（抽象层面）

从抽象层面来讲，以塞尔的间接言语行为理论为研究依据，合同话语是一种间接言语行为。合同，不仅仅有其字面意义，还存在言外之意，也就是合同的间接言外行为。由于合同的言外之意是隐性的，不容易被人认知和发现，因此，合同一方当事人常常利用合同间接言语行为的言外之意的隐蔽性特点，故意制造合同漏洞、合同陷阱或合同纠纷，让合同另一方当事人上当受骗并承担合同风险，严重时还会给对方当事人造成巨大的合同损失。下面以房屋买卖合同为例，来阐述合同一方当事人利用合同间接言语行为的言外之意的隐蔽性制造的合同纠纷案件。

原告（买方）孟×兰于2000年12月11日与被告（卖方）谭山承建公司

签订房屋买卖合同，购买富海花园第六栋第三单元1602房（以下简称“1602房”），总房款为160万元。房屋买卖合同中的第5条约定：1602房，总房款为160万元。买方于2000年12月16日向卖方一次性支付房款155万元，卖方开户银行为中国工商银行××支行，银行账户为×××。合同签订后，原告孟×兰按照合同约定的时间和合同约定的金额向被告谭山承建公司一次性支付了155万元房款。被告收到155万元房款之后，不做任何答复。五年之后，截至2005年12月16日，被告（卖方）谭山承建公司仍然没有将房屋产权证办理到原告名下。2005年12月29日，原告（买方）孟×兰将被告（卖方）谭山承建公司告上法庭。被告（卖方）谭山承建公司在法庭上辩称：“原告（买方）孟×兰没有付清房款，因此没有将1602房屋产权证办理到原告（买方）孟×兰名下。”

该案的争议焦点为：(1) 房款160万元是否付清。(2) 被告（卖方）谭山承建公司是否应该在买方一次性支付房款155万元之后就将1602房屋产权证办理到原告（买方）孟×兰名下。

以上两个争议焦点的源头在房屋买卖合同中的第5条约定，第5条的合同话语存在四个问题：一是合同条款中没有写明买方支付155万元房款之后，卖方是否为买方办理房屋产权证。二是合同条款中没有约定什么时候支付尾款、在什么条件下办理房屋产权证。三是合同条款中没有明确币种，只说总房款是160万元，买方向卖方支付房款155万元，究竟是人民币160万元或155万元呢，还是美元或欧元160万元或155万元？卖方和买方想当然地默认为人民币的币种。四是根据房屋买卖合同中第5条的约定，买方想当然地认为，自己支付155万元房款之后，卖方就能够为自己办理房屋产权证；而卖方故意利用房屋买卖合同中第5条的约定钻空子，认为对方什么时候付清尾款就什么时候为对方办理房屋产权证。

详究问题的根本，可以发现问题一方面在于原告（买方）孟×兰无意识下的言外之意理解错误，导致自己五年时间无法办理房屋产权证。原告（买方）孟×兰无意识下的言外之意，实际上是一种“无意的言外之意”的合同间接言语行为。另一方面在于被告（卖方）谭山承建公司有意识下的言外之意理解，为买方设置了一个圈套和合同陷阱。被告（卖方）谭山承建公司有意识下的言外之意，实际上是一种“故意的言外之意”的合同间接言语行为。

日常生活中和商业往来业务中，类似的房屋买卖合同纠纷案件随时都在发生，影响着国民经济中新增资产的价值量。原告（买方）孟×兰“无意的言外之意”的合同间接言语行为和被告（卖方）谭山承建公司“故意的言外之意”的合同间接言语行为，都说明了塞尔的间接言语行为理论适用于合同话语语用分析。合同是一种间接言语行为，合同间接言语行为的言外之意力量强大，合同间接言语行为的言外之意对于合同的订立、履行、变更以及终止起着重要的作用。

2.5.3　合同话语目的层面（现实层面）

从现实层面来看，以目的原则为理论依据，合同话语是有目的的。每一份合同都是有目的的，每一份合同也因目的而产生。换句话讲，合同言语行为是有目的的，合同言语行为目的贯穿于合同的始终，从合同的名称、标题到合同约首，再到合同的正文，自始至终目的导演着合同，目的贯穿于整个合同。有了目的，合同话语才有了连贯。有了目的，合同的约首与合同正文以及合同约尾才能衔接成一个整体。

比如，一方想购买化肥，另一方是专门生产化肥的。有购买化肥“目的的一方”就与有销售化肥“目的的另一方”达成协议，签订化肥购销合同。从合同名称来看，“双方的目的”明确，即“购与销”。接下来的合同约首写明购货方和销售方的基本信息，依据各自目的订立合同中的每一条款，每一个合同条款里也有一个目的，最后是合同约尾部分的盖章和签字，盖章签字的目的就是使合同正式生效。合同话语中贯穿了合同的总目的、子目的、子子目的以及子子子目的。因而，合同是有目的的，合同话语是目的明确的言语行为。

2.6　小结

奥斯汀和塞尔对言语行为理论的提出和深化发展都做出了突出贡献，这无论是对语用学、语言哲学、法学、文学还是其他学科的建设，以及对教学、日常交际等都有着不同程度的影响和指导意义以及应用价值。奥斯汀所提出的言语行为理论，掀起了一场语言学和哲学的革命，他的“以言行事”和“说话就是行为，说话就是做事”的观点和理论，适用于许多学术研究领域和人们的日常生活。塞尔发展和深化了奥斯汀的言语行为理论，他把言语行为理论严密化和系统化，他所提出的间接言语行为理论是对语言哲学和语用学的特殊贡献。廖美珍的目的原则是对奥斯汀和塞尔言语行为理论的深化和创新，目的原则拓展了语用学研究的新视角，开辟了语用学发展的新途径。目的原则对目的关系、目的分析、目的系统、目的交际、目的语境的阐释，形成了一套系统的语用学目的原则理论体系，这是对奥斯汀和塞尔言语行为目的的理论的发展和深化。奥斯汀经典言语行为理论和塞尔间接言语行为为理论以及廖美珍的目的原则，是本书合同话语语用的理论依托和研究依据，因此，本书将从合同话语言语行为层面（具体层面）、合同话语间接言语行为层面（抽象层面）、合同话语目的层面（现实层面）三个层面着手，对合同话语语用研究展开三维分析，即第三章“言语行为视角下的汉语合同话语分析”、第四章“间接言语行为视角下的汉语合同话语分析”、第五章“目的原则视角下的汉语合同话语分析”，这三章构成本书的主体部分。

第三章　言语行为视角下的汉语合同话语分析

3.1 引言

所谓言语行为，简而言之，就是指说话做事，也就是人们在说话时不仅仅在说出话语，同时也在做事，即以言行事（顾曰国，1994：1）。汉语合同话语，又称“合同话语”，也是在做事。合同话语是言语行为中的一种，既是话语又是行为，是“言”与“行”集合为一体的合同言语行为。奥斯汀的言语行为理论是分析汉语合同话语的行之有效的方法之一，依托于奥斯汀的理论，本书从言语行为视角来分析汉语合同话语，包括合同话语施行式分析、合同言语行为三分法分析、合同言语行为序列分析。

3.2 合同话语施行式分析

合同话语施行式（Contract Performative Utterance），或叫作合同施行话语，这表明“合同话语”本身就是“做事”，就是完成合同话语主体甲方和乙方订立合同、履行合同义务和享有合同权利、最终实现合同双方各自经济利益的“做事”行为过程。合同话语施行式不是对事实或现象的陈述，也不存在真假值之分，而是对合同言语行为活动的具体实施。分析合同话语施行式，具体要从合同话语的显性施行式（Contract Explicit Performative Utterance）和合同话语的隐性施行式（Implicit Performative Utterance）两个视角展开。

3.2.1 合同话语显性施行式分析

显性施行式，一般以"我保证……""我承诺……""我赞成……""我反对……""我发誓……""我担保……""我宣告……"等话语模式出现在日常的生活交际当中。而当显性施行式出现在汉语合同话语中的时候，主语人称"我"就发生了改变，"我"往往改变为"甲方""乙方"甚至第三方"丙方"或第四方"丁方"。合同话语显性施行式的主语人称和显性施行动词往往体现为"甲方/乙方/丙方/丁方"＋"负责/承诺/保证"，通常出现在合同订立双方、三方或四方的权利和义务、合作方式、违约责任、代理期限、合同方责任、保密义务等条款里。下面"合同双方的权利和义务"和"合同双方的合作方式"的背景资料以及对表 3-1 和图 3-1 以及图 3-2 的分析，是对合同话语显性施行式分析的最好诠释。

例 1：背景资料　路牌广告合同

合同资料来源：海南省海口市××广告公司

合同订立时间：2004 年

合同内容主题：路牌广告资源的共同开发经营

合同订立主体：甲方和乙方

合同页数：8 页

合同条款的摘要：包括合同双方的权利和义务、合同双方的合作方式两部分。

保密性：这份广告合同是实务合同，取自于真实的社会经济往来交易，涉及合同当事人的经济利益和法律权益的保密性，故而文中隐去合同订立甲乙双方主体的真实名称。

3.2.1.1 合同双方的权利和义务：显性施行式分析

甲方的权利和义务，共 13 个合同话语条款：

1-1　甲方负责协调政府有关部门的行政关系。

1-2　甲方负责路牌安装广告画面及顶灯的监控维护工作。

1-3　甲方负责完成合作区域内路牌项目向有关政府部门的报建手续，保证合作项目建设工程的顺利施工，此费用由甲方承担。

1-4　甲方负责提供乙方广告路牌建设所需要的政府有关部门的审批文件。

1-5　甲方保证承担路牌用地的手续费用。

1-6　甲方承诺在其他区域的同类项目与乙方合作经营，具体事项双方另行签订补充协议。

1-7　甲方承诺配合乙方做好广告路牌的质量把关工作，指定专人负责广告路牌的质量监督和把关。

1-8　甲方享有获取市场运作的提成回报和应得收入的权利。

1-9　依据中国相关法律法规，甲方对广告内容、形式和相关证明文件进行审查、备案和存档。

1-10　甲方承诺协助乙方进行市场运作，并且协助乙方做好市场营销和市场推介以及售后等服务工作。

1-11　甲方承诺协助乙方确定项目选址的具体地点。地址选择的原则以方便游客为主，并且以实用、醒目、不影响交通为标准。

1-12　甲方有权对乙方的广告路牌施工方案提出质疑，并要求乙方对不合理的地方进行改正。

1-13　自本合同签订之日起的两年内，如因政府规划、道路改建以及台风、地震等因素致使广告路牌拆除和损坏，甲方不承担违约责任，但甲方承诺仍然有义务继续同类广告路牌的申报，乙方仍然享有合作权。

乙方的权利和义务，共 13 个合同话语条款：

2-1　乙方承诺按照本协议的约定履行义务。

2-2　乙方负责积极开拓广告市场。

2-3　乙方承诺遵循诚实信用和互利原则，共同维护双方利益。

2-4　乙方承诺不得为了单方的利益而与甲方发生争执和冲突。

2-5　乙方承诺寻求客户时务必遵守代理商之间公关客户先入为主的礼让代理原则（乙方在最先接触客户时，客户声明指定代理商除外），不得以低价或者其他不正当手段争取客户。

2-6　乙方有权享有按时分配所应得到的收入以及提成回报的收入。

2-7　乙方承诺每发布一次广告，需要把与客户签订的广告发布合同文本复印件递交一份给甲方备案存档。

2-8　乙方承诺，在双方的合作期内，乙方不得以任何形式与其他单位或个人在双方现有的合作区域内合作开发同类项目。

2-9　乙方保证，在双方的合作期内，不得对所建的广告路牌进行抵押、变卖和冲抵等。

2-10　乙方保证，每发布一次广告，在收到客户广告款的一个月内，将甲方应得款项通过银行汇付到甲方指定账户上。

2-11　乙方保证，不得在广告发布合同内弄虚作假，否则甲方有权单方终止合同。乙方确保在建设广告路牌时保证工程质量，保证广告路牌的抗风力级别达到 11 级（含 1 级）以下的（台风）风速。

2-12　乙方负责协议内广告路牌的日常维护工作，若广告路牌因质量问题出现损坏，或因地震、台风、暴雨等自然因素影响受到损坏时，乙方保证在30个工作日以内进行修复，费用由乙方自行承担。

2-13　乙方作为协议约定区域广告路牌的唯一广告代理商，对广告路牌的市场运作拥有独立的运作权，甲方不得以任何借口进行干涉。

上面是关于合同双方权利和义务的背景资料，用图表来分析话语显性施行式时，可设计纵向栏目为合同的主体甲方和乙方，横向栏目为合同话语显性施行式的几种典型公式“甲方/乙方 + 负责”“甲方/乙方 + 保证”“甲方/乙方 + 承诺”以及显性施行式出现在合同条款中的次数和比重。因此，关于合同双方权利和义务背景资料的话语显性施行式分析如表3-1所示。

表3-1　合同双方权利和义务：话语显性施行式分析

	“甲方/乙方+负责”显性施行式次数（次）及在13个条款中所占比重（%）（≈）	“甲方/乙方+保证”显性施行式次数（次）及在13个条款中所占比重（%）（≈）	“甲方/乙方+承诺”显性施行式次数（次）及在13个条款中所占比重（%）（≈）	甲方 / 乙方各自合计的显性施行式次数（次）及在13个条款中所占比重（%）（≈）
甲方	4　(30.8%)	2　(15.4%)	5　(38.6%)	11　(84.6 %)
乙方	2　(15.4%)	3　(23.1%)	6　(46.2%)	11　(84.6 %)

以下是对表3-1中的分析：

一是“合同双方权利和义务”中共有26个合同条款，广告合同中甲方和乙方的权利和义务分别有13个条款，在各自的13个合同条款中，所出现的甲方和乙方合同话语显性施行式总次数是相同的，即11次；与此同时，显性施行式在甲方和乙方各自的权利义务中所占比例都是一样的，即84.6%。值得注意的是，合同中，甲、乙双方各有2个条款没有出现“甲方+负责”“甲方+保证”“甲方 + 承诺”的合同话语显性施行式，这一点可以说明，与乙方显性施行式话语对照，显性施行式话语在“合同双方的权利和义务”条款中所占比例相对较大。可见，显性施行式普遍存在于合同话语中。

二是“甲方 + 负责”的显性施行式话语在甲方的权利和义务中占比为30.8%，“甲方 + 保证”的显性施行式话语占比为15.4%，“甲方 + 承诺”的显性施行式话语占比为38.6%。根据表3-1，合同话语显性施行式“甲方 + 承诺”所占比重最大，而“甲方 + 保证”的显性施行式次数和所占比重最少，居中的是“甲方 + 负责”。

三是“乙方 + 负责”的显性施行式话语在乙方的权利和义务中占比为

15.4%，“乙方 + 保证”的显性施行式话语占比为23.1%，“乙方 + 承诺”的显性施行式话语占比为46.2%。根据表3-1，乙方合同话语表达显性施行式最多采用“乙方 + 承诺”，而“乙方 + 负责”的合同话语显性施行式表达较少，“乙方 + 保证”居中。

四是“甲方 + 承诺”和“乙方 + 承诺”是最常见的和使用频率最高的显性施行式合同话语模式。

3.2.1.2　合同双方的合作方式：显性施行式分析

甲方的合作内容：共7个合同话语条款：

1-1　甲方负责融资渠道的开展，筹措广告合作项目所需的全部资金。

1-2　甲方保证合作项目前期和中期以及后期报批手续的移交和资料整理。

1-3　甲方负责合作项目期限以及收入分配比例的文件准备。甲方承诺项目合作期间的利润按除去成本支出后双方各占50%进行分配。

1-4　甲方承诺监督合作项目有关路牌广告发布登记表的填写与审核和归档保存。

1-5　甲方承诺每月审核合作期内的成本支出，包括路牌广告照明所需的电费，收费以电业公司实际收费发生额为准。

1-6　甲方保证，在双方进行项目合作期间，所建的广告路牌以及附属设备和设施的产权归甲方和乙方双方共同所有。

1-7　在项目合作期限内，甲方承诺，如果是由于自身违约致使本合同终止，乙方所建的广告路牌以及附属设备和设施的产权归甲方所有，但甲方必须赔偿乙方广告路牌建设所发生的全部费用。

乙方的合作内容：共7个合同话语条款：

2-1　乙方负责广告路牌主体部分（广告路牌的基础、立柱、路牌牌面）和输电部分以及照明部分的建设，在合作中此费用由乙方承担。

2-2　乙方承诺与甲方共同协商解决非营利性的广告发布，比如政府政策性和社会公益性的非营利广告发布。

2-3　乙方负责合作项目中的电源取向关系协调，负责自身与甲方在电源取向问题上的畅通。

2-4　乙方与广告客户签订的广告发布价格低于双方约定的市场保护价格时，则乙方保证，自己补足差额部分。

2-5　乙方负责合作项目中的画布喷绘设计和路牌广告画面的安装和调试。

2-6　乙方承诺合作项目中的业务员广告提成费为合同总价的12%。

2-7　乙方保证，在项目合作期内，乙方违约致使本协议终止，乙方所建的广告路牌以及附属设备和设施的产权即自动结束，其产权全部无偿归属甲方所有。

上面关于合同双方合作方式背景资料的话语显性施行式分析可用图 3-1 和图 3-2 进行诠释和分析。

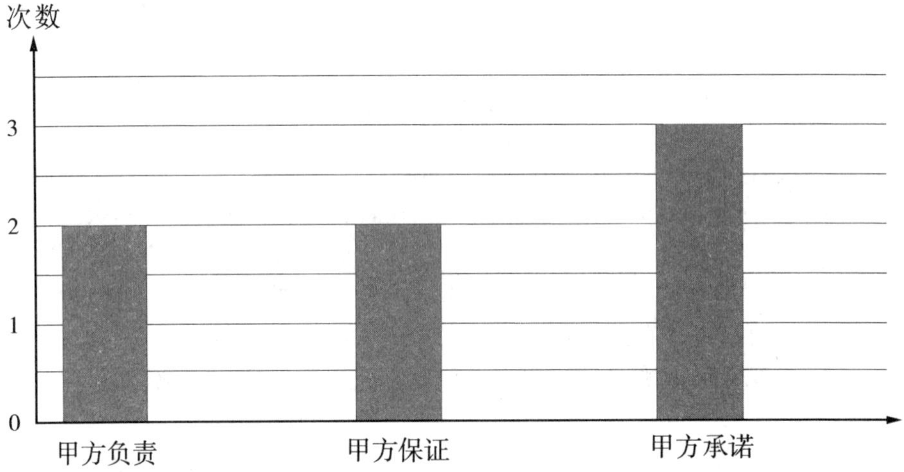

图 3-1　合同双方合作方式：甲方的话语显性施行式分析

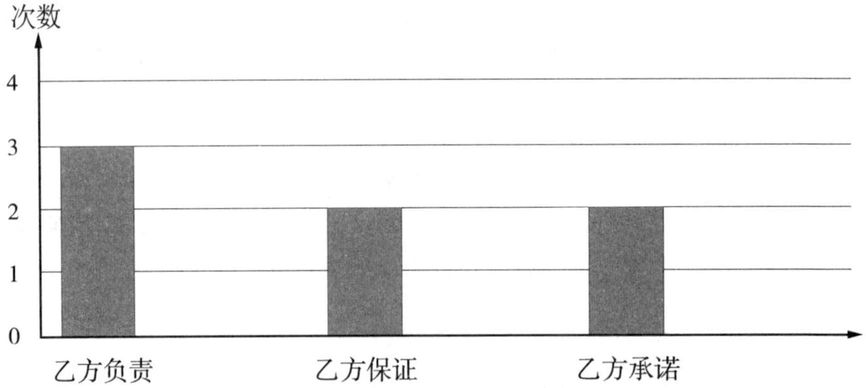

图 3-2　合同双方合作方式：乙方的话语显性施行式分析

以上两个柱状图代表甲方和乙方在“合同双方的合作方式”中的显性施行式使用情况的分析。从图 3-1 来看，甲方的情况是，所出现的显性施行式的“甲方负责”和“甲方保证”的次数都为 2，在 7 个合同条款中所占的比重都为 28.6%；而“甲方承诺”的显性施行式次数为 3，在 7 个合同条款中所占的比重为 42.9%，所占比重是最大的，其比重高出“甲方负责”“甲方保证”很多。相比较而言，乙方正好相反。图 3-2 表明，“乙方负责”出现的频率最高，在乙方 7 个合同条款当中的次数为 3，所占的比重为 42.9%。

总而言之，从表 3-1 和图 3-1、图 3-2 来看，无论是甲方还是乙方，在双方的合作方式中，其显性施行式在汉语合同话语中使用比较普遍。之所以普遍，是因为显性施行式可以促使合同话语的表达更加明确、严谨和清晰，使合同话语更有力度，让合同双方的话语建立在信任基础上，即“言”必“行”，继而增强合同双方彼此的信任与合同履行的责任和义务，显性施行式可以作为提高合同言语行为精确性的一种方式和手段（奥斯汀，2013：70）。显性施行式使合同条款中的话语相对稳定和固定，合同中若出现显性施行式表达，可以进一步增强合同话语的力度和可靠性。

3.2.2　合同话语隐性施行式分析

合同话语隐性施行式，与合同话语显性施行式有所不同，它没有使用“甲方/乙方 ＋ 负责”“甲方/乙方 ＋ 保证”“甲方/乙方 ＋ 承诺”的显性施行式公式，又称“显性施行话语公式”（奥斯汀，2013：70）。合同话语隐性施行式，是指合同主体甲方或者乙方在订立合同条款时，虽然没有明确使用“负责、保证、承诺、命令、限定、建议”等施事动词来显示所施行的合同言语行为，而实际上甲方或者乙方订立的每一个合同条款中正在按照“负责、保证、承诺、命令、限定、建议”这样做。有的学者把隐性施行式叫作“隐施事句”（顾曰国，1989：33）。例如，在日常生活交际中，人们常说“关门”，尽管没有“我命令、我建议、我负责、我保证、我承诺”等显性施行式出现，只有一个施事动词“关”，但“关门”二字已经实施了“命令关门”“建议关门”“负责关门”“保证关门”“承诺关门”等多种或多层次的隐性施行式言语行为。隐性施行式在合同话语中多数出现在合同款项支付期限和方式、合同违约责任、合同免责条件以及合同约尾等条款中。

例 2：背景资料　个人房屋租赁合同

合同资料来源：海南省澄迈县的出租人陈××

合同订立时间：2013 年

合同订立主体：甲方（出租人）和乙方（承租人）

合同页数：3 页

合同条款的摘要：包括合同款项支付期限和方式、合同违约责任、合同免责条件、合同约尾四部分。

保密性：这份房屋租赁合同是实务合同，是出租人鉴于撰写论文之需而赠予的真实合同，涉及合同出租人和承租人双方当事人的经济利益和法律权益，故文中隐去合同出租人和承租人的真实姓名、租赁价格和费用金额等信息。

3.2.2.1 合同款项支付期限和方式：隐性施行式分析

1-1 合同租赁物的性质：家庭租住

1-2 合同租赁物：出租人只能出租自家宅基地两栋（每栋都是三室一厅结构）未装修的毛坯房、房前空地和整块（所有）菜园地。

1-3 合同租赁期限：10 年，自 2013 年 4 月 20 日至 2023 年 4 月 20 日。

1-4 承租人支付合同租赁物的租金总额为每年×××万元人民币（大写）。

1-5 出租人给予承租人一定优惠，即自出租之日起，前两年免交租金。自 2015 年 4 月 20 日起承租人开始支付租金，一年支付一次，每年的四月底以前支付一年的租金。

1-6 出租人提前将银行账户的户名和账号告知承租人。

1-7 承租人每年在指定的时间内，将当年的租金总额汇款到出租人指定的银行账户里。

1-8 承租人有权对其承租的两栋毛坯房按照自己的风格进行装修，但不得改变房屋的基本结构；有权对租用的房前空地和整块菜园按照自己的风格进行整理，栽花种草、种树或种菜，修造游泳池等，但不得做修造厂房等其他用途。

上述关于合同款项支付期限和方式的汉语合同话语，可以用表 3-2 来说明。

表 3-2 合同款项支付期限和方式：隐性施行式分析

合同条款序号	合同话语隐性施行式表达分析	施事动词	个数（个）
1-1	（限定、承诺）不适合商住	无	0
1-2	（限定、承诺）合同标的	出租	1
1-3	（限定、命令、明确）出租时间	无	0
1-4	（承诺、保证、负责）出租额度	支付	1
1-5	（承诺、限定）支付方式	给予、免交、支付、支付	4
1-6	（负责、承诺、保证）告知信息	告知	1
1-7	（负责、保证、承诺）汇款	汇款	1
1-8	（承诺、保证）如何改造租赁物	装修、改变、整理、修造	4

上述表 3-2 结果分析：该表所反映的是合同款项支付期限和方式中出现的隐性施行式表达，表达多层次和多重施事行为。尽管合同条款 1-1 是名词性短语，没有出现一般施事动词或显性施行式公式，诸如“我负责”“我保证”“我承诺”“我限定”“我命令”等，但是该合同条款所反映的施事行为是承租人承诺不适合商住，只适合家庭租住。

合同条款 1-2 虽然只使用一个施事动词“出租”，但该条款所表达的隐性施行式体现的是限定和承诺合同标的，即租赁物。合同条款 1-3 与 1-1 的合同话语有相似之处，两个合同条款里都没有显性施行式动词或一般的施事动词，但它却实施着限定、命令和明确出租时间的隐性施事行为。其中，合同条款 1-4、1-6、1-7 所使用的施事动词分别只有一个，即“支付”“告知”“汇款”，尽管也没有出现和使用合同显性施行式公式“甲方 ＋ 承诺”“甲方 ＋ 保证”“甲方 ＋ 负责”等，但却正在实施“承诺、保证、负责、告知以及汇款”的施事行为。值得一提的是，合同条款 1-5 和 1-8 分别使用四个施事动词，体现的是“如何使用租赁物的承诺和保证”的合同话语隐性施行式的表达。通过对背景资料进行分析，可以看出在“合同款项支付期限和方式”中，8 个合同条款都存在着隐性施行式表达，使得合同话语在特定语境中出现复杂的、多层次的隐性内容和隐性施事行为。

3.2.2.2 合同违约责任：隐性施行式分析

2-1 甲方（出租方）倘若无法按照合同规定按时按质给乙方（承租方）提供合同租赁的标的物时，乙方（承租方）有权解除合同，并有权要求甲方（出租方）按照合同约定支付违约金，违约金为合同总额的 20%。

2-2 甲方（出租方）倘若无法按照合同规定按时按质给乙方（承租方）提供合同租赁的标准物时，甲方（出租方）除了依照合同规定向乙方（承租方）支付 20%的合同违约金以外，甲方（出租方）还应向乙方（承租方）对超出违约金以外的房屋墙面和木质地板的装修费用，土地整理费用，土地上种植的花、草、树木、蔬菜以及游泳池清洁、防漏和补修等费用和损失给予经济赔偿。

2-3 租赁期间，乙方（承租方）如果完全改变合同规定的租赁用途或利用该租赁物进行违法活动的，甲方（出租方）有权提出合同的解除或终止，并依据合同条款的相关规定收回合同的租赁标的物，此外，乙方（承租方）向甲方（出租方）按照合同约定的租金总额的 20%予以支付租赁违约金。

上述三个条款在合同违约责任中比较常见，关于合同话语隐性施行式表达分析，可以通过表 3-3 来诠释。

表 3-3　合同违约责任：隐性施行式分析

合同条款序号	合同中的施事动词	合同话语隐性施行式行为
2-1	（应）支付	表达隐性的（承诺、负责）支付施事行为
2-2	（应）赔偿	表达隐性的（承诺、负责）赔偿施事行为
2-3	终止、收回 支付	表达隐性的（命令、保证）终止、收回行为 表达隐性的（承诺、负责）支付施事行为

上述表 3-3 结果分析：该表清晰展示合同中的施事动词“（应）支付”“（应）赔偿”“终止、收回”反映了违约责任合约中的隐性施事行为，即“表达隐性的（承诺、负责）支付施事行为”，“表达隐性的（承诺、负责）赔偿施事行为”，“表达隐性的（命令、保证）终止、收回行为”，“表达隐性的（承诺、负责）支付施事行为”。隐性施行式表达出现在合同违约责任条款中，反映合同的公正性、公平性。

3.2.2.3　合同约尾：隐性施行式分析

3-1　在合同履行阶段或执行过程中，如果发生目的冲突和利益争议，由合同当事人双方沟通和协商解决。倘若无法协商，或协商不成功的，可以由合同的一方或双方当事人依法向人民法院起诉。

3-2　本合同由甲方（出租方）和乙方（承租方）单位盖章和法人代表或负责人签字后，即刻生效。

3-3　本合同及其附件一式四份，由合同当事人甲方和乙方各执有两份，四份合同具有同等法律效力。

3-4　本合同未作规定的，按照《中华人民共和国合同法》的规定执行。

合同约尾中施事动词与话语隐性施行式行为在合同条款 3-1、3-2、3-3、3-4 中均有体现，详见表 3-4。

表 3-4　合同约尾：隐性施行式分析

合同条款序号	合同中的施事动词	合同话语隐性施行式行为
3-1	协商、解决	隐性（承诺）协商、解决施事行为
3-2	签字、盖章、生效	隐性（承诺）签字盖章生效施事行为
3-3	执有、具有	隐性（承诺）执有、具有施事行为
3-4	规定、执行	隐性（承诺）规定、执行施事行为

上述表 3-4 结果分析：表中所显示的合同施事动词，体现在其隐性施事行为的表达中，几乎都涵盖了“承诺”。“承诺”在合同约尾的条款中是隐性的。

特别值得一提的是，合同话语中的施事动词与其隐性施事行为是一致的和对称的，即合同话语中有什么样的施事动词，在合同中就能找到相应的话语隐性施事行为。

3.2.2.4　合同免责条件：隐性施行式分析

4-1　因台风、海啸、风暴、冰雪等不可抗力的自然因素，导致本合同无法按期继续履行并给合同另一方造成的损失，甲方（出租方）、乙方（承租方）双方互不承担责任。不可抗力，指的是“不能预见、不能避免并不能克服的客观情况和客观因素”。

4-2　倘若按照国家政策规定，由地方政府下令拆迁或改造合同租赁标的物，致使甲方（出租方）和乙方（承租方）都遭受经济损失的，合同双方当事人均不承担责任。

4-3　由于不可抗力的自然因素和政府规划以及其他原因而解除或终止合同的，乙方（承租方）所支付的租金数额应按照实际使用合同租赁标的物的时间来计算，如果不足一个月整的，则按照天数进行具体计算，确保对合同双方当事人做到公平、公正，采取多退少补的行之有效办法。

4-4　甲、乙双方对于本合同的条款要严格履行，发生问题时不可相互推卸责任。

上述内容涉及 4 个免责条件的合同话语，合同话语中的施事动词与隐性施事行为不一致、不对称，其隐性施行式表达可以通过表 3-5 进行分析和诠释。

表 3-5　合同免责条件：隐性施行式分析

合同条款序号	免责条件	合同中的施事动词	隐性施行式行为
4-1	不可抗力	履行、造成损失	承诺不承担责任
4-2	国家政策	拆迁、改造、造成损失	承诺不承担责任
4-3	不可抗力、国家政策	终止、计算	承诺多退少补
4-4	发生问题	履行	承诺不推卸责任

上述表 3-5 结果分析：合同中免责条件各异是一种合同导语策略。此外，施事动词不一样，其隐性施行式行为与之不对称，也不一致。例如，合同条款 4-1 至 4-4 中的施事动词是“履行、造成损失”“拆迁、改造、造成损失”“终止、计算”“履行”，其隐性施事行为并不是这些施事动词的施事行为，而是隐性（承诺）“不承担责任”、（承诺）“多退少补”、（承诺）“不推卸责任”的施事行为，很显然，隐性施行式行为并不与施事动词一致和对称。

3.3 合同言语行为三分法分析

奥斯汀的言语行为理论不仅是一次语言学革命，而且对哲学、法学、心理学、符号学、行为学的学科领域都产生了巨大的影响，并成为语用学的核心组成部分。他的“言语行为三分说”是指“Locutionary Act” “Illocutionary Act”“Perlocutionary Act”（Austin，1962：94-106），其汉语翻译在本书中统一为“言内行为、言外行为、以言取效行为”（廖美珍，2014：24）。

奥斯汀对言内行为又进行进一步剖析，将其划分为发音行为（Phonetic Act）、发语行为（Phatic Act）、发言行为（Rhetic Act）三个层次，如图3-3所示。

整体的言语行为
- 言内行为（Locutionary Act）
  - 发音行为（Phonetic Act）
  - 发语行为（Phatic Act）
  - 发言行为（Rhetic Act）
- 言外行为（Illocutionary Act）
- 以言取效行为（Perlocutionary Act）

图 3-3 言语行为三分说：言语行为划分层次

奥斯汀毕生致力于研究完整语境下的完整言语行为实际现象。合同正是这样一种社会实现象，合同话语是在经济活动语境下产生的一种完整合同言语行为现象，涵盖合同言内行为、合同言外行为、合同以言取效行为。

奥斯汀的“言内行为”（Locutionary Act），不仅出现在日常生活的交际中，包括口头的和书面的交际，而且还大量出现在社会的商务经济往来的口头合同和书面合同业务中。以奥斯汀的言语行为理论为基础和理论依据，合同言内行为就是合同“说些什么”的行为实施，表达的是合同话语的字面意义，是具有某种合同意义的语句，仅限于合同言内行为“说些什么”(Saying Something)。同时合同订立主体也做了三种不同的行为，即发音、发语、发言三个层次意义的行为。换句话说，合同言内行为可以又分出三个层次，即合同发音行为、合同发语行为、合同发言行为。显而易见，要实施言内行为下的发语行为和发言行为，必须要先实施一个发音行为（奥斯汀，2013：91）。发音行为是发语行为和发言行为的基础，也是奥斯汀言外行为和以言取效行为的基石。因此，合同的言内行为中必须要有发音行为。任何言语行为都是以发音行为作为根本和依托。在此需要说明一点的是，口头合同每天都出现在我们的日常生活中，口头语料诸多繁杂，留待今后研究，在此不逐一阐述。本书主要以书面合同为研究对象和研究背景资料，从发音行为、发语行为以及发言行为三个层次来分析合同言内行为。

例 3：背景资料　广告位租赁合同

合同资料来源：海南省××市××广告传媒公司

合同订立时间：2014 年

合同标的：××区域内主干道交叉路口遮阳亭的广告位

合同订立主体：甲方（出租房）和乙方（承租方）

合同页数：10 页

合同条款的摘要：包括合同出租标的物位置、现状以及合同出租标的物的交付情况；附属广告位的形式、规格和可使用的标准以及合同出租标的物移交与验货；合同甲、乙双方的权利和义务三部分。

保密性：这份广告位租赁合同是真实的实务合同，涉及合同当事人的经济利益和法律权益，故文中隐去合同订立甲乙双方主体的真实名称。

3.3.1 合同言内行为分析：重叠发音行为

在广告位租赁合同中，出租标的物位置和现状就是合同言内行为中的发音行为。重叠两次以上发音，叠加出现的合同话语发音言内行为，称为“重叠发音行为”。对广告位租赁合同中有关出租标的物位置和现状的合同语料以及合同言内行为中出现的重叠发音行为的分析如下。

出租标的物为甲方（出租方）拥有租赁权的已建和筹建共十处（十个交叉路口）遮阳亭附属的所有广告位. 遮阳亭的位置、现状及编号如下（以下编号为双方合作期间各遮阳亭固定编号）：

[01] 丽洁街与春田西路交叉路口处（已建）

[02] 丽洁街与花絮东路交叉路口处（已建）

[03] 果夹路与花絮东路交叉路口处（已建）

[04] 果夹路与公祠西路交叉路口处（已建）

[05] 牛霖路与海韵西路交叉路口处（已建）

[06] 牛霖路与火车站北路交叉路口处（已建）

[07] 咁池路与荔枝南路交叉路口（筹建）

[08] 机场路与国兴北路交叉路口（筹建）

[09] 武登街与东坡南路交叉路口（筹建）

[10] 咁池路与清丰东路交叉路口（筹建）

[01] 丽洁街与春田西路交叉路口处、[02] 丽洁街与花絮东路交叉路口处、[03] 果夹路与花絮东路交叉路口处、[04] 果夹路与公祠西路交叉路口

处，其附属广告位，于本合同签订之日起 5 个工作日内乙方（承租方）支付甲方（出租方）半年租赁费以及定金，甲方即交付给乙方经营使用。遮阳亭广告位在符合本合同约定的条件后开始计算租金。

[05] 牛霖路与海韵西路交叉路口处、[06] 牛霖路与火车站北路交叉路口处，其附属广告位，在×××清洁用具产品公司的广告于 2014 年 1 月 10 日到期后，交付乙方（承租方）使用，如果×××清洁用具产品公司需要续租，所产生的租金收益归乙方（承租方）所有。

[07] 咁池路与荔枝南路交叉路口、[08] 机场路与国兴北路交叉路口、[09] 武登街与东坡南路交叉路口、[10] 咁池路与清丰东路交叉路口，这四处正在筹建的遮阳亭，甲方（出租方）应于 2014 年 3 月 1 日之前建设完工，确保 2014 年 7 月 18 日前完全移交乙方（承租方）经营使用。如因乙方特别需要，甲、乙双方应协商于一个月内完成指定的遮阳亭以及附属广告位的建设，乙方（承租方）将给予甲方（出租方）必要的协助。

重叠发音行为分析如下：合同出租标的物位置和现状的合同条款，事实上是合同话语的最原始和初级的发音行为。上述合同话语中，出现了合同重叠发音行为。具体重叠发音行为情况可以通过表 3-6 和文字阐述来进行分析。

表 3-6　合同言内行为：重叠发音行为分析

重叠发音行为	重叠发音次数（次）	占重叠总数的比重（%）（≈）
标的物重叠发音行为	6	5.9
位置重叠发音行为	21	20.8
方位发音重叠行为	20	19.8
街道重叠发音行为	20	19.8
现状重叠发音行为	13	12.8
合同主体重叠发音行为	21	20.8
重叠发音总次数、比重的合计	101	100

依据上述合同出租标的物位置和现状的语料和表 3-6 的数据，对于合同言内行为下的重叠发音行为分析如下：

（1）标的物重叠发音行为分析："遮阳亭"重叠发音次数为 6 次。

（2）位置重叠发音行为分析："交叉口处"重叠发音次数为 21 次。

(3) 方位发音重叠行为分析:“东路”“西路”“南路”“北路”重叠发音次数合计为 10 次。其中,“东路”重叠发音次数为 3 次,“西路”重叠发音次数为 6 次,“北路”重叠发音次数为 4 次,“南路”重叠发音次数为 4 次。

(4) 街道重叠发音行为分析:“丽洁街”“果夹路”“牛霖路”“咁池路”“花絮东路”重叠发音次数合计为 20 次。其中,“丽洁街”重叠发音次数为 4 次,“果夹路”重叠发音次数为 4 处,“牛霖路”重叠发音次数为 4 次,“咁池路”重叠发音次数为 4 次,“花絮东路”重叠发音次数为 4 次。

(5) 现状重叠发音行为分析:“已建”“筹建”重叠发音次数合计为 13 次。其中,“已建”重叠发音次数为 7 次,“筹建”重叠发音次数为 6 次。

(6) 合同主体重叠发音行为分析:“甲方”“乙方”“出租方”“承租方”重叠发音次数合计为 21 次。其中,“甲方”重叠发音次数为 5 次,“乙方”重叠发音次数为 7 次,“出租方”重叠发音次数为 4 次,“承租方”重叠发音次数为 5 次。重叠发音次数和频率越多人越高,意味着重叠发音行为是合同话语语用中极富特色的语言形式。无论是方位重叠发音,还是街道、现都是合同话语中特有的语用现象,具有丰富的表义作用,充分地表现了合同话语语用的多样性和灵活性。

3.3.2 合同言内行为分析:发语行为

在广告位租赁合同中,合同订立主体甲、乙双方说出相关合同词汇、满足语法规则条件的行为,就是合同言内行为中的发语行为。合同话语中除了有发言行为发出声还由一些符合语法规则的词汇和话语标记组成。

下面以广告位租赁合同中的遮阳亭广告位(出租标的物)的形式、规格和可使用标准为例阐释和分析合同言内行为中的发语行为。

2-1 遮阳亭广告位处于遮阳亭篷顶四周边沿下,外围为内置照明的灯箱形式,内围为外置照明灯底板裱广告画面形式,广告位底部距离地面高处不低于 2 米,广告位高度约为 1.4 米。每处(整个路口)遮阳亭的电源负荷不低于 25 千瓦,电源直接接驳到遮阳亭内,确保每天 24 小时供电,并安置好电表。为了方便检测,附上遮阳亭设计实景效果图、遮阳亭广告位分布示意图、遮阳亭广告位可使用设计方案以及尺寸图。

2-2 10 处遮阳亭附属广告位每次完全移交乙方(承租方)使用前,甲、乙双方代表对遮阳亭广告位进行现场查实、对现状进行拍照,合同双方对现状情况盖章确认。乙方接收到后,应及时对遮阳亭以及广告位的状况进行检验,如认为上述遮阳亭广告位存在不符合合同约定的地方,应在接收后 5 个工作日内向甲方(出租方)书面提出异议,甲方(出租方)应于 10 个工作日内整改完成,整改期内不计算租赁费，已支付租金用以冲抵下半个年度应支付的租赁费。如果双方代表在现场查验后，乙方（承租方）10 个工作日内没有书面提出异议，则视为甲方（出租方）交付的标的物符合合同约定。

发语行为分析如下：

一方面，从合同条款 2-1 来看，合同词汇按照方位词的语法规则有序排列，即自上而下、从外向内、从低到高，如表 3-7 所示。

表 3-7　合同言内行为：方位词规则发语行为分析

方位词规则发语行为	词汇库
自上而下	篷顶→沿下
从外向内	外围→内围
从低到高	底部→高度

合同条款 2-1 中，采用了具体数据来说明遮阳亭广告位的高度、用电所载的电源负功率以及供电时间。在合同中，数据的使用可以使得合同言语表达得更加精确和标准，详见表 3-8。

表 3-8　合同言内行为：数词、量词规则发语行为分析

数词、量词规则发语行为	词汇库
遮阳亭高度	1.4（米）
电源功率	25（千瓦）
供电时间	24（小时）

另一方面，从合同条款 2-2 的合同语料的分析来看，合同言内行为中出现“换言”话语标记语规则的发语行为，以“移交乙方前”“乙方接收后”“双方查验后”为明显的合同“换言”标记语。这三个“换言”标记语，与合同条款的内容密切相关。“换言”标记语是话语标记语的一种（胡桂丽，2009（4）：82）。通过“换言”标记语的发语行为，达到合同话题控制、合同话题转换的目的和作用。合同话语作为机构性话语，涉及法学、语言学的学科内容，“换言”标记语的研究对于合同话语来说，既有语言学又有法学研究的意义和实用价值。对合同条款 2-2 的分析如表 3-9 所示。

表 3-9　合同言内行为："换言"话语标记语规则发语行为分析

"换言"话语标记语规则发语行为	词汇库
移交乙方前	现场实查、进行拍照、盖章确认
乙方接收后	进行检验、不符合约定、提出异议、整改完成、计算租赁费、冲抵租赁费
双方查验后	未提出异议、符合约定

采用话语标记语，特别是"换言"标记语，来说明合同标的物遮阳亭的规格以及表达遮阳亭的移交行为和验货行为，对于合同双方享有合同权利和履行合同义务有着积极的意义和现实价值。

3.3.3　合同言内行为分析：发言行为

合同言内行为中的发音行为和发语行为是合同言语行为第三层次"发言行为"的前提。在说话人（也就是合同中甲、乙双方）以某种声音说出符合语言规则或语法规则的某些词汇时，其话语表达的意义和所指就显得格外重要。因而，合同发言行为也就成为合同言内行为中的最高层次。合同发言行为与合同发音行为、合同发语行为相生相伴，构成合同言内行为的三个层次。合同发言行为让合同中使用的语言有了意义和特定的含义，使得合同话语有了生命力和研究的价值。下面以广告位租赁合同中的 3-1、3-2、3-3、3-4 四个合同条款的话语为例，来分析合同言内行为中的发言行为。

3-1　甲方负责遮阳亭以及附属广告位的设计、建设施工及政府相关部门的行政许可手续的办理，承担所有建设费用。甲方确保拥有遮阳亭以及广告位的对外出租权，并且确保出租的标的物没有法律纠纷，符合乙方正常合理的经营使用目的。甲方负责为遮阳亭整体购买保险，并负责对遮阳亭（除广告位部分）进行日常维护。确保遮阴亭外观洁净、无缝痕、无锈斑锈痕、无安全隐患，并对老化的结构及时换新。如因台风、地震、海啸等自然灾害以及外力对遮阳亭造成损坏损毁，甲方应该及时修复。一般损坏修复期自被损之日起不超过 3 天，严重损坏修复期自被损之日起不超过 15 天。修复期不计算乙方租金，乙方已支付该时段的租赁费，用以冲抵下半年度应支付的租赁费。修复期的具体起始日期以及对应的租赁费用，双方书面确认。甲方确保交付的遮阳亭以及广告位符合乙方对外发布广告设施运行、广告夜间照明以及广告安装施工时的电力供应的需要（政府性因素停电以及非因甲方原因的其他情况除外）。电源解决和建设是遮阳亭广告位建设完成的重要组成部分以及完全移交乙方使用不可缺少的部分。广告位的用电电费由乙方承担，并按时直接向供电单位缴纳（甲方也可以代收代缴)，电费的计费标准按照当地收费部门执行标准落实和履行。

3-2　为了方便乙方对遮阳亭广告位的对外招商、经营管理、广告内容向工商部门报审等，甲方应积极予以配合。甲方应向乙方提供甲方可以支配该遮阳亭广告位的证明文件以及遮阳亭项目建设许可的批件，并将上述文件资料复印件或扫描件加盖甲方公章一份交由乙方备查。甲方应向乙方出具可以对外招商和经营的委托书等相关文件。上述材料甲方应在本合同签署的 3 个工作日以内提供给乙方，否则，乙方可以拒付应付的款项。甲方保证乙方独家拥有对遮阳亭广告位的经营权和对外招商合作的权利，甲方不得自己使用，也不得再将遮阳亭广告位租赁或者将经营权委托给任何第三方或加装其他形式的广告媒介。非甲方原因，乙方经营过程中所产生的经济纠纷和法律责任均由乙方自行承担，与甲方无关。甲方确保合同约定的遮阳亭以及附属广告位在合作期间不被拆除、迁移、非法占用。如因政府以及市政规划建设、道路改建扩建等不可抗拒原因致使广告位需拆除，甲方需提前两个月告知乙方，并将乙方已缴纳的遮阳亭广告位租赁费用扣除实际使用天数应付的部分以及合同定金，在遮阳亭广告位停止使用之日起 10 个工作日以内退还于乙方。甲方若建设更多同类型遮阳亭，遮阳亭附属的广告位在本合同的合作模式和框架下，乙方有优先承租权，如乙方书面放弃该优先权，甲方方可自己使用或以任何形式与第三方合作。但甲方经营或第三方合作者，在经营过程中，对外的成交单位面积价格不得低于乙方经营的现合同约定遮阳亭广告位对外公布的单位面积价格。

结果分析：为了说清楚甲方（出租方）的责任、权利以及义务，而做出了合同条款 3-1 和 3-2 中的约定，两个条款中的合同语句或多或少都带有合同的相应意义和所指行为，这就是合同言内行为中的发言行为。合同条款都是用词语和语句来表达，合同中的词语和语句语都是有意义的，事物与意义之间又是相互关联的和有所指的。意义和所指是哲学、语义学、语用学、语言哲学都涉及过的研究内容，并在各领域都取得了丰硕成果（余东明，2000：4-12)。德国哲学家弗雷格（Friedrich Ludwig Gottlob Frege）认为，意义是对词或词语符号的阐释，所指则是客观事物的实体（Frege，1952：116)。合同条款 3-1 和 3-2 中的发言行为所涉及的具体含义和所指的具体情况如表 3-10 所示。

表 3-10　甲方合同言内行为：发言行为分析

表达发言行为的动词短语词汇库	言内意义（Sense）	言内所指（Reference）
负责设计、施工、承担费用	责任、权利、义务	遮阳亭广告位
负责购买保险、维护、换新	责任、权利、义务	遮阳亭广告位

续表

表达发言行为的动词短语词汇库	言内意义（Sense）	言内所指（Reference）
负责修复、办理手续、提供批件	责任、权利、义务	遮阳亭广告位
确保对外出租、正常经营	责任、权利、义务	遮阳亭广告位
确保交付、支持配合、安装施工	责任、权利、义务	遮阳亭广告位
确保不拆除、迁移、非法占有	责任、权利、义务	遮阳亭广告位
保证拥有经营权、续租	责任、权利、义务	遮阳亭广告位

3-3　乙方在承租期间合法经营，遵守相关法律法规和规章，承租期间（非甲方原因）因广告经营引发纠纷造成的一切后果均由乙方自行承担，甲方不承担责任。如果乙方的行为违反了相关的法律、法规的规定，或不服从相关部门的管理，导致甲方作为责任人承担责任，则甲方有权要求乙方限期予以改正，并要求乙方赔偿损失。在合同规定的期限内，倘若乙方不能如期按时按质地改正或修正，甲方有权向乙方提出终止或解除合同，与此同时，甲方可扣除合同定金并向乙方提出经济赔偿。乙方为经营的需要有权对广告位进行改造，改造的形式以及改造的方案需提前报请甲方确认，在不破坏遮阳亭主体结构的前提下，甲方应无条件认可，改造的费用由乙方自行承担，因乙方改造部分或加装的设施设备部分引起的对第三人侵权或其他责任由乙方自行承担。其中，四处未建的遮阳亭，对于遮阳亭广告位部分的设计方案，在不影响遮阳亭的主体结构设计的前提下，为了满足乙方市场需要和避免重复性建设，乙方有权进行调整。在合同期间，乙方经营过程中，随着市场的发展需要需对广告位形式进行调整和改造，甲方也应当予以支持配合。

3-4　乙方改造的形式以及改造的方案需要报甲方存档备案。合同期内，乙方所改造部分产权归属于乙方所有，合同期满，乙方如不续租，应将广告位恢复至双方移交使用时原样或者乙方所改造部分不予拆除归甲方所有。乙方应按照合同约定支付租金，如乙方无故不能按照本合同约定的时间支付合同款项或违反合同其他约定，甲方将发出违约告知函，合同款项逾期支付超过 30 个工作日或乙方收到告知函 20 个工作日以内，未对违约情况予以纠正的，甲方有权终止履行本合同义务，并有权单方解除本合同，已经支付的租赁费，甲方不予退还，并扣除合同定金作为违约金。如因政府政策变动、市政规划建设、道路改建扩建等不可抗拒原因致使本合同的全部或部分内容无法履行时，乙方可与甲方共同协商解除相应部分的遮阳亭广告位租赁关系，本租赁合同的其余部分继续履行。本遮阳亭广告位租赁合同的部分或全部解除后，乙方可向甲方提出请求，将乙方已经缴纳的遮阳亭租赁费用扣除实际使用的天数之后，于10个工作日内将剩余部分租金以及合同定金退还乙方。乙方因租赁合同解除而与第三方产生的纠纷由乙方自行解决，甲方不承担责任。乙方有权向甲方发出书面通知，通知的形式多种多样，可采取电子邮件、电报、挂号信件、平信、特快专递、传真等，以有效或成功发出书面通知的实际时间为准，书面通知均须表明合同的收件人。通过特快专递形式送达，收件人拒收的，视为发件人已经完成送达，拒收日期为送达日期。乙方应与甲方共同协商和通报地址变更情况。如果任何一方的地址变更，必须提前10个工作日向对方书面告知。如若因变更通知迟延抵达对方并造成重大经济损失的，应由过错方承担经济赔偿责任，并支付赔偿金。

结果分析：上述3-3和3-4两个合同条款与3-1和3-2条款一样，都反映了合同言内行为中的最高层次，即发言行为。合同双方，即甲方和乙方借助于合同条款3-3和3-4中的合同词汇、语句，表达了乙方应享有的权利和应履行的责任和义务。合同条款3-3和3-4中的话语既包含了词汇或语句的意义，又体现了词汇或语句的所指，如表3-11所示。

表3-11　乙方合同言内行为：发言行为分析

表达发言行为的动词短语词汇库	言内意义（Sense）	言内所指（Reference）
遵守法律法规和规章、承担后果	责任、权利、义务	遮阳亭广告位
违反相关法律法规、不服从管理	责任、权利、义务	遮阳亭广告位
予以改正、赔偿损失、扣留定金	责任、权利、义务	遮阳亭广告位
进行改造、承担责任、进行调整	责任、权利、义务	遮阳亭广告位
满足市场、避免重复建设、调整改造	责任、权利、义务	遮阳亭广告位
支持配合、移交使用、支付租金	责任、权利、义务	遮阳亭广告位
发出告知函、违反合同、解除合同	责任、权利、义务	遮阳亭广告位
履行义务、协商解除、继续履行	责任、权利、义务	遮阳亭广告位
扣除费用、退还租金、自行承担	责任、权利、义务	遮阳亭广告位
发出通知、送达函件、拒收、签收	责任、权利、义务	遮阳亭广告位
变更地址、通知对方、承担责任	责任、权利、义务	遮阳亭广告位

以上是对合同言内行为的分析，分别从发音行为、发语行为、发言行为分析了合乎合同语言规则、有声音、有词汇和语法结构以及有意义的合同话语。简而言之，合同言内行为就是合同话语的字面意义。每一份合同都是由符合语

言习惯的、具有一定含义或意义的合同话语组合而成，每一份合同都是合同言内行为的实施，包括从发出一串串声音、说出符合语法规则的词汇语句以及说出具有意义和所指的词汇的某种行为，也就是说每一份合同的言内行为都包含合同发音行为、合同发语行为和合同发言行为三个层次。

此外，奥斯汀认为，在完成言内行为的同时，通常也在实施（另外）一项言外行为，在说什么当中完成的行为，就是言外行为（奥斯汀，2013：95）。例如，“开火!”其字面话语“开火”二字，就是言内行为。而说出“开火”的同时，也实施了“命令”或者“请求”“建议”以及“要求”的行为，这就是言外行为。言外行为是在特定的语境中赋予有意义话语的一种“言语行为力量”（Illocutionary Act），或叫作“语力”（顾曰国，1989：32）。合同也不例外，不同门类的合同中所罗列的合同条款，都是合同话语，在合同言内行为得到实施的同时，也是在实施另外的一个合同言外行为，即合同在其字面意义的基础上也表达了合同的一种言外之意。

3.3.4 合同言外行为分析：行为客体、行为对象（人）

例 4：背景资料　大学校际友好交流与合作合同

合同资料来源：A 大学与 B 大学

合同订立时间：2007 年

合同标的：两个大学的教学资源和科研资源

合同订立主体：甲方（A 大学的师生）和乙方（B 大学的师生）

合同页数：2 页

合同条款的摘要：包括教师交流合作项目、学生交流合作、信息交流与图书馆馆际互动传递资源项目三部分。

保密性：这份大学校际友好交流与合作合同是实务合同，取自国内两所高校校际之间的合作交流合同，是完全真实的合同语料，涉及两个大学院校合同当事人的教学资源和学术资源以及教育事业和法律权益的保密性，故文中隐去合同主体甲、乙双方的真实院校名称。

1-1　甲、乙双方本着友好互惠的原则，积极在教学领域开展充分的合作。每年 3 月至 6 月，双方各自派出 10 名教师到对方高校去参加教学方法、教学技巧与策略的培训和学习。并派出 12 名学生到对方高校参加相关专业课程的学习，学期末参加交流学校所学课程的期末考试，取得的学分可以被学生本校承认和互换，其学分档案同时也相应计入学生在原来学校的学生档案中。

合同言外行为分析：合同条款 1-1 一共有三句话。第一句合同话语在表达完成友好互惠的原则和开展教学领域合作的同时，还表达了“双方合作的前提和合作内容以及合同范围”的另一个合同言外行为。第二句合同话语，在明确教师培训的时间、培训人数、培训内容的同时，还实施了另外一个行为，即明确甲、乙双方权利。第三句合同话语，侧重于学生修读课程、课程考试、学分转换、学分入档的行为实施，同时还实施了甲、乙双方对学生进行“安排”义务的另外一个合同言外行为，其言外之意就是合同双方要按照“安排”这样去做，去承担责任和履行合同义务。

1-2　甲、乙双方派出的10名教师和12名学生需每月一次向各自高校递交培训报告和学习报告，以便校方掌握派出师生对教学资源的使用情况以及教师的培训进度和学生的学习情况。甲、乙双方要派出一名专业人员，负责专门监督、管理派出的10名教师和12名学生，包括报到注册、住宿安排、校园一卡通的办理等情况。

合同言外行为分析：合同条款1-2的合同话语一方面是实施有关教师和学生撰写培训报告和学习报告以及安排专人专管高校校际合作项目的教师和学生的行为，与此同时，其实施的另一行为或者说合同条款1-2话语背后的“言外之意”(或叫“言外之力”“言语行为之力”）则是对合同双方提出要求。

1-3　甲、乙双方除了派出参加教学方法、教学技巧与策略培训的10名教师以外，每年可另行派出2名教师到对方高校做访问学者，参加学校举办的各种学术论坛活动。2名访问学者可享有对方高校的全部学术资源，包括为每名教师提供的每月200元学术资料复印费和打印费，每月1000元的参加会议的学术补助津贴。

合同言外行为分析：合同条款1-3的合同话语一方面实施了访问学者名额和学术经费与补助的行为，除此之外，该合同条款同时还实施和表达了另一言语行为，即甲、乙双方所享有学术资源权利的行为。

1-4　甲、乙双方派出的10名培训教师、12名学生以及2名访问学者的往返交通费和餐费由当事人自行负担解决，住宿免费，全体交流人员享有使用对方高校的信息共享服务和图书馆馆际服务资源。甲、乙双方尽可能安排有空调设备的宿舍，为对方派出的师生提供最佳的住宿条件，教师和访问学者两人一间宿舍，学生四人一间宿舍。

合同言外行为分析：1-4合同话语既实施了教师、访问学者、学生自付费用以及两所学校对互换教师、访问学者以及学生的安排的行为，同时又表达了该合同话语的“言外之意”，即甲、乙双方应尽的责任和履行的义务以及校际交流项目的师生应享有的权利。

上述对合同条款1-1、1-2、1-3、1-4合同话语的言外行为分析中，特别值得关注的是合同言语行为主体，即甲方和乙方，而合同言语行为的对象是教师、学生和访问学者，其言语行为的客体是教育资源、学术资源、共享信息资源以及图书馆馆际服务，具体分析详见表 3-12。

表 3-12 合同言外行为分析：行为客体、行为对象（人）

行为对象	教师 10 名	学生 12 名	访问学者 2 名
实施教育资源合作的言外行为	√	√	×
实施学术资源合作的言外行为	×	×	√
实施信息资源共享的言语行为	√	√	√
实施图书馆馆际服务的言语行为	√	√	√

3.3.5 合同言外行为分析：行为主体、原由和方式，行为对象（实物）

例 5：背景资料 旧城区改造拆迁补偿安置合同

合同订立时间：1991 年

1-1 旧城区拆迁地点和拆迁安置方式：因改造清水溪东岸旧城区项目，需要拆迁乙方郝××位于县火车站附近的卫生所职工宿舍楼 6 栋 116 号房（该房拆迁编号为 1991-AAA00006）的房屋以及附属物。根据房屋拆迁安置补偿法规、政策的有关规定，经甲方（拆迁人）、乙方（被拆迁人）充分协商，就拆迁安置以及补偿事宜达成协议，拆迁安置的方式为乙方郝××选择的实物补偿方式。

1-2 被拆迁房屋情况：乙方郝××被拆迁房屋建筑面积（包含公摊的建筑面积）是 116 平方米，有房屋权属证明的建筑面积是 116 平方米，房屋权属证明材料和文件齐全，房屋权属证明按照甲方（拆迁人）的编排序号为 B-000000161 号。

合同言外行为分析：合同话语实际上就是在做事。1-1 和 1-2 两个合同条款的话语包含和实施了四个层面的合同言外行为，一是言语行为主体，所指的是甲方（拆迁人）和乙方（被拆迁人）；二是言语行为原由，是指旧城区改造；三是言语行为方式，选择实物补偿；四是言语行为对象，是指卫生所职工宿舍楼 6 栋 116 号房。这两个合同条款的话语向我们陈述如何拆迁房屋、如何安置。

3.3.6 合同言外行为分析：数字言外行为

1-1 补偿金额和搬迁补助费：第一笔，拆迁补偿事项包括住宅（含分摊土地）加上房屋的混合、砖木、框架装修，这两项补偿款为360000元；第二笔，房屋内砖铁、围墙、钢化玻璃、手压井、铁门、封闭阳台装修用料，这六项附属物补助款为40000元；第三笔，水电、煤气管道、数字有线电视、电话、水表以及电表加上住宅自改为经营性用房增加补助，这七项补助款为16000元；第四笔，乙方郝××按照政府相关部门的规定按时搬迁应得的奖励款项10000元。四笔补偿款合计总金额为：426000元。此外，关于搬迁补助费，甲方一次性支付乙方郝××搬迁补助费，按照被拆迁房屋建筑面积每平方米20元搬迁补助费计算，郝××116号房屋的住宅面积为116平方米，搬迁补助费为2320元。

1-2　临时住宅安置房补助费和实物补偿结算价款：按照乙方自行过渡支付临时安置补助费，临时过渡期内按照乙方被拆迁住宅房屋建筑面积每平方米每月补助15元计临时安置补助费，每户不足500元每月，补足至500元每月。甲方自乙方签订协议之月，先期支付12个月的临时安置补助费，按照乙方被拆迁住宅房屋建筑面积116平方米计算，甲方应支付乙方的临时安置补助费合计为20880元。至于实物补偿结算价款，甲方从乙方拆迁补偿款（不含搬迁补偿费和临时安置补助费）147325元人民币中扣除乙方住宅安置房价款23582元人民币的结算，甲方按照不足的部分予以乙方实物补偿的结算款为88495元人民币，此笔款项将在甲方通知乙方办理安置房交付手续10日内支付给乙方。甲方在本合同签订后30个工作日以内将临时安置补助费和实物补偿结算价款的全部款项汇款到乙方郝××指定的银行账户上。

合同言外行为分析：数字言外行为在经济合同话语中普遍存在，数字言外行为在合同话语中的言外用意和言外行为作用不可低估，通过数字言语行为，完成合同甲、乙双方以言行事的合同任务。上述1-1和1-2两个合同条款涉及补偿金额、搬迁补助费以及临时安置费、实物补偿结算价款，四项费用（补偿款、搬迁款、安置款、实物补偿款）都涉及数字言语行为，合同主体甲乙双方在实施具体数字行为的同时，也在实施合同话语“支付款项数据得准确性、严谨性、原则性、公正性”的另一行为，所有款项的数据必须经过精确计算，应符合国家政府拆迁规定和房产拆迁物价管理的相关政策。

此外，奥斯汀认为在实施言内行为和言外行为时，也同时在实施另外第三种言语行为，这种行为会对听话人和说话人的感情、思想或者行为产生影响，说出这些话语时本身就是实施其原来的打算、意图和目的，奥斯汀称之为“Perlocutionary Act”（以言取效行为）（Austin，1962：101）。合同言语行为也是一样，当合同言外行为的用意和“言外行为力量”或“语力”一旦表达出来后，合同话语就会对合同主体产生影响，从而实现合同以言成事的效果（何自然，1988：148）。关于合同以言取效行为，将通过下面的教学基地建设施工合同来做具体剖析。

例 6：背景资料　教学基地建设施工合同

合同资料来源：××省××建设工程有限公司

合同订立时间：2004 年

合同标的：教学基地挡土墙改造、基地绿化和护坡、场外道路新建项目

合同项目总投资：166000 元

合同主体：甲方（发包方）、乙方（承包方）

合同条款的摘要：包括施工组织工期设计、工程质量检验两部分。

合同保密性：鉴于合同内容涉及甲方（发包方）和乙方（承包方）双方的合法权益，为保护合同双方的教育资源和教学资源建设的隐私，故文中隐去了甲方（发包方）和乙方（承包方）的真实名称。

3.3.7　合同以言取效行为分析：对应取效行为

“对应”是基本的人际互动单位（廖美珍，2003：139）。“对应原理”最早是著名的丹麦物理学家尼尔斯·玻尔（Neils Borh）在研究原子结构过程中所形成的物理学思想（胡化凯，1997：35）。1918 年，他提出“对应论证”，提出量子理论与经典理论之间存在类比性。1920 年，他在德国做“元素的线系谱”演讲时正式提出“对应原理”，认为经典理论和量子理论处理原子光谱具有对应性（罗森菲尔德，1990：26-479）。此后，对应理论对语言学也产生了很大影响，并引起语言学家们的关注，在话语分析和语用学领域被广泛使用，同时也被演变为“相邻对”（Initiation ＋ Response）加上“后续语”（Follow Up）的对应话语分析基础（Sinclair and Coulthard，1975：66-91）。法律语言学家也采用语言学的这种对应话语分析模式研究日常交际问答和法庭话语，如口头语话语分析（Coulthard and Brazil，1992：50-78）、律师与证人话语对应策略（Drew，1990：36-65）、法庭问答互动的对应关系（廖美珍，2003：140-171）等等。对应话语分析不仅仅应用于口头交际，也适用于书面话语，合同话语也同样存在相邻对与后续语对应的情况，比如在许多合同话语中往往都会陈述和罗列发生事件的时间和阶段，以及与某个时间段所“对应”的后续行为，从而达到一种“对应”取效的行为结构。时间和事件“对应”是合同话语中比较常用、也是合同以言取效行为最为基础和基本的一种形式。以下面 1-1 和 1-2 两个合同条款作为合同语料为例，剖析“时间＋事件对应的以言取效言语行为”“合同主体＋事件对应取效行为”“合同主体＋重复对应取效行为”。

1-1　施工组织设计：分为五个设计阶段，第一阶段是制定工程进度计划表，第二阶段是明确工程具体开工时间和延期施工阶段，第三阶段是安排暂停施工，第四阶段是工期延误事项安排，第五阶段是工程竣工阶段。

1-2　五个步骤的合同条款如下：

第一步是工程进度计划阶段（初始阶段）。乙方（承包方）应当按照合同条款的约定日期，对施工组织设计和工程进度计划提出修改意见，逾期不确认也不提出书面意见的，视为同意。乙方（承包方）必须按照工程师确认的进度计划组织施工，接受工程师对进度的检查、监督。工程实际进度与经过确认的进度计划不符合时，乙方（承包方）应按照工程师的要求提出改进措施，经工程师确认后执行。因乙方（承包方）的原因导致实际进度与进度计划不符时，乙方（承包方）无权就改进措施提出追加合同价款。

第二步是开工和延期施工阶段。乙方（承包方）应当按照协议书约定的开工日期开工，若不能按时开工，应当不迟于合同文本中约定的开工日期前 7 天，以书面形式向工程师提出延期开工的理由和要求。工程师应当在接到延期开工申请后的 48 小时以内以书面形式答复甲方（发包方）。工程师接到延期开工申请后的 48 小时以内不作答复，视为同意乙方（承包方）要求，工期相应顺延。工程师不同意延期要求或乙方（承包方）未在规定时间内提出延期开工要求，工期不予顺延。甲方（发包方）不能按照合同书约定的开工日期开工，工程师应以书面形式通知乙方（承包方），推迟开工日期，甲方（发包方）将赔偿乙方（承包方）因延期开工造成的损失，并相应顺延工期。

第三步是暂停施工阶段。工程师认为有必要停工时，应当以书面形式要求乙方（承包方）暂停施工，并在提出要求后的 48 小时以内提出书面处理意见。乙方应当按照工程师要求停止施工，并妥善保护已经完工的工程。乙方收到工程师作出的处理意见后，可以以书面形式提出复工要求。工程师作出处理意见后，可以以书面形式提出复工要求，工程师应当在收到复工要求的 48 小时以内给予答复。工程师未能在规定时间提出处理意见，或收到乙方复工要求后 48 小时以内未给予答复，乙方可自行复工。因甲方（发包方）原因造成停工的，由甲方（发包方）承担所发生的追加合同价款，赔偿乙方（承包方）由此造成的损失，相应顺延工期。因乙方（承包方）原因造成停工的，由乙方（承包方）承担发生的费用，工期不予顺延。

第四步是工期延误阶段。因以下七种情况造成工期延误的，经工程师确认，工期相应顺延。这七种情况分别是：（1）甲方（发包方）未能按照合同条款的约定提供图纸和开工条件；（2）甲方（发包方）未能按照合同约定日期支付工程预付款、进度款，致使施工不能正常进行；（3）因工程师违反合同规定导致施工无法正常进行；（4）变更设计方案和增加工作量；（5）不可控客观因素造成停水、停电以及停气导致停工；（6）飓风、地震等不可抗力；（7）合同约定的其他情况。

第五步是工程竣工阶段。乙方（承包方）必须按照合同约定的竣工日期或工程师同意顺延的工期竣工。施工中甲方（发包方）如需提前竣工，经甲、乙双方协商一致后签订提前竣工协议，作为合同文件的组成部分。提前竣工协议应包括承包人为保证工程质量和安全采取的措施，甲方（发包方）为提前竣工提供的条件以及提前竣工所需追加的合同价款等内容。

3.3.7.1　时间＋事件对应的以言取效行为分析

从上述合同语料的分析来看，合同话语中的相邻行为和后续行为是个变体，比如时间变化，则事件发生的后续行为也随之产生变化，从而达到不同的对应效果和结果。

3.3.7.2　合同主体＋事件对应的以言取效行为分析

上述合同话语不仅仅实施了时间与事件对应的以言取效行为，而且还可以剖析出合同主体与合同事件逐一对应的取效行为，以及合同条款中涉及甲、乙双方的权利义务不对等的取效行为，如表 3-13 所示。

表 3-13　合同主体＋事件对应的以言取效行为分析

合同主体（S）相邻行为	事件（E）后续行为对应分析
甲方 （发包方）	第一，甲方（发包方）倘若无法如期向乙方（承包方）提供施工方案和施工图纸，也没有按约定向乙方（承包方）支付工程预付款、工程进度款致使工程停工。如果工程师认可确认，可以延长工期。 第二，甲方（发包方）单方意愿希望提前竣工，可与项目工程师和乙方（承包方）沟通协商达成一致意见后，确定竣工方案。 第三，合同当事人双方订立补充协议，作为主合同的附件材料，该补充协议为《提前竣工协议》。协议中明确甲方（发包方）和乙方（承包方）各自的权利和义务，甲方（发包方）主动要求提前竣工就应即刻支付合同价款，而乙方（承包方）为配合对方提前竣工应做好相应的准备，包括竣工的应急措施和项目工程的质量保证等。

续表

合同主体（S）相邻行为	事件（E）后续行为对应分析
乙方 （承包方）	一是乙方（承包方）提交工程进度计划修改意见。二是乙方（承包方）接受工程师对进度的检查。三是乙方（承包方）提出改进措施。四是乙方（承包方）无权提出追加预付工程款。五是乙方（承包方）按照合同约定的日期开工。六是乙方（承包方）按照合同约定的竣工日期或工程师同意顺延的工期竣工。

合同主体＋事件对应的以言取效行为分析：一方面，合同中甲、乙双方共同实施相邻行为，其相邻行为各自对应的相应的事件（也就是权利、义务和责任）。这种主体与事件的对应所产生的以言取效行为表明合同甲、乙双方各负其责。另一方面，在完整的合同中甲方权利、义务涉及三部分，乙方涉及六部分。显然，甲、乙双方权利、义务不对等。合同话语的这种取效行为，反映甲方作为发包方，拥有工程资源的优势，而乙方作为工程承包方，拿到工程不容易，相对处于劣势地位。

3.3.7.3 合同主体"重复"对应的以言取效行为分析

继续分析，发现两个合同话语中还存在合同主体"重复"对应行为，一是甲方、乙方的重复；二是发包方、承包方的重复。三是甲方每次出现，其后续语必然有个括弧，括弧内有发包方三个字，乙方也一样，即甲方（发包方）、乙方（承包方）重复出现，这种"重复"的次数和比率较高。如表 3-14 所示。

表 3-14 合同主体"重复"对应的以言取效行为分析（S+R）

合同主体（S）相邻行为	重复（R）对应行为次数（次）	重复（R）对应行为比率（%）（≈）
甲方	8	10.66
乙方	19	25.33
发包方	9	12
承包方	15	20
甲方（发包方）	9	12
乙方（承包方）	15	20

合同主体“重复”对应的以言取效行为分析：以上反映乙方、承包方、乙方（承包方）的重复次数最多和重复比率最高。从三种类型的重复来看，合同中对甲方和乙方的称呼，发包方和承包方总是伴随着甲方和乙方始终。“合同主体重复对应”，表达了对合同主体的尊重、对主体责任的强调、对不同主体各自责任的严格区分，避免造成误会、造成经济损失的目的和效果，体现了合同的严谨性，反映了合同订立双方对各自权利义务的履行条款的重视程度。

3.3.8　合同以言取效行为分析：宏观和微观流程取效行为

继续以教学基地建设施工合同为例，研究这份合同中的工程质量检验条款2-1、2-2、2-3、2-4、2-5、2-6的宏观流程和微观流程的以言取效行为。

3.3.8.1　合同话语宏观流程的以言取效行为分析

2-1　工程质量检验分为五个流程：第一个流程是工程质量标准，第二个流程是检查返工，第三个流程是中间验收，第四个流程是重新检验，第五个流程是工程试车。

上述合同条款2-1的合同话语实施的是工程质量检验行为，该条款从五个方面着眼，实际上是从宏观上陈述了实施工程质量检验流程的五个行为。这五个行为的合同话语同时又达到了一种言语行为的效果或结果，被称作“宏观流程以言取效行为”，即陈述质量把关的各个环节的重要性。工程质量重于泰山，每个环节的质量都非常关键，五个方面的质量检验相当于五个施工环节，质量环环相扣，责任重大。

3.3.8.2　元合同导语微观流程的以言取效行为分析

元合同导语，是指合同话语最初的、最基本意义的话语。下面的合同条款2-2反映了元合同导语微观流程的以言取效行为。

2-2　第一步是工程质量标准。一般来说，每一个工程项目的第一个流程就是确定施工质量标准，以达到国家规定的质量标准。无论乙方（承包方）以什么理由导致施工质量不过关，都需要承担违约责任。甲方（发包方）和乙方（承包方）如果对施工质量有质疑和存有质量争议时，合同当事人双方可以共同选定一家工程质量检测机构进行鉴定。单方造成的施工质量问题，可由一方承担质量鉴定费和施工造成的损失。如果双方都有过错，责任由双方共同承担。

上述合同条款2-2的合同话语说明一个道理，那就是“言”必“果”，“所言收言后之果”。合同话语明确了质量标准的最初含义，其元合同导语微观流程的影响和结果就是甲、乙方要按照质量标准去落实和实施，否则，违背此条款的责任方就要承担责任和费用。在合同话语中，质量标准具体涉及元合同导语微观流程以言取效行为，如表 3-15 所示。

表 3-15　元合同导语微观流程的以言取效行为分析

合同主体	元合同导语微观流程
甲方（发包方）	质量鉴定取效行为
乙方（承包方）	费用承担取效行为
甲方、乙方	质量争议取效行为
	责任承担取效行为

质量标准的微观流程以言取效行为分析，明确工程质量标准、质量检测机构、责任和费用承担。

3.3.8.3　合同对比话语微观流程的以言取效行为分析

2-3　第二步是检查返工。检查返工通常是施工项目的第二步微观流程，首先，一般的做法是乙方（承包方）应当按照施工质量的标准、施工设计图纸的要求，并依照工程师所发出的施工要求指示和指令，随时待命接受工程师的检查、检验，并为质量检查、检验提供条件。把好每一个施工环节的质量关，确保施工质量检查顺利通过。其次，对于施工质量不达标和检查不过关的地方，应按照工程师要求重新返工，直到达到质量标准为止。最后，如果是乙方（承包方）单方面的因素导致施工质量无法达到施工质量标准的，或不符合国家质量检测要求的，应由乙方（承包方）独自承担返工费用和拆除损失，工期不予顺延。

不难看出，合同条款 2-3 呈对比式话语，即先按标准做，接受检验；不标准怎么办，返工直到符合标准。不标准，造成的费用谁承担，乙方自行承担。整个合同话语句子之间是递进关系。合同对比话语的言语行为效果是：乙方（承包方）必须按照合同规定的要求和确定的标准去施工，否则就需返工、承担费用。合同条款 2-3 合同话语的结论是：正反对比的客观现实使得乙方要按照合同话语去做事。具体分析如表 3-16 所示。

表 3-16　合同对比话语微观流程的以言取效行为分析

单方主体	合同对比话语微观流程	
乙方（承包方）	按照标准实施的言语行为效果	检查检验、提供条件
	不按标准实施的言语行为后果	返工拆除、承担费用

检查返工的微观流程以言取效行为分析，合同对比话语微观流程的言语行为达到两种效果或后果：要么通过验收，要么返工。合同对比话语的结论是：乙方（承包方）肯定会按照标准做，除非乙方（承包方）不考虑费用问题。

3.3.8.4　合同内嵌话语微观流程的以言取效行为分析

2-4　第三步是中间验收。工程具备隐蔽工程条件或达到合同约定的中间验收部位，乙方（承包方）进行自检。有关隐蔽工程事项，乙方（承包方）应当与工程师交流，并提前通知工程师。通知的方式一般以书信为主，特殊情形下，可采用特快专递、挂号信等书面形式提前告知工程师关于隐蔽工程中间验收的具体时间、地点、验收项目。一旦验收行为开始实施，乙方（承包方）要做好验收笔录或记录，验收结束并得知合格消息后，乙方（承包方）需要请求工程师在验收笔录或验收记录文件上签字，以此反映隐蔽工程的中间验收过关，表示乙方（承包方）可以继续施工。反之，如果验收不合格、不达标，在工程师责令修改的规定期限内，乙方拆除隐蔽工程部分并进行返工，完工后经工程师再次验收，直到验收符合施工图纸要求和合同规定为止。返工验收的笔录或记录，同样也需要工程师的签字，如若工程师不签字，视为工程师已经认可隐蔽工程的返工验收合格，在合格的情况下，乙方方可继续下一步隐蔽工程的施工。

针对合同条款 2-4 的语句展开以言取效行为分析，不难发现，合同话语中出现了内嵌式话语微观流程的以言取效行为，包括内嵌话语的对象“工程师”和内嵌话语的微观流程的取效行为，比如工程师的签字和不签字言语行为、验收和不验收言语行为、提出和不提出延期要求的言语行为，三种言语行为的效果和结果完全不同，将会对乙方（承包方）的言语行为产生重大影响。结论是：合同内嵌话语微观流程的以言取效行为影响合同单方主体或合同双方主体的权利、义务和责任，合同单方主体或合同双方主体必须与合同内嵌对象工程师密切配合，共同完成工程项目。具体分析如表 3-17 所示。

表 3-17 合同内嵌话语微观流程的以言取效行为分析

内嵌对象	合同内嵌话语微观流程的以言取效行为		
工程师	签字	对乙方的影响	继续施工
	不签字		修改验收
	验收		继续施工
	不验收		自行验收
	提出延期要求		延期施工
	不提出延期要求		自行验收

中间验收的微观流程以言取效行为分析，合同话语主体涉及两方，即甲方(发包方)、乙方（承包方)。而工程师是合同条款 2-4 中的内嵌主体，其内嵌话语对于乙方产生影响和后果。内嵌话语的言语行为效果就是要重视工程师的言语行为。

3.3.8.5 合同双向话语微观流程的以言取效行为分析

2-5 第四步是重新检验。重新检验通常是对施工部分进行深度检查和验收，以确保工程的安全性。在上述合同条款 2-4 进行隐蔽工程的初次验收后，还需要在当期进行二次隐蔽工程检验。在这个环节中，乙方（承包方）应当按照要求对隐蔽工程做进一步的剥离和开孔，为隐蔽工程的二次检验和验收打好基础和提供条件，并在检验后进行重新覆盖或修复。此外，二次检验合格后，甲方（发包方）承担由此发生的所有费用，包括检验费、人工费等，同时对所造成的乙方（承包方）的经济损失进行赔偿，工期可以相应顺延。倘若隐蔽工程的二次检验不合格，所发生的全部费用应当由乙方（承包方）承担，并且工期不予顺延。

从合同条款 2-5 的合同话语行为的分析来看：责任关联方涉及工程师与甲方（发包方)、乙方（承包方）三个责任方。三方责任关联，并且三方话语为双向式，即工程师的验收与检验为双向话语，验收与检验二者相辅相成。而乙方的剥离、开孔、覆盖、修复言语行为的各个环节是环环相扣的，缺一不可。此外，甲方的价款承担和损失赔偿的话语更是一种双向行为，损失的赔偿则必须依附于甲方承担价款。合同条款 2-5 合同双向话语的言语行为效果是：合同订立言语行为必须话语严谨，话语“一出”立即产生“关联方承担合同责任”

的后果，这也是合同双向话语微观流程以言取效行为的研究价值所在。

3.3.8.6　合同内包话语微观流程的以言取效行为分析

2-6　第五步是工程试车。工程试车需要合同当事人双方的一致认可，在共同确认有必要试车的情况下，甲方（发包方）和乙方（承包方）明确试车的内容、试车的目的、试车的设备安装范围、试车的基本条件、组织试车的环节、人员配备等，并针对试车事宜提前48小时以书面形式通知工程师，书面通知的内容应当包括试车的具体内容、时间、地点、参与人员、准备情况等。在正式试车现场，乙方（承包方）应安排工作人员做好试车的全过程笔录或记录，甚至录像。试车结束并得知合格的情况下，乙方（承包方）应当请求工程师在试车笔录或记录上签字。如若工程师因特殊情况没有参加现场试车，也应当对试车结果进行签字确认，承认试车笔录或记录。通常的做法是，工程师如果不能参加现场试车，可以与甲方（发包方）和乙方（承包方）共同协商，推迟试车时间。特别是在施工设备安装环节的试车行为尤其重要，工程师应当尽量参加，设备安装工程需要具备无负荷的联动试车条件，需要全方位的配合和协调安排，原则上要求乙方（承包方）负责做好试车准备工作，甲方（发包方）负责组织整个试车环节的具体工作安排，确保无负荷的联动试车成功过关。

不难看出，合同条款2-6是教学基地建设施工合同中关于工程质量检验条款的最后一个步骤，也是工程质量检验的最后环节。工程试车行为是工程质量检验宏观流程当中的一个重要流程，同时，工程试车行为本身又存在着合同内包话语微观流程的以言取效行为。因而，合同条款2-6的言语行为特别重要，该条款涉及合同内包式话语的以言取效行为，例如，工程试车言语行为里包含五个内部结构，即试车方、试车内容、甲方试车行为、乙方试车行为、工程师试车行为。这种内包式话语的言语行为效果反映了合同话语订立者思维的层次性、逻辑性和严密性。结论是：内包话语使得合同层次分明，合同订立者需严格把关，制定一份由外及里、自上而下、文字周全、面面俱到的合同文本，以规避言语行为带来的合同话语纠纷。具体分析如图3-4所示。

- 工程试车以言取效行为
  - A. 试车方
    - 甲方（发包方）
    - 乙方（承包方）
    - 工程师
    - 安装范围
  - B. 试车内容
  - C. 甲方试车行为
    - 组织试车
    - 提供条件
    - 试车记录
  - D. 乙方试车行为
    - 组织试车
    - 试车记录
  - E. 工程师试车行为
    - 书面通知
    - 提出延期
    - 承认试车

图 3-4　合同内包话语微观流程以言取效行为分析

3.4　合同言语行为序列分析

合同是一种特殊的书面话语。从语用学理论（Theories of Pragmatics，TP）的视角来看，合同是经济主体在特定语境和经济目的导向下的一种言语行为序列。序列（sequence）是遗传学、数据库、数学、信息、语用学等领域的一个符号。在遗传学里，序列通常指 DNA 分子的核苷酸的排列次序，存在单一序列和重复序列两类。序列在数据库领域里，是指按照一定规律产生的，由起始值、终止值等参数组合的数值型序号。序列作为数学符号，是指按照前后顺序排成一列的元素、对象或事件（杨毅明，2012：34）。作为信息符号，序列是指离散时间的信号（吴大正，2005：3）。在语用学领域中，序列是话语结构的特征。序列是语言符号所具有的横组合关系特征，反映篇章话语的结构特征和连贯性（Werth and Focus，1984：65）。在语用和语义层面，序列性是话语的一个特征，当我们把注意力转向语句施为意义时，便可以把语句看作是言语行为，话语便表现为言语行为序列（陈忠华，1994：11）。当关注合同话语的使用和表达的意义时，合同中的多个言语行为互相关联，上一个言语行为为下一个言语行为做铺垫和打基础，从而表现为连贯的合同言语行为。序列言语行为是语用分析的核心内容。合同话语结构的语用分析，广义来讲，主要是指合同言语行为的分析，即分析合同话语的语用表现。从言语行为理论角度来说，合同话语是用来做事的。合同是作为平等主体签订的民事权利义务关系的书面协议，一般由前言部分（包括合同编号、签约当事人名称及注册地址、签约地等）、正文部分（即合同的实质性条款，包括权利义务条款、合同生效期和有效期、合同解除、变更与转让、违约责任、不可抗力、变更、争议、法律适用、其他条款等）、签署部分（包括签约人签章、法定代表人或委托代理人签名、签约日期）构成。合同话语是从始发段至中间段，再到目标段组合成的线性序列。合同是用来实现经济目的的一个言语行为序列，是由预示语列、轮流语列、宣告语列构成的多个言语行为的连贯整体。

3.4.1 合同言语行为预示语列分析

合同预示语列是指预先提示的言语行为，是为合同的核心言语行为找到一个适切点和搭建一个规则和平台，是以言行事之前的一种预演语列。预示语列就是施为前语列，即在以言行事之前，先用某些话语进行探听，看可否向对方实施某一言语行为（何自然，1988：165）。我国批评话语分析专家辛斌的说法是，当实施某个言语行为的意图是为后面将要实施的言语行为做准备时，我们便可视它为预示语列（辛斌，1999：31）。

合同预示语列一般出现在合同的前言部分，不同的合同表达方式和内容不一样。典型的合同预示语列如下：

1. 法律事务委托合同（民事、刑事、仲裁）中的预示语列是：根据《中华人民共和国合同法》《中华人民共和国律师法》及其他有关法律的规定，甲方委托乙方律师作为委托代理人。双方按照诚实信用原则，经协商一致，立此合同，共同遵守。

2. 出版合同中的预示语列是：根据《中华人民共和国合同法》《中华人民共和国著作权法实施条例》《中华人民共和国出版管理条例》等有关规定，甲乙双方经过平等协商，订立本合同。

3. 资助出国留学协议中的预示语列是：为了满足地方人才培养计划和事业发展的需要，由×××单位作为签约甲方，与乙方公派留学人员（如访问学者、高级学者、公派硕士或博士）在自愿、平等的基础上，双方就资助出国留学事宜达成相关的协议。

4. 建设工程施工合同中的预示语列是：依据《中华人民共和国合同法》《中华人民共和国建筑法》及其他有关法律法规，合同双方当事人共同遵循诚实信用的原则，就×××学校的图书馆工程项目的相关事项进行协商，并达成一致意见，特此订立本合同。

5. 项目勘察设计合同中的预示语列是：甲方委托乙方承担医院工程项目

的地质勘查（含钻勘、技术资料、后期服务等）及其他附属工程的地质详勘等全部地勘内容、设计（包括方案设计、施工图设计、室内装饰设计、室外工程园林设计、医用纯净水和医疗物流系统、防护和净化工程、污水处理、标识系统、信息化终端设备及其他设计）。经双方协商一致，签订本合同。

6. 股票质押合同中的预示语列是：双方本着平等、互利、诚实信用的原则，根据《中华人民共和国合同法》和其他相关法律法规，合同当事人在充分友好协商之后，同意签订本合同，以昭共同信守。

7. 医务合作合同中的预示语列是：为了加强中西医学的相互交流与友好往来，促进医疗卫生事业的共同繁荣与发展，进一步增进甲乙双方在医疗、教学、科研、预防、保健、人才培养、医院管理等方面的合作交流，开展甲方对乙方以技术支援为主的战略帮扶与合作，经双方友好协商，在共同发展目标的基础上，本着互利共赢原则，对医疗技术、人才培养、科研技术等进行全方位合作，达成如下协议。

8. 场地租赁合同中的预示语列是：甲、乙双方依据国家和地方的有关法律、法规，本着平等、自愿以及诚信的原则，就×××公司的房屋场地的租赁事宜协商一致，订立本合同。

9. 科研项目合作合同中的预示语列是：本合同当事人就共同申报的×××话语权研究项目事宜，经合同甲、乙、丙方的三方友好协商，在各方进行充分表达自身意愿的基础上，根据《中华人民共和国合同法》等相关法律规定以及科研合作项目的质量要求标准，三方当事人同意签订本合同。

10. 聘请常年法律顾问合同中的预示语列是：甲方（×××公司）为了促进科技产品的生产、经营活动的正常开展，保障企业的合法权益，根据《中华人民共和国律师法》第 25 条第 1 款之规定，聘请乙方律师×××担任常年法律顾问，乙方同意接受甲方的聘请，经双方协商订立如下合同，共同信守。

上述 10 份典型合同的前言部分，正是合同言语行为序列中的预示语列的表达方式，预示语列出现在合同前言的话语结构中，以达到预先准备的意向或意图。合同预示语列具有以下共同的话语结构特征，在合同语篇中起着连贯的作用。

合同签约主体的文化层次不一样、法律水平差异大，合同语言可能会出现不规范，将会埋下合同纠纷的潜在风险。因此，依据上述合同预示语列的话语结构模式，无论合同主体是什么教育层次和法律水平，皆可模仿合同预示语列的话语结构模式，拟订和规范合同的前言部分。

合同前言属于合同言语行为的预示语列，起着预先提示的作用，预示着合同核心条款签署的即将开始。前言部分作为预示语列，连贯着合同正文的核心条款部分。

3.4.2　合同言语行为轮流语列分析

合同轮流语列，是指合同订立双方执行的话轮交替和话轮切换，一个合同话轮终止之后，另一个话轮又会开始，直到整个合同正文条款话轮结束。

合同中的轮流语列一般出现在合同的正文部分，其话轮切换点主要表现在合同条款的焦点话题方面，即话轮 A、B、C、D、E、F 几个环节。

话轮 A：甲乙双方权利与义务。

话轮 B：结算方式。

话轮 C：协议的修改、变更与终止。

话轮 D：违约责任。

话轮 E：纠纷的解决。

话轮 F：适用法律。

话轮 A 至 F，构成了合同的核心言语行为序列，是合同作为书面话语“以言行事”的关键语列，是合同双方权利和义务交替和传递以及合同条款切换的言语行为序列。

以医务委托合同为例，详述合同轮流语列结构分析，具体内容如下。

3.4.2.1　话轮 A：甲乙双方的权利与义务

话轮 A 涉及八个部分，涉及合同甲、乙双方权利与义务。具体内容如下：

话轮 A.1：甲方负责组织医生开检验单，组织护士采血，收集检验标本，对标本来源的合法性、准确性、完整性负责，确保样本信息与检测申请单相符。因甲方提供的信息和资料存在虚假、误导、隐瞒、重大遗漏而造成损失的，由甲方承担全部责任。

话轮 A.2：甲方负责组织医务人员按照乙方提供的样本采集要求向乙方进行检验和委托服务。

话轮 A.3：甲方负责向病人收费。

话轮 A.4：甲方同意将委托范围内的检验项目交给乙方检验，并按照乙方所提供的方法和方式正确填写申请单信息，进行标本采集、处理和保存送检样本。

话轮 A.5：甲方工作人员有责任与乙方人员在以下环节进行签字确认，标本交接、报告单交谈、结算票据交接。

话轮 A.6：乙方每周日到甲方收取样本。

话轮 A.7：乙方在未经甲方同意或授权的前提下，不得向甲方检验科、医务科、临床科工作人员以外的任何单位或个人泄露甲方委托检测的项目、检测点的内容、检测的结果。

话轮 A.8：乙方保证按国家检验规范进行操作，并对来样检测结果负责。未经允许不得将样本委托他方检测。

3.4.2.2 话轮 B：结算方式

话轮 B.9：检验收入每月结算一次，乙方凭甲方确认的检验单统计总额并开具相应的发票，甲方按照发票金额在一个月内以银行转账方式结算，以款项到达乙方账户时间为准。

话轮 B.10：甲方未在规定期限内将款项汇入乙方账户的，乙方可以暂停服务，直到收到该款项为止。

3.4.2.3 话轮 C：合同的修改、变更与终止

话轮 C.11：本协议的修改、变更，必须经甲、乙双方同意才能生效。

话轮 C.12：甲方不按乙方的规定提供检验样本的，经双方多次协商后不予改正，或乙方因国家政策或其他原因不能提供相应的服务。这两种情形下，本合同终止。

3.4.2.4 话轮 D：违约责任

话轮 D.13：如果本协议内任何一方未能按照本合同的规定执行，另一方有权要求违约方赔偿由此造成的损失，包括但不限于医疗纠纷赔偿以及承担相关的罚款、诉讼受理费、律师费，且应支付合同违约金。因乙方的检测结果不准确而给甲方造成的损失赔偿项目，按上款约定。

3.4.2.5 话轮 E：纠纷的解决

话轮 E.14：未尽事宜以及在合作过程中出现目的冲突和利益冲突时，由合同当事人共同协商解决。如果合同当事人协商不成功或当事人之间无法沟通，合同任何一方可以向所在地人民法院提起诉讼，按照法律程序解决。

3.4.2.6 话轮 F：适用法律

话轮 F.15：本合同的效力、解除、执行、修改、终止以及争议的解决，均应适用中华人民共和国的法律。

上述话轮 A.1 至话轮 F.15 的话语结构表达了多个言语行为，即甲、乙双方的权利义务言语行为，结算言语行为，合同修改、变更与终止言语行为，违

约责任言语行为，纠纷解决言语行为，适用法律言语行为，这六个行为组合成了连贯的承诺言语行为序列，具体分析见表 3-18。

表 3-18　合同言语行为轮流语列中的话语结构模式

话轮切换（话语结构 1）	承诺言语行为序列（话语结构 2）
话轮 A：权利义务	言内行为、言外行为、言后行为
话轮 B：结算方式	言外行为、言外行为、言后行为
话轮 C：合同修改、变更、终止	言内行为、言外行为、言后行为
话轮 D：违约责任	言内行为、言外行为、言后行为
话轮 E：纠纷解决	言内行为、言外行为、言后行为
话轮 F：适用法律	言内行为、言外行为、言后行为

从语用学视角来看，合同正文的条款属于轮流语列，按照顺序原则依次轮流展开阐述。轮流语列涉及话流方向的转换以及话流转换关联位置的变化，每个话流切换点都包含多个言语行为，包括言内行为、言外行为和言后行为。

在奥斯汀的经典言语行为理论中，言内行为表达的是合同字面意义，是以言叙事，叙述的是合同字面的责任和义务，如款项支付或结算的方式，变更、终止与违约责任，纠纷解决，适用法律；言外行为表达的是合同的言外之意，是以言行事，暗示着合同是用来做事的，一旦合同订立，这种法律上的言语行为就是要开始采取具体行动，当事人要根据合同话语执行和履行权利义务和合同条款。以言取效行为表达的是合同实施的结果，是以言取效，即甲、乙双方履行合同条款后，双方都能实现各自的经济利益。如建设工程施工合同中，工程师的责任是要实行工程监理；项目经理的责任是要按照发包方认可的施工组织设计，保证施工安全；发包方的责任是要按照合同约定完成办理土地征用、拆迁补偿等前期准备工作，保证项目施工如期进行；承包方要根据发包方的委托，按照法定程序和流程完成图纸设计、工程预算、工程进度方案、工程配套的设计，要向工程师提供工程设备购买款项的统计报表，负责工地现场的供水和照明、围栏、公路交通等基础设施的前期准备工作等。

多个话轮以及多个言语行为，使得合同轮流语列构成一个连贯的整体，从而组合成合同的核心条款部分。轮流语列是合同甲、乙双方所做出的承诺，并承担某种义务去做某事，是合同当事人承诺即将做出的行为。

3.4.3　合同言语行为宣告语列分析

合同宣告语列（pre-announcements），是指合同当事人使用某种书面话语进行某种宣告行为的语列，是合同的订立主体利用语言符号对外宣布和执行某种重大事项的一种特殊言语行为。

合同言语行为的宣告语列通常以“合同生效或其他”的形式来表达，以下面 10 种类型的合同为例来具体分析。

1. 商品房买卖合同

商品房买卖合同中的宣告语列是：“本合同的未尽事宜及本合同在履行过程中需变更的事项，可由双方约定后签订补充协议作为合同附件。合同附件与本合同具有同等法律效力。本合同及其附件内，空格部分填写的文字与印刷文字具有同等效力。本合同补充条款、补充协议与本合同不相一致的，以补充条款、补充协议为准。本合同连同附件共 29 页，一式五份，具有同等法律效力。合同持有情况如下：出卖人二份，买受人一份，房产行政主管部门二份。合同自出卖人和买受人签字盖章后生效。”

2. 土地整理项目合同

土地整理项目合同中的宣告语列是：“本合同一式两份，甲、乙双方各执一份，经双方签字盖章后生效。”

3. 房屋租赁合同

房屋租赁合同中的宣告语列是：“本合同一式肆份，出租方和承租方各执贰份，具有同等法律效力。本合同自双方签字盖章之日起生效。”

4. 合作开发房地产补充合同（协议）

合作开发房地产补充合同（协议）中的宣告语列是：“本合同未尽事宜，由甲、乙双方另行签订补充协议，经双方法定代表人签字盖章的补充协议书，与本合同书为不可分割的法律文书，具有同等的法律效力。本合同自甲、乙双方签字盖章之日起生效，本合同与原合同有相悖之处，以本补充合同为准。本合同一式六份，甲、乙双方各执两份，其余交有关部门备案。”

5. 法律事务委托合同（非诉讼类）

法律事务委托合同（非诉讼类）中的宣告语列是：“本合同一式肆份，委托方和受托方各执贰份，自双方签字盖章之日起生效。未尽事宜，双方可在本条另行特别约定。”

6. 股票质押合同

股票质押合同中的宣告语列是：“质权人与出质人已阅读本合同及主合同的所有条款，并对其含义和相应的法律后果已全部通晓并充分理解。出质人确认，当转让人未按主合同约定履行其债务时，无论质权人对主合同项下的债权是否拥有其他担保权利，质权人有权先要求直接执行本合同，而无须先要求其他担保人履行担保责任。如有未尽事宜，各方可签订补充合同，构成本合同不可分割的一部分。附件、补充合同与本合同具有同等法律效力。本合同正本一式九份，均具有同等法律效力，质权人持三份、出质人持三份，其余用于办理强制执行公证手续和质押登记等相关手续。”

7. 改造拆迁补偿合同

旧城区改造拆迁补偿安置合同中的宣告语列是：“本合同签订后，如乙方对被拆迁土地、房屋以及附属物提出权益争议的，概由乙方负责解决，并承担一切法律责任。本合同自双方签字盖章之日起生效。本合同一式七份，甲方持四份，乙方持一份，付款银行持一份，房屋拆迁主管部门备案一份，均具有同等法律效力。”

8. 设施租赁合同

设施租赁合同中的宣告语列是：“本协议自双方授权代表签字盖章之日起生效，于租赁期满终止。如需要，经双方同意可延长租赁期限。本合同正本一式两份，双份各执一份，效力等同。副本若干份，递交有关单位。”

9. 购销合同

购销合同中的宣告语列是：“本合同未尽事宜，依照《中华人民共和国合同法》的相关规定，由供货方和销售方共同协商交流。合同的供、销双方所订立的补充协议，可以作为主合同的附件组成部分，与主合同具有相同法律效力。本合同一式四份，合同供、销双方各执两份，具有相同的合同法律效力。”

10. 合资经营合同（协议）

合资经营合同（协议）中的宣告语列是：“本合同一式六份，自合资双方签字盖章并经股东大会批准之日起生效。公司章程及其附件是本合同不可分割的一部分，与本合同具有同等的法律效力。”

上述 10 个例子的合同宣告语列，可用表 3-19 来表示其话语结构。宣告语列皆出现在合同尾部，用来终结表达，从而达到签署协议的目的，故而宣告语列又被称为“目的语列”。

表 3-19　合同言语行为宣告语列中的话语结构模式

宣告（话语结构 1）	目的（话语结构 2）
合同份数	实现合同经济利益的目的
合同有效日期	
同等法律效力	

合同宣告语列的使用，使得合同更加具有权威性、严谨性、效力性和规约性。无论合同的订立主体是否熟悉法律事务，也无论其是否具备法律理论知识，皆可以模仿合同宣告语列的话语结构模式，拟定出一份规范的合同格式文本。

3.5 小结

通过上述观点的阐述，得出的结论是奥斯汀的经典言语行为理论适用于合同话语语用研究。本章节涵盖三个核心观点：一是施行式合同话语涵盖合同话语显性施行式分析和隐性施行式分析，贯穿于合同条款的始终，二者共同促进合同每一个条款的话语精确性和可靠性以及固定性，是合同公正性、公平性和原则性的一种话语策略和话语手段。二是合同是一种言语行为，但合同是做事的，“言即行”，可见言语行为理论在合同话语中的运用的重要性和必要性；合同言语行为三分法分析包括合同言内行为分析、合同言外行为分析、合同以言取效行为分析三个层面。三是合同话语是一个言语行为序列，合同言语行为序列分析涵盖合同言语行为预示语列分析、合同言语行为轮流语列分析、合同言语行为宣告语列分析三个方面。

值得一提的是，本章节的合同预示语列、轮流语列以及宣告语列，组合成了合同言语行为序列，三种语列既反应合同话语结构又形成了合同内部语篇的连贯机制，也就是说合同正文的轮流语列与前言部分的预示语列遥相呼应，同时，轮流语列又与合同结尾部分的宣告语列上下对照，构成语篇衔接的多种言语行为活动和合同连贯整体。

总而言之，鉴于合同当事人虽然在法律地位的界定上是平等的，但是当事人的教育层次、法律基础、文化水平、经营能力、经商手段、技能素质、利益目标等有很大差异，这可能就会出现一方当事人在订立合同时故意制造漏洞和合同语言缺陷，致使另一方当事人进入其预先设置的文字陷阱中，从而形成合同陷阱，导致合同风险。为了规避合同风险和减少合同陷阱，分析合同法律语言是很有必要的，而且合同法律语言的教学思考和学术研究也是法治建设的一个部分。因此，研究合同言语行为序列对于规范合同话语具有非常重要的语言学理论价值。

第四章　间接言语行为视角下的汉语合同话语分析

4.1 引言

间接言语行为理论是塞尔语言哲学研究中的核心理论，他系统地发展了奥斯汀言语行为理论，提出言语行为理论研究的方法和范围、表达性、意向性、言外行为结构、言语行为指称、命题、言语行为四分法、话语施事行为的分类、制约性规则和构成规则等内容（Searle，1969：3-188）。在诸多的研究中，间接言语行为理论是塞尔对言语行为理论研究所做出的一个重大贡献。塞尔用两句话来解释什么是间接言语行为，原文是“To say P，I mean Q.”和“Indirect Illocutionary Act（Speech Act）is Performed：Two Different Illoctutionary Acts.”（Searle，1980：206）意思是“言 P，意 Q”，间接言语行为就是“言外之意”，并且“间接言语行为实际上是实施两个言语行为”。此后，塞尔进一步提出间接言语行为包含两层意义，即字面意义和话语意义，并指出话语意义就是说话人的言外之意，言外之意是说话人的真实意图。他认为话语意义超出了字面意义（Searle，1980：209）。研究间接言语行为，最关键的是要研究说话人的实际话语意义，即间接言语行为的言外之意。

4.2 合同间接言语行为分类及分析

塞尔指出，人类所有语言交际都是言语行为，说话就是实施一种言语行为。言语行为是语言交际的最小、最基本的单位（Searle，1969：16）。合同作为一种言语行为，合同话语主体（或称之为“合同话语订立者”）的真实意图往往暗藏于合同话语的字里行间，因此，合同言语行为不仅仅具有话语的字面意义，而且也有言外之意，可以说合同也是一种间接言语行为，本书将其称之为“合同间接言语行为”。以塞尔间接言语行为理论作为研究基础和理论依据，合同间接言语行为的分类包括规约性（Conventional）合同间接言语行为和非规约性（Non-Conventional）合同间接言语行为。以下通过合同示例来分析规约性和非规约性的合同间接言语行为。

4.2.1 规约性合同间接言语行为分析

规约性合同间接言语行为，是指仅仅通过合同话语的字面意义，不需要任何合同语境，就能够直接推断出合同话语的言外之意，即合同话语主体或合同话语订立者的真实意图。合同言外之意，是指真实意图没有在合同话语中明说出来的意思，其合同主体（或合同订立者）的真实意图隐藏在合同话语的背后。因此，规约性合同间接言语行为又可以称为“非语境推断合同间接言语行为”。

4.2.1.1 合同约首和合同约尾的规约性合同间接言语行为分析

例 1：安居房买卖合同

合同主体：(出卖方) 甲方、(买受方) 乙方、(委托代理方) 丙方

合同签订时间：1987 年

安居房买卖合同是买卖合同中的一种。买卖合同是指“出卖人转移标的物的所有权于买受人，买受人支付价款的合同”（李中，2004：3）。安居房买卖合同是指买、卖双方（甲方、乙方）就安居房标的物的所有权进行转移和支付标的物价款的一种合同。值得注意的是，除了甲方和乙方，可能还会出现第三方，即委托代理方（丙方）。安居房买卖合同的内容包括合同约首、正文、约尾三部分。合同正文一般涵盖安居房地理位置、面积确认、安居房价款、付款方式和期限、买卖双方的违约责任、安居房交付手续、装修要求和规定、产权登记、安居房维修保修责任等几部分。正文涉及内容较多，在这仅以安居房买卖合同中涉及甲、乙、丙三方权利义务的部分进行分析，为保护合同当事人的合法权益，以下合同约首 1-1 和约尾 1-2 两部分中均隐去其真实的名称、地址、联系方式等，并对此语料展开规约性合同间接言语行为的分析。

1-1　合同约首

合同编号：×××

(出卖方) 甲方名称：××市政府

（出卖方）甲方地址：××省××市丹亚路160号

（出卖方）甲方邮政编码：300162

（出卖方）甲方联系电话：89018626

（出卖方）甲方传真：89050032

（买受方）乙方名称：欧阳××

（买受方）乙方地址：××省××市格韵路91号

（买受方）乙方邮政编码：300590

（买受方）乙方联系电话：89511096

（买受方）乙方传真：8163070

（委托代理方）丙方名称：××委托代理公司

（委托代理方）丙方法定代表人：张××

（委托代理方）丙方地址：××省××市紫珂路123号

（委托代理方）丙方邮政编码：3016903

（委托代理方）丙方联系电话：85079912

（委托代理方）丙方传真：89482221

合同语料分析：合同约首，顾名思义，是指合同的首部，包括合同甲方（出卖方）、乙方（买受方）、丙方（委托代理方）。从上述1-1的语料来看，合同约首的字面意义和言外之意一目了然。也就是说，通过合同约首的字面意义，不需要借助于其他合同语境，就能够直截了当地推断出来合同约首的言外之意，即“告知和传递合同主体三方（甲方、乙方、丙方）的信息和联系方式”，以便掌握合同三方的信息，有问题时可以及时联系、及时沟通，这就是规约性合同间接言语行为。

1-2　合同约尾

A. 本合同一式六份，具有同等法律效力，甲方、乙方、丙方三方各执两份，经三方代表人签字盖章后即生法律效力。

B. 合同附件通常是可以作为主合同的组成部分，与主合同具有相同的法律效力。

C. 合同订立生效之后，合同甲、乙、丙三方均不得修改主合同以及合同附件的内容。如若需要，合同当事人的任何一方都能够针对主合同的内容提出变更、修改、终止的书面建议。对合同的任何修改、变更、取消或补充，须三方同意后经三方的法定代表人或负责人或买卖双方的委托代理人签字，并将修改后的有关部分抄送原合同有关单位。

D. 本合同项下的甲、乙、丙三方所提供的文件，均要做好存档备案工作，并切实做好合同履行义务的工作。

E. 本合同列举了合同三方的责任、义务、补偿和补救条款。任何一方不承担本合同规定以外的责任、义务、补偿和补救。

F. 本合同的签约地点在本合同委托代理方办公大楼所在地，即港力大厦26层三号功能厅，合同签订时间为1989年7月8日下午5：30。

G. 本合同未尽事宜，由合同三方共同协商决定。

甲方（出卖方）（盖章）：
甲方法定代表人（签章）：刘××
签约地点：港力大厦26层三号功能厅
签约时间：1989年7月8日

乙方（买受方）
（个人签章）：欧阳××
签约地点：港力大厦26层三号功能厅
签约时间：1989年7月8日

丙方（委托代理方）（盖章）：
丙方法定代表人（签章）任××：
签约地点：港力大厦26层三号功能厅
签约时间：1989年7月8日

合同语料分析：合同约尾，就是指合同的尾部，其合同话语的字面意义包括合同的份数、法律效力、合同存档备案、签约地点、签约时间、补救条款、合同附件、未尽事宜等。上述1-2合同约尾包含A至G共七个条款。这七个条款的合同话语构成了合同中不可或缺的一个重要部分。此外，这份合同约尾的言外之意，就是通过A至G所体现出来的真实意图，即“其他约定”（合同正文所不包含的条款）。也就是说，通过合同约尾的字面意义，很容易就能分析出来合同约尾的言外之意，这就是规约性合同间接言语行为。

4.2.1.2 合同正文的规约性合同间接言语行为分析

例2：房地产开发合同
合同主体：（开发单位）甲方、（承建单位）乙方
合同签订时间：1991年
合同正文摘要：

1-1 本合同中工程师，专指甲方（开发单位）派驻施工场地履行合同的代表，其具体职权由甲方（开发单位）确定，如工程师可以委派工程师代表，行使合同约定的自己的职权，并可在认为必要时撤回委派。委派和撤回均应提前7天以书面形式通知乙方（承建单位），负责监理的工程师还应将委派和撤回通知乙方（承建单位）。委托书和撤回通知作为本合同附件。

1-2 工程师代表在工程师授权范围内向乙方（承建单位）发出任何形式的函件，与工程师发出的函件具有同等效力。乙方（承建单位）对于工程师代

表向其发出的任何书面形式的函件有疑问时，可将此函件提交工程师，工程师应该进行确认。工程师代表发出指令有失误时，工程师应该予以纠正。

1-3　工程师的指令、通知由其本人签字后，以书面形式交给项目经理，项目经理在回执上签署姓名和收到时间后生效。确有必要时，工程师可以发出口头指令，并在 48 小时以内给予书面确认，乙方（承建单位）对工程师的指令应予以执行。工程师不能及时给予书面确认的，乙方（承建单位）应于工程师发出口头指令后 7 天以内提出书面确认。

1-4　工程师在乙方（承建单位）提出确认要求后 48 小时以内不予答复的，视为口头指令已被确认。乙方（承建单位）认为工程师指令不合理，应在收到指令 24 小时以内向工程师提出修改指令的书面报告，工程师在收到乙方（承建单位）报告后 24 小时以内做出修改指令或继续执行原指令的决定，并以书面形式通知乙方（承建单位）。紧急情况下，工程师要求乙方（承建单位）立即执行的指令或乙方（承建单位）虽有异议，但工程师决定仍继续执行的指令，乙方（承建单位）应予以执行。因指令错误发生的追加合同价款和给乙方（承建单位）造成的损失，由甲方（开发单位）承担，延误工期相应顺延。工程师应按照合同约定，及时向乙方（承建单位）提供所需指令、批准并履行约定的其他义务。由于工程师未能按照合同约定履行义务而造成工期延误的，乙方（承建单位）应承担延误造成的追加合同价款，并赔偿甲方（开发单位）有关损失，顺延延误的工期。如需更换工程师，甲方（开发单位）至少提前 7 天以书面形式通知乙方（承建单位），后任工程师继续行使合同文件约定的前任工程师的职权，履行前任工程师的义务。

合同语料分析：上述合同正文摘要涉及 1-1、1-2、1-3、1-4 四个合同条款，其中，有三个合同条款的话语与工程师相关，只有一个条款是有关工程师代表的内容。根据塞尔的规约性间接言语行为分析，表层间接言语行为是字面意义，深层间接言语行为则是言外之意。因而上述四个条款的合同话语的字面意义是工程师或工程师委派代表的权利、义务和责任，而实际上，这四个条款的言外之意（也就是言外之力）在于“关联”“配合”。而“关联”和“配合”就是合同的间接言语行为，这种间接言语行为不仅仅涉及工程师和工程师代表的间接言语行为，而且还与甲方（开发单位）和乙方（承建单位）的间接言语行为有关系，它们是相互关联的，彼此合同中的工程师、工程师代表、甲方（开发单位）、乙方（承建单位）四者必须相互配合，四者之间的权利、义务和责任是环环相扣、彼此作用和相互影响的。分析房地产开发合同的正文条款，通过合同话语的字面意义，找到合同话语订立的最初和最原始的真实意图，即言外之意的合同间接言语行为。为此，合同正文的规约性合同间接言语行为分析，就显得十分有现实意义和应用价值。

4.2.2 非规约性合同间接言语行为分析

非规约性合同间接言语行为，又可以称为“语境推断合同间接言语行为”，它正好与规约性合同间接言语行为相反，它不能从合同话语的字面意义上找到合同主体（或合同订立者）拟定条款的言外之意，其言外之意必须依赖合同主体（或合同订立者）双方或多方共同建构和熟知的合同语境，才能推理出合同主体（或合同订立者）的真实意图。相比较规约性合同间接言语行为而言，非规约性合同间接言语行为的言外之意隐藏性更深一些，要从合同话语的字里行间找到言外之意的痕迹，其难度性更大、周折更多，需要花更多时间进行多层次的推理。非规约性间接言语行为较复杂和较不稳定，主要依靠说话人双方共知的语言信息和所处的语境来推断（何自然，1988：153)。

例 3：水果店经营二次合作合同

合同主体：甲方（李××)、乙方（赵××)

合同签订时间：2000 年

合同正文摘要：

1-1 本合同是在 1995 年签订的水果店经营合作合同的基础上，再次（第二次）签订的合同，故名“水果店经营二次合作合同”。

1-2 甲方（李××）与乙方（赵××）双方于 1995 年签订合同以来，共享利润，风险共担。水果店所得收入减去员工工资、店面水电费、物业费、税费等各项费用之后，所得的利润均由甲方（李××）和乙方（赵××）按照原合同指定的比率分成。

1-3 受台风、暴雨等自然灾害的影响，1996 年 7 月开始水果店经营成本增加，营业利润受到影响，多数情况下该店处于关闭的状态。1997 年 9 月，合伙人甲方（李××）解除合约，退出合作经营这家水果店，同时，拿回当初合伙入股的资金 2 万元人民币。甲方（李××）书面确认该水果店归乙方（赵××）一人经营。在乙方（赵××）的独资经营下，水果店的盈利大幅上升，乙方（赵××）由自己最初投入的 2 万元启动资金，变为水果店大户，1999 年的年收入为 28 万元人民币。

1-4 甲方（李××）多次来水果店吵闹寻衅，要求还回最初的入股资金 2 万元人民币，与乙方（赵××）继续合作经营水果店，并承诺在此签订合同后，保证不再拿回入股资金，保证不再退出合约。

1-5 乙方（赵××）与甲方（李××）特此签订水果店经营二次合作合同，双方共同遵守合同中权利、义务的各项条款规定。

合同语料分析：上述水果店经营二次合作合同里的 1-1、1-2、1-3、1-4、1-5 五个条款实施的是非规约性合同间接言语行为，其最终的言外之意是“本合同为可撤销合同”。其推理分析如下：

第一步推理，上述五个合同话语行为的字面意义是水果店经营二次合作合同签订成功。

第二步推理，合同条款 1-1 和 1-2 以及 1-3 提供了甲方（李××）和乙方（赵××）双方共同熟知的二次合作信息背景和合同语境。

第三步推理，合同条款 1-4 中的“甲方（李××）多次来水果店吵闹寻衅，要求还回最初的入股资金 2 万元人民币，与乙方（赵××）继续合作经营水果店”，这三句话是导致合同条款 1-5 产生的根本原因，换句话讲，水果店经营二次合作合同是在甲方（李××）的多次威胁和胁迫之下，乙方（赵××）被迫签订的合同。

第四步推理，合同条款 1-4 中的四个字“吵闹寻衅”，其字面意义就是甲方（李××）“闹事”，反映甲方（李××）因后悔退款退约而寻机闹事，从而导致乙方（赵××）“心软慈善”答应签订了水果店经营二次合作合同。但从字面意义“吵闹寻衅”在 1-1、1-2、1-3、1-4 几个合同话语的语境下进行剖析，得出的解释是乙方（赵××）在多次胁迫之下才被迫签订的合同。

第五步推理，既然前四步推理得出的结论是甲方（李××）威胁和胁迫了乙方（赵××），使其违背自身的真实意愿签订合同，那么，根据《合同法》第 52 条“合同无效的法定情形”①，凡是具有“一方以欺诈、胁迫的手段所订立的合同”的情况，合同无效。因此，受胁迫订立的合同为无效合同（李巍，2012：82-83）。

第六步推理，单纯通过 1-1、1-2、1-3、1-4、1-5 的合同话语字面意义，无法直接推理出水果店经营二次合作合同是可撤销合同的言外之意，必须通过甲方（李××）和乙方（赵××）共同熟悉和了解的二次签订合同的背景和合同语境知识以及《合同法》法律法规语境知识，才能最终推断出来“水果店经营二次合作合同可撤销”的真实意图和本合同间接言语行为的言外之意，这就是非规约性合同间接言语行为。

值得一提的是，甲方（李××）同意将合同条款 1-4 写入合同正文中，却没有提出反对意见。足以可见，甲方（李××）急功近利，加上他法律知识欠缺，对此合同签订的“可撤销性”毫无察觉。相比较之下，乙方是个有大智慧

① 《中华人民共和国合同法》第 52 条关于合同无效的情形，《中华人民共和国民法典》已修正，详见《中华人民共和国民法典》第 144 条、第 146 条、第 153 条。

的人，乙方（赵××）将合同条款1-4“甲方（李××）多次来水果店吵闹寻衅，要求还回最初的入股资金2万元人民币，与乙方（赵××）继续合作经营水果店，并承诺在此签订合同后，保证不再拿回入股资金，保证不再退出合约”写进了水果店经营二次合作合同，说明乙方完全懂法，了解《合同法》对合同的相关规定，使得这份合同成为一份可撤销合同。我们不得不佩服乙方（赵××）的智慧，也由此体会到塞尔的非规约性合同间接言语行为理论的应用价值，也体现了我们研究非规约性合同间接言语行为的现实意义和研究合同间接言语行为的言外之意的现实价值和重要性。从上面的例2和例3两个典型例子，不难看出，合同间接言语行为的言外之意的作用和影响是不可忽视的，对合同间接言语行为的言外之意的研究十分必要。

4.3 合同间接言语行为的言外之意分析

言外之意，是指“言在此，意在彼”，比喻话里有话。语用学中间接言语行为理论为合同话语研究提供了一个崭新的视角。通过对合同的调研和对合同书籍的阅读，发现塞尔的间接言语行为理论中的言外之意在合同话语的语境中的运用，对于合同订立言语行为和合同实施权利义务的履行行为都有着极大的影响。研究合同间接言语行为的言外之意，让合同双方当事人在合同话里话外有“迹”可寻，以便顺着合同话语的“痕迹”，全面准确理解合同话语的真意，有利于防范合同话语陷阱和风险，从而提高合同订立的质量和合同话语的履行效率。

为此，对合同间接言语行为的言外之意进行了分类，共分为六种，包括“单方的言外之意”合同间接言语行为、“双方的言外之意”合同间接言语行为、“不能明说的言外之意”合同间接言语行为、“不想明说的言外之意”合同间接言语行为、“不便明说的言外之意”合同间接言语行为、“不必明说的言外之意”合同间接言语行为。以下对这六类合同言外之意进行分门别类的分析。

4.3.1 “单方的言外之意”合同间接言语行为分析

单方的言外之意，是指合同单方的话语真实意图和“意在言外”，这里的“单方”，是指一方合同主体，如“甲方”，或者“乙方”。单方的言外之意合同间接言语行为，是指合同主体一方或单方不明说其真实意图，采用拐弯抹角或含蓄、委婉的语言或话语来隐藏自己的真实目的和想法，是合同一方单方面所实施的一种间接言语行为。单方的言外之意合同间接言语行为大量存在于社会经济业务往来的各种各样合同之中。

例 4：金饰品销售合同

合同甲方：卖方

合同乙方：买方

合同签订时间：2015 年 11 月 20 日

合同销售标的物：18K 金戒指

合同正文摘要：甲方和乙方就 18K 金戒指标的物的销售签订了由 16 个部分组合而成的金饰品销售合同。该合同话语涉及销售合同标的、标的物价格、付款方式、付款条件、发货通知、交货地点、交货时间、交货确认、运输方式、甲乙双方权利和义务、违约责任、不可抗力因素、合同争议解决的办法、合同生效和终止、售后服务、其他约定的条款。因研究所需，下面仅以金饰品销售合同中的第 12 个合同条款来剖析单方的言外之意合同间接言语行为。

合同语料："第十二条：甲、乙双方确定每一枚 18K 金戒指的出厂价为 2999 元。甲方（卖方）按时发货，按照合同的约定在指定的时间将货物运抵指定的交货地点。乙方（买方）根据合同的规定，按时以信用证的方式支付 300 枚 18K 金戒指的货款到甲方（卖方）指定的银行账户上。甲方（卖方）收到货款后要及时告知乙方（买方）。"

语料分析：表面上来看，金饰品销售合同中的第 12 个合同条款从其字面意义来看，似乎也没有什么问题。但是，当我们从合同间接言语行为的更深一个层次的"言外之意"来看，这份合同就是一份单方欺诈合同，单方是指甲方（卖方），是一份由甲方（卖方）所实施的"单方的言外之意合同间接言语行为"的欺诈合同。具体的推理和分析如下。

第一步推理分析：找出问题。找出上述合同话语中的两个词汇"金戒指""信用证"以及合同价款"2999 元"。

第二步推理分析：分析问题。根据塞尔的间接言语行为理论来分析，这两个词汇不仅仅有字面意义，而且还存在言外之意。首先，从字面意义来看，这两个词汇就是纯粹的"金戒指"和"信用证"。其次，从言外之意来看，情况发生了根本性的变化，具体如下：

一是"金戒指"中的"金"，究竟是"足金"还是"镀金"？甲方（卖方）究竟销售的是哪一种品质的"金戒指"给乙方（买方）？是"18K 足金戒指"，还是"18K 镀金戒指"？如表 4-1 所示。

表 4-1 “金戒指”间接言语行为的字面意义和言外之意

合同词汇	字面意义	言外之意
金戒指	金戒指而已	“足金”戒指
		“镀金”戒指

二是“信用证”前面没有“跟单”或“不跟单”几个字限定，那么，究竟是“跟单信用证”还是“不跟单信用证”？“跟单”就是附上“提货单据”，货款单据就是货权、提货权。

所谓“跟单信用证”，是指甲方（卖方）必须以向银行提供信用证上注明的货物商业票据、提款单据、货物运输单、货物商检证等为前提，乙方（买方）凭“提货单据”才能提货，甲方（卖方）才能够收到货款的信用证。跟单信用证是保护乙方（卖方）的最有利的一种支付方式和结算手段。与之相反，“不跟单信用证”，意味着甲方（卖方）不提供信用证，也能拿到货款的一种支付方式。这种方式是在双方非常信任彼此的基础上使用的一种支付方式，反之，对于乙方（买方）而言，“不跟单信用证”是一颗“定时炸弹”，风险非常大，也就是说，乙方（买方）把货款支付出去了，而甲方没有给“提货单据”，就意味着乙方（买方）没有拿到“货权或提货权”，这就是巨大的风险。如表4-2所示。

表 4-2 “信用证”间接言语行为的字面意义和言外之意

合同词汇	字面意义	言外之意
信用证	信用证而已	“跟单”信用证
		“不跟单”信用证

第三步推理分析：原因分析。分别从黄金的市场价格、镀金的市场价格、信用证支付方式的真实意图着手来分析这起诈骗合同。

首先，来看看黄金的市场价格。这份合同签订时间是2015年11月20日，当天的黄金每K足金价格是223.70元人民币，那么，甲、乙双方交易的金戒指每一枚是18K金，如果是足金的金戒指的话，每一枚金戒指的价格就应该是18乘以223.70元，等于4026.60元人民币，相比较甲、乙双方的交易货款价格“每一枚18K金戒指支付2999元”来说，足金的金戒指实际上要贵一些，价格要高出1027.60元。每一枚戒指的差价就是1027.60元，那么，300枚18K足金戒指的差价就是1027.60乘以300，等于308280元人民币。试问，甲方（卖方）怎么可能赔本（308280元人民币）拿足金戒指卖给乙方（买方）呢?

其次，再来看看镀金的市场价格。2015 年 11 月 20 日当天的市场行情是，每一枚 18K 镀金戒指是 2000 元人民币，而乙方（买方）每一枚所谓的“金戒指”却支付了 2999 元。换句话说，如果甲方（卖方）销售给乙方（买方）的货物全部是镀金戒指的话，那么，乙方（买方）每一枚金戒指就亏损 999 元，合计 300 枚戒指就亏损了 299700 元人民币。这个损失太大了。

最后，继续来看看信用证问题。甲方为了能够安全而又简单、迅速地拿到货款，从而确定了乙方（买方）的信用证付款方式，而不是“跟单信用证”。乙方为什么同意签订这种付款方式呢？原因在于乙方（买方）自以为占了大便宜买到了 300 枚足金戒指，不顾放弃提货单货权的风险，也要立刻付款给甲方（卖方）。

第四步推理分析：得出结论。为牟取暴利，甲方（卖方）的言外之意自然是销售“18K 镀金戒指”给乙方（买方），而不可能卖足金戒指给乙方（买方）。不仅如此，甲方（卖方）甚至通过“不跟单信用证”的支付方式，从银行拿到货款后，立即走人（逃跑），甚至连 300 枚镀金戒指的提货单据（货权）都不想给乙方（买方），让乙方（买方）连镀金戒指都拿不到。因此，甲、乙双方签订的金饰品销售合同是一份单方欺诈的合同，换句话说，这就是单方的合同间接言语行为，这里的“单方”就是指“甲方（卖方）”，也就是“卖方为达到欺诈的真实意图”所采取的“单方的言外之意合同间接言语行为”。“单方的言外之意合同间接言语行为”也可以叫作“单向的言外之意合同间接言语行为”。

4.3.2　“双方的言外之意”合同间接言语行为分析

双方的言外之意，与单方的言外之意正好相反，是指合同主体双方的话语真实意图，这里的“双方”，是指两方合同主体，如“甲方”和“乙方”。双方的言外之意合同间接言语行为，是指合同主体双方不明说其真实意图，采用拐弯抹角或含蓄、委婉的语言或话语来隐藏双方各自的真实目的和想法，是合同双方所实施的一种间接言语行为。双方的言外之意合同间接言语行为，也可叫作“双向的言外之意合同间接言语行为”，同样也大量存在于社会经济业务往来的各种各样合同之中。

例 5：劳动合同

合同甲方：用人单位

单位住所：××市苏清路 181 号

法定代表人：王××

合同乙方：员工孙××

性别：女

家庭住址：××市辽冰路 116 号

合同签订时间：1995 年

合同来源：被录用员工孙××

合同正文摘要：劳动合同是建立和确定甲方和乙方劳动关系的一种法律形式和法律文本。劳动合同通常由 18 个部分组成，包括合同规章制度，劳动纪律，劳动保护，劳动条件，福利待遇，劳动报酬，劳动补贴，经济赔偿，社会保险，合同期限，工作内容，工作地点，工作时间，休息休假，级别晋升，劳动合同的变更、解除、终止以及续订，劳动争议处理，双方约定的其他事项，共 49 个合同条款。鉴于分析所需，不必对劳动合同的 18 个组成部分 49 个条款进行逐一剖析，而是只挑选第 16 个合同条款作为双方的言外之意合同间接言语行为的语料展开分析和研究。

合同语料："第十六条　甲方（用人单位）付给乙方（员工孙××）的劳动报酬为：每月工资 3000 元，包服装费、住宿费、伙食费。"

合同签订后的结果：甲方（用人单位）只支付乙方（员工孙××）2000 元工资。

语料分析：这个合同条款涉及的是双向的言外之意合同间接言语行为。为什么？因为问题出在合同话语中的一个字"包"。这个"包"字，作为一种合同间接言语行为，既有字面意义，又有言外之意。从字面意义来看，"包"就是"包括"。从言外之意来看，"包"涉及甲方和乙方双方的言外之意，双方对"包"字的真实意图截然不同，一是甲方的言外之意合同间接言语行为，二是乙方的言外之意合同间接言语行为。进一步分析如下。

一是甲方的言外之意合同间接言语行为。甲方作为用人单位，以营利为目的，能减少人工成本就尽量减少。因而，甲方（用人单位）的真实意图和言外之意，这里的"包"字就是"包括"或"除去""扣除"的意思，那么发工资时，要用 3000 元人民币减去（或除去）服装费、住宿费、伙食费，按照公司规定的成本计算，服装费、住宿费、伙食费为 1000 元，3000 元减去 1000 元等于 2000 元人民币，甲方（用人单位）支付给乙方（员工孙××）的工资应该是 2000 元人民币。劳动合同签订之后，乙方（员工孙××）确实领到的工资只有 2000 元人民币，而不是她所期望的 3000 元人民币。

二是乙方的言外之意合同间接言语行为。乙方作为被录用的员工，自然期望拿到的工资越多越好。因而，乙方（员工孙××）的真实意图和言外之意，这里的"包"字就是"包括"或"加上"的意思，那么发工资时，乙方（员工孙××）认为自己应该领到 4000 元人民币的工资，也就是 3000 元加上 1000

元（按照公司规定的成本计算，服装费、住宿费、伙食费为 1000 元）等于 4000 元。乙方（员工孙××）认为，自己领到的第一个月工资只有 2000 元人民币，这与《劳动合同》签订的内容完全不一致，因此，乙方（员工孙××）将甲方（用人单位）告上了法庭，甲、乙双方对簿公堂，双方争议的焦点是“究竟伙食费、服装费、住宿费三者应该在 3000 元人民币的工资里“扣除”（包括）还是“加上”（包括）。这种争议的焦点问题就是双方或双向的真实意图不一样，不一样的言外之意从而导致的间接言语行为也就不一样，这就是双方的（或双向的）合同间接言语行为。如表 4-3 所示。

表 4-3　甲、乙合同双方的言外之意合同间接言语行为

合同话语主体	“包”字的言外之意
甲方	甲方（用人单位）的真实意图和言外之意，这里的“包”字就是“包括”或“除去”“扣除”。
乙方	乙方（员工孙××）的真实意图和言外之意，这里的“包”字就是“包括”或“加上”。

分析结论：例 5 劳动合同里的“包”字实施的是“双方的言外之意合同间接言语行为”。同样是一个字“包”，由于甲方（用人单位）的言外之意和乙方（员工孙××）的言外之意不同，甲方想“少给工资”，而乙方想“多拿工资”，原因是双方的言外之意不同，或者说是双向的言外之意不同，从而导致合同话语的法律纠纷。从这个合同示例来看，仅仅一个字“包”，就可以引来甲、乙方对簿公堂的法律纠纷和官司，可见多少合同中会出现这种情况，也足以让我们认识到研究双向的言外之意合同间接言语行为的意义所在和现实价值所在。

4.3.3　“不能明说的言外之意”合同间接言语行为分析

“明说”，就是直截了当地说出来。与之相反的就是“不能明说”。“不能想说什么就说什么”，说话人把自己真实的想法用语言包裹起来，就是“不能明说”。合同主体甲、乙双方为了赚取利润甚至为了牟取暴利，不能表达其真实意图的更深层次话语行为，就是“不能明说的言外之意”合同间接言语行为。当今社会走向了信息化时代、网络时代以及云科技革命时代，全球化电子商务迈上了一个新台阶，电子商务合同在网络上频繁订立，归纳起来主要有三种电子商务合同类型，即电子商务实物合同、电子商务信息合同、电子信息技术合同（印辉，2002：16-103）。网上购物全球流行，因而，电子商务实物合同签订的数量多，问题也多，问题多数出现在“不能明说的言外之意”合同间接言语行为，电子商务实物合同的卖方往往隐瞒产品的瑕疵或对自身不利的事情。

例 6：电子商务实物合同

合同甲方（卖方）：广安市××网上代购店

合同乙方（买方）：庞××

合同标的物：美国 CK 品牌真皮手提包

合同签订时间：2015 年

合同正文摘要：这份电子商务实物合同由合同约首、合同正文、合同约尾组合而成。其中，合同正文一共有 22 个部分，包括电子商务交易的实物名称、商品价格、商品品质、商品包装、商品运输、付款金额、付款方式、收款方银行账户、发货通知、双方地址变更通知、退货通知、迟延交货、赔偿罚款、合同解释、合同变更与转让、不可抗力、违约责任、保密条款、合同声明、合同补充与附件、合同效力。这 22 个部分共有 29 个合同条款。而“商品品质”中的第 8 条是最典型的“不能明说的言外之意”合同间接言语行为，其合同语料和对语料的分析情况如下。

合同语料：“第八条　甲方（卖方）所销售给乙方（买方）的商品为美国 CK 品牌真皮手提包。CK 是美国著名品牌，CK 品牌真皮手提包品质优良。手提包质量有保证，款式深受女士们的青睐。”

语料分析：从上面第 8 条合同话语的字面意义来分析，似乎对美国 CK 品牌皮包质量和款式也无可厚非，没有什么问题。可是，仔细一分析，特别是从深层次的合同间接言语行为的言外之意来看，我们很快就能发现问题，问题出在最后一句话“款式深受女士们的青睐”当中的“款式”二字。试问，究竟是“哪一年”的“款式”？是哪种“风格的款式”？韩式还是美式，还是欧美款式？

首先，深究一下甲方（卖方）的背景，这是一家网上代购店，专门代购美国打折、过季、换季的服装、皮包、首饰、化妆品等，以最便宜的价格购买在美国圣诞节、劳动节、国庆节、感恩节期间所销售的折扣产品。这些产品往往是出厂时间太久、不流行、不时尚的清仓的商店处理品。

其次，分析电子商务实物合同第 8 条中的话语“款式深受女士们的青睐”，商家甲方（××网上代购店）针对美国 CK 品牌皮包的“款式”没有其他文字描述或陈述，究竟是 20 世纪初的皮包款式，还是 20 世纪末或 21 世纪的皮包款式？这个商家（××网上代购店）自始至终没有说明或明说。不难判断，商家不明说，是因为不能明说，一旦商家明说了店里的全部 CK 真皮包都是美国过时、过季的清仓货，试想还有哪位女士去购买该商家的货物呢？商家用某种理由和借口，更多的是为了盈利和保护自身利益，很多情况下特别是对商品质量款式、商品来源不能直截了当地说明，而在合同话语中出现以虚代实、话中有话的“不能明说的言外之意合同间接言语行为”。

最后，分析商家的“不能明说的言外之意合同间接言语行为”，能给我们的日常生活以及社会经济发展带来什么启示呢？一方面是在日常生活中要注意防止和规避合同风险，签订合同时务必了解合同另一方的真实意图。另一方面是要谨防电子商务合同纠纷和争议，认真对待和处理好商家（合同订立方或卖方）在合同中设置的陷阱和欺诈，规避商家“不能明说的言外之意合同间接言语行为”所造成的严重后果以及惨重的经济损失。这份电子商务实物合同有 22 个部分包括 29 个合同条款，这里仅仅拿出该份合同中的第 8 个条款，只对该条款中的两个字“款式”进行分析，就发现商家“不能明说的言外之意合同间接言语行为”给买方带来的风险。不难看出，如果我们对完整的电子商务实物合同进行全面分析的话，那么，这份合同里又会有多少条款存在着商家“不能明说的言外之意合同间接言语行为”啊！由此可见，在经济全球化和一体化的当今社会中，每天有多少合同正发生着风险和经济损失！因此，对“不能明说的言外之意合同间接言语行为”的研究和分析，是十分重要和必要的。

4.3.4　“不想明说的言外之意”合同间接言语行为分析

语言，极具讽刺意义。原本语言的使用目的是为了直观、简单、明晰地说出来便于交流，然而，有的时候却不想明明白白地说出来，反而用语言把自己的思想隐藏起来和包裹起来，这就是“不想明说”。“不想明说”的言外之意所实施的合同话语行为有着字面意义和言外之意两层含义，就叫作“不想明说的言外之意”合同间接言语行为。“不想明说的言外之意”合同间接言语行为往往都有一定的原因，比如担心失去利益、担心失去合作方、担心失去合同订单等。在发生经济合同交易时，合同主体或合同订立者的“不想明说的言外之意”合同间接言语行为，往往就表现为一种有意或叫作“故意不想明说的言外之意”合同间接言语行为。为此，通过以下的富硒西红柿供销合同案例，来剖析“不想明说的言外之意”合同间接言语行为。

例 7：富硒西红柿供销合同

合同供货单位（甲方）：××县火山村蔬菜种植农场

合同购货单位（乙方）：××县火山富硒食品贸易公司

合同订立地点：××县火山村农场的副场长办公室

合同签订时间：2005 年 7 月 26 日

合同销售标的物：火山口硒质号西红柿

合同正文摘要：富硒西红柿供销合同包括合同约首、合同正文以及合同约尾。合同正文由 18 部分组成，包括采购标的物的名称和规格、采购产品型号和质量、采购产品数量和单价、标的物货款金额、付款方式、结算日期、产品验货方式和验货日期、对产品质量提出异议的期限、产品包装规格、产品发货（或提货）日期、产品运输方式、对产品问题的解决方式、供货方和购货方双方的权利和义务、违约责任、违约处理、合同效力、其他约定共 18 个部分 26 个合同条款。应本节研究的需要，从这 18 个部分 26 个合同条款中抽出合同的第 2、3 条作为合同语料，展开“不想明说的言外之意”合同间接言语行为的分析和研究。

富硒西红柿供销合同中的第 2、3 条与合同话语中的采购产品的规格型号、采购产品的质量、采购产品数量和单价、产品运输方式四个部分有关，具体条款如下：

合同语料 1-1：“第二条　按照合同规定，乙方（合同购货单位）向甲方（合同供货单位）所订购的产品为‘火山口硒质号西红柿’。”

合同语料 1-2：“第三条　合同中，甲方（合同供货单位）向乙方（合同购货单位）承诺所提供西红柿质量有保证，新鲜可口，该产品上的农药残留不超标。”

以下是对上述两个合同语料进行的“不想明说的言外之意”合同间接言语行为分析：

（1）合同语料 1-1 分析：从第 2 条中“火山口硒质号西红柿”的字面意义看，似乎看不出来什么问题。但是，深究“火山口硒质号西红柿”词汇的言外之意，就会发现存在很大的问题。关于“火山口硒质号西红柿”的问题，合同中只用了“火山口硒质号”来表示采购西红柿的规格型号，其隐藏了事实的真相。事实的真相是什么？究竟有多少“硒质号”？究竟是哪个“号”？

事实的真相是“火山口硒质号”有三种规格型号，即“火山口硒质 1 号”“火山口硒质 2 号”“火山口硒质 3 号”。不同阿拉伯数字代表不同规格型号的西红柿，也代表着不同等级质量的西红柿。火山村的菜农和当地的老百姓都知道，火山喷发带来大量的火山灰，这些火山灰融入土壤中，使得土地变得肥沃，有利于农作物的生长和发展农业生产。火山灰极富营养，火山灰所覆盖的瓜果蔬菜生长得非常好，其味道也鲜美清甜。但是，凡事都有利弊，火山喷发时，火山灰含有岩石、矿物质以及对人体健康有害的重金属。火山村当地的西红柿非常有名，按照质量等级分成了三种规格型号，一级的“火山口硒质 1 号”表示不含火山灰重金属的西红柿，二级的“火山口硒质 2 号”表示含有少量火山灰重金属的西红柿，三级的“火山口硒质 3 号”表示含有较少火山灰重金属的西红柿。

试问，合同第 2 条中只写了“火山口硒质号”西红柿，那么，供货单位

（甲方）会按照哪一个等级规格的西红柿给购货单位（乙方）发货呢？对于购货单位（乙方）来说，是否意识到了风险的来临及其即将遭受到的经济损失呢？供货单位（甲方）难道不知道这种情况吗？不可能。供货单位（甲方）是当地火山村的蔬菜种植农场，合同是在农场副场长的办公室签订的，怎么会不知道当地硒质的西红柿存在着三种规格等级呢？难道是供货单位（甲方）的文字疏忽？当然不是。那么，只有一种可能，就是当我们分析西红柿"火山口硒质号"的言外之意时，就会发现供货单位（甲方）的真实意图，该单位用语言包裹了自身盈利甚至是牟取暴利或欺诈的真实动机而意在言外将购货单位（乙方）装进了合同的陷阱里。更进一步分析，说明了供货单位（甲方）内心深处根本就不想明说"火山口硒质号"的三种规格型号，从而蒙混过关，与购货单位（乙方）签订了大额西红柿供销合同订单，这就是供货单位（甲方）"不想明说的言外之意"合同间接言语行为。如表 4-4 所示。

表 4-4　规格型号："不想明说的言外之意"合同间接言语行为

合同话语	字面意义	"不想明说的言外之意" 合同间接言语行为分析
火山口硒质号	火山口硒质号	火山口硒质 1 号
		火山口硒质 2 号
		火山口硒质 3 号

（2）合同语料 1-2 分析：从第 3 条"农药残留不超标"语句的字面意义看，似乎看不出来什么问题。但是，深究"农药残留不超标"语句的言外之意，就会发现存在很大的问题。试问，是什么"农药"？"不超标"究竟是什么"标准"？哪里的标准？哪个级别的标准？农药残留的"持效期"和"失效期"究竟有多久？供货单位（甲方）的真实意图是什么？

一般来说，根据常识性的理解，瓜果蔬菜防治病虫害会喷洒两种农药，即"久效磷""辛硫磷"。"久效磷"农药的喷洒持效期通常是 7～10 天，而"辛硫磷"农药的喷洒持效期往往是 3～5 天。菜农每次喷洒农药后，应该记住日期，以便在农药持效期之后再采摘瓜果蔬菜，减少植物上的农药残留物质，确保瓜果蔬菜进入市面销售的时候，农药残留物达到国家标准从而保证食物的安全。再次回顾和分析第 3 条合同中的"农药残留不超标"话语的言外之意，并进一步分析供货单位（甲方）"不想明说"的真实意图，就一目了然了。供货单位（甲方）的"不超标"不等于"达标"，供货单位（甲方）的"农药残留不超标"并不意味着农药残留物达到国家检验标准。"农药残留不超标"不想明说的言外之意甚至还意味着该西红柿仍然没有超过农药的持效期，西红柿在农药的持效期以内就被采摘，然后装运发货给了购货单位（乙方），之后由购货单位（乙方）再销售到菜市场进入寻常百姓的餐桌上。

合同话语分析到这，笔者不得不停下笔来认真思考上述两个合同条款，这两个合同语料给我们的生活带来了影响，让我们担忧食品的安全问题。这让我们意识到两个食品安全问题：一是合同第 2 条中的火山灰重金属西红柿，进入寻常百姓的餐桌上导致食物的重金属中毒；二是合同第 3 条中的“农药残留不超标”，让老百姓的身体健康在遭受重金属伤害的基础上又进一步受到农药不过期就采摘蔬菜所带来的农药残留物质的二次伤害。由此可见，分析合同主体（合同订立者）的“不能明说的言外之意”合同言语行为，确实有利于帮助合同双方认知合同不仅仅是普通的话语，合同是就是做事的话语行为。合同双方要表达真实的意思，合同才能有效，才能有利于保护双方当事人的合法权益，甚至合同之外与合同后果相关的人的利益。比如，这份富硒西红柿供销合同不仅仅影响到合同订立者、购货单位（乙方）的利益损失，而且该份合同导致含有重金属和农药残留物的西红柿流通上市来到寻常百姓的餐桌上，从而对人们的身体健康造成巨大伤害。

4.3.5 “不便明说的言外之意”合同间接言语行为分析

“不便”，就是“不方便”。日常交际中很多时候涉及个人隐私、公司机密等情况，会出现不方便直言相告的情形，而采用一语双关、以虚代实、模糊回答、话里有话的话语策略行为，这就是“不便明说的言外之意”。鉴于合同双方为保护各自利益，合同条款中同样也会出现不方便明说的合同话语言外之意深层次行为，我们把它叫作“不便明说的言外之意”合同间接言语行为。

例 8：仓储保管合同

合同正文摘要：仓储保管合同是保管人（甲方）储存存货人（乙方）交付的仓储物，存货人（乙方）向保管人（甲方）支付仓储费的合同，保管人（甲方）拿到仓储费后向存货人（乙方）出具仓单。仓单是存货人（乙方）提取仓储物的有效凭证。仓储保管合同由几个部分组成，包括仓储物的名称、品种、规格、数量、质量、价值、包装、保管办法、仓储费用、结算方式、结算日期、违约责任、存货人责任、保管人责任、违约金赔偿办法、不可抗力、其他约定（李中旭，2004：323-326）。其中，第一条是整个合同的关键，但有时候存货人不便说出自己个人的隐私，从而对合同话语中关于仓储物的数量和价值不明说其真实情况。比如，下面仓储保管合同的合同约首和合同第 1 条。

合同语料 1-1：

合同保管人（甲方）：××市××酒店

合同保管人（甲方）住址：××市鑫海路 189 号

合同存货人（乙方）：戴××

身份证号码：××××××××××××××××××××

合同存货人（乙方）身份证上的住址：××市枝江东路 36 号××市政府职工宿舍 A 栋 602 房

合同订立地点：××酒店总经理办公室

合同签订时间：2016 年 2 月 16 日

合同销售标的物：护照、银行卡、现金、凯迪拉克汽车一辆

合同语料 1-2：

第一条　存货人（乙方）所储存的物品包括护照、银行卡、现金。护照为中华人民共和国公民护照，护照有效期截止日为 2015 年 12 月 16 日。银行卡为中国工商银行卡一张。现金 10 万元。凯迪拉克汽车一辆。

对合同约首和合同第 1 条两份语料的分析如下：

首先，从上述合同话语来分析，合同的焦点问题集中在两个地方，即“现金 10 万元”“凯迪拉克汽车一辆”。一是现金没有注明币种，币种只写了一个字“元”。那么，究竟是“美元”还是“日元”还是“人民币”？如果是十万日元不值什么钱，如果是十万美元，则说明仓储物的现金额度还是比较大。二是车子没有注明价格、价值和新旧。一辆新凯迪拉克汽车可能会是 50 万～60 万元人民币，旧的凯迪拉克可能只值 30 万元人民币。

其次，从合同约首的话语来分析，合同的焦点问题集中在三个地方，即“合同存货人（乙方）：戴××”和“合同存货人（乙方）身份证上的住址：××市政府职工宿舍 A 栋 602 房”以及“合同签订时间：2016 年 2 月 16 日”。从字面意义来看，存货人（乙方）戴××是个普通老百姓，没有什么特别之处，从家庭住址和签约时间的字面意义来看也都正常。但是，从合同约首的这三个合同话语的言外之意来看，一是可以推理出来戴××是个住在××市政府职工宿舍的公务员，二是可以根据签约时间，推理出 2016 年 2 月 16 日春节前夕，也是国家抓腐败分子、反腐倡廉的关键时期，三是可以推断出来戴××在签订仓储保管合同的正文内容时候必然会对其自身的身份（公务员）有所顾忌，自然合同正文内容的某些条款就值得研究和分析。也正因公务员身份的特殊性和敏感性，合同正文第 1 条中，存货人（乙方）戴××“不便明说”现金究竟是 10 万美元还是 10 万人民币，还是 10 万日元。也正因如此，存货人（乙方）戴××在合同第 1 条中，“不便明说”凯迪拉克汽车的新旧和车辆价

值。这就是存货人（乙方）戴××所实施的“不便明说的言外之意”合同间接言语行为，他担心一旦明说，就暴露了他公务员的身份以及腐败行为。

最后，根据以上的两点分析，初步可以推断出来公务员身份的戴××在2016年的春节前，在与××酒店签订仓储保管合同中存在着三种可能性：

第一种可能性是，存货人（乙方）戴××具有“收受大额现金甚至车辆”的腐败嫌疑行为。

第二种可能性是，存货人（乙方）戴××所赚取的外快收入和奖励，包括现金和车辆。之所以存在这种推断，是因为戴××作为公务员，他不可能在2月份领到10万元的工资，无论是人民币还是美元，10万元数额巨大。因此第二种可能性非常小。

第三种可能性是，10万元的巨额现金和名牌车凯迪拉克都属于私人财物，比如戴××自己多年的积蓄和自己所购置的名车。但是，这第三种可能性也非常小。如果现金和车辆都属于自己的，那么，存货人（乙方）戴××会非常在乎自己的财物，尤其是名车凯迪拉克的保管。存货人（乙方）戴××一定会在仓储保管合同里注明车辆的新旧以及该车的价值，以便发生意外时存货人（乙方）可以领取相应价值的赔偿金和保险款项。但是，存货人（乙方）戴××没有这么做，似乎他只在乎把现金和车辆保管储存起来，而不在乎其实际的价值有多少，这一点违背了常理。

根据上述几点的分析和推理，我们认为，存货人（乙方）戴××应该是遇到了什么特殊情况，有着“不便明说”的理由和借口，从而采取对10万元现金的币种和凯迪拉克车辆轻描淡写的间接言语行为。

对合同语料1-1和1-2的分析，得出的结论是：无论戴××有什么隐私和借口或者理由来掩盖行为（其收受贿赂或贪污公款的腐败行为），我们通过“不便明说的言外之意”合同间接言语行为都是能够“寻迹断案”的，这也是“不便明说的言外之意”合同间接言语行为的研究价值所在。

4.3.6 “不必明说的言外之意”合同间接言语行为分析

“不必”，就是“没有必要”。没有必要直言相告而是双方心知肚明、心领神会、心有灵犀的“意在言外”，就是“不必明说的言外之意”。合同中出现的“不必明说的言外之意”话语行为，就叫作“不必明说的言外之意”合同间接言语行为。

例9：馄饨购销合同

合同约首的语料1-1：

合同甲方（供货单位）：××村馄饨食品厂

厂长：李××

合同乙方（购货单位）：××村食品收购站

站长：杨××

合同标的物：芹菜肉馅馄饨

合同签订时间：2003 年 7 月 8 日

合同签约地点：××村馄饨食品厂厂长办公室

合同正文的语料 1-2：

第四条　按照合同规定，甲方（合同供货单位）向乙方（合同购货单位）提供所需的产品数量。乙方（合同购货单位）向甲方（合同供货单位）订购“吉祥牌”芹菜肉馅馄饨共 2000 公斤，每公斤的单价为 6.5 元。

合同正文的语料 1-3：

第十六条　鉴于合同签订时间 2003 年 7 月 8 日，天气炎热，根据合同的约定，甲方（合同供货单位）向乙方（合同购货单位）免费提供车辆，负责“吉祥牌”芹菜肉馅馄饨的运输，并按照乙方（合同购货单位）提供的地址按时将“吉祥牌”芹菜肉馅馄饨送到交货地点。

针对上述的 1-1、1-2、1-3 三部分的合同语料，分析如下：

合同约首的语料 1-1 分析：一是通过两个单位来看合同订立者的文化素质。合同甲方（供货单位）是××村馄饨食品厂，合同乙方（购货单位）是××村食品收购站，其字面意义就是两个单位而已或者说是卖方和买方而已。然而，这两个单位都在“村”里，从这两个“村级”单位来看，合同主体甲、乙双方可能对合同文字和合同话语没有研究。二是通过合同签约时间“2003 年 7 月 8 日”的言外之意来看气候。7 月份是夏天，天气炎热。签约时间“2003 年 7 月 8 日”的言外之意自然会让人联想到合同标的物“芹菜肉馅馄饨”的保鲜工作，这两点实际上就是“不必明说的言外之意”合同间接言语行为。

合同正文的语料 1-2 分析：合同正文第 4 条“每公斤的单价为 6.5 元”值得关注，单价只说了“6.5 元”，并没有写明是美元还是人民币或日元、澳元、加拿大元（加元）、欧元。合同单价的字面意义就是“6.5 元”而已，而“6.5 元”的言外之意就是甲方（供货单位）、乙方（购货单位）心知肚明、彼此都明白的“6.5 元人民币”，是双方都心里有数、彼此明白而不必说出来的合同话语行为，这就是“不必明说的言外之意”合同间接言语行为。

合同正文的语料 1-3 分析：合同正文第 16 条款中的“免费提供车辆，负责‘吉祥牌’芹菜肉馅馄饨的运输”和“按时将‘吉祥牌’芹菜肉馅馄饨送到交货地点”的话语是问题的焦点。“车辆”“按时”的字面意义很简单，也容易理解，但是透过这两个词汇的字面意义，更深层次地来看“车辆”“按时”的言外之意是什么呢？“车辆”是普通车还是冷藏车？“按时”是否“按质”？如果用普通车将馄饨按时送到指定的交货地点，在2003年7月8日炎热的夏天，芹菜肉馅馄饨很快就会坏掉或腐烂掉。那么，在合同中为什么甲（购货单位）、乙（供货单位）双方都没有指出来呢？也没有将车辆进一步落实为“冷藏车”呢？原因是甲、乙双方文化层次相当，彼此都明白炎热天气运输馄饨需要冷藏车，自然不必说就知道是“冷藏车”，这就是“不必明说的言外之意”合同间接言语行为。

值得一提的是，这种“不必明说的言外之意”合同间接言语行为造成了许多合同纠纷和合同案例，双方对簿公堂。比如，假如上面的1-3语料中的甲方（供货单位）认为，既然合同中只提到“车辆”运输，那么，甲方（供货单位）在2003年7月8日炎热的夏天就用了一辆普通货车将“吉祥牌”芹菜肉馅馄饨送到了乙方（购货单位）的指定地点。虽然按时将货物送达到了，但是2000公斤的馄饨全部变质变味，造成的损失又该由谁来承担呢？合同第16条中只明确“按时”送货，并没有约定“按质”送货。这最后的责任和损失又该由哪一方来承担呢？因此，在合同订立过程中，合同主体或合同订立者应当尽量规避“不必明说的言外之意”合同间接言语行为，以便规避由此带来的合同风险和所造成的损失。同时也进一步说明了“不必明说的言外之意”合同间接言语行为研究的价值和意义所在，其重要性和必要性不可忽略。

4.4 合同间接言语行为的动态语境分析

普遍的看法认为语境是“语形、语义和语用的统一”，认知是理解语境的核心（魏屹东，2008：122）。对语境的认知和使用要追溯到1885年（Wegener，1885：39-63），德国语言学家魏格纳最早提出“语言的意义只有根据语境才能确定”（朱永生，2005：3-4）。马林诺夫斯基进一步将语境细分为情景语境和文化语境（Malinowski，1923：89-118）。此后，许多语言学家开始研究语境的不同领域，有的学者从事静态语境研究，也有的学者侧重动态语境研究。

动态是相对于静态而言，前者注重过程，后者强调结果。动态性语境，通常侧重于语言活动过程的规律性和解释性，而静态性语境却主要是关注语言活动的结果性和规则性（朱永生，2005：43）。语境无论是动态还是静态，其实都是相对的（Sefton，1995：56-88）。

静态语境研究的学者主要有弗思（John Rupert Firth）、雅各布森（Roman Jakobson）、韩礼德（M. A. K. Halliday）等人。例如，如伦敦大学第一个语言学教授弗思重视语义研究，认为研究语义不脱离语境（姜望琪，2008：1）。弗思、马利诺夫斯基（Bronislaw Kaspar Malinowski）的情景语境，对文化语境持怀疑态度（朱永生，2005：8）。弗思指出，意义是语言在语境中的功能，语言学就是对意义的研究，并试图将语境融入普通语言学理论中进行研究（Firth，1959：61-119），并认为语境是语言学研究的当先领域，他将话语活动的参与人以及参与人的言语行为作为语境构成因素之一进行研究（Firth，1930：15-182）。

有的学者指出语境由说话人、听话人、语境、信息、代码、接触六个要素组成（Jakobson，1960：71-101）。受弗思影响，韩礼德由原来对语篇上下文的研究转向三个语境变量的研究，即“Tenor of Discourse，Mode of Discourse，Field of Discourse”（Halliday，1961：241-292），国内有的学者将韩礼德的这三个语境变量和含义分别翻译为“话语基调、话语方式、话语范围”。“话语基调，即参与者之间的角色关系；话语方式，即语言本身所发挥的作用以及语言交际所采用的渠道或媒介；话语范围，即语言发生的具体环境，其中包括话题以及参与者参与的整个活动”（朱永生，2005：10）。还有的学者将韩礼德的三个语境变量翻译为“话语风格、话语方式、话语范围”（常晨光，陈瑜敏，2011：10），两种翻译的区别在于，对“Tenor of Discourse”学者们持不同意见，因而将其翻译为不同的汉语文字，即“话语基调”或“话语风格”。

在此基础上，韩礼德又进一步着手于语境变量与语义结构关系等研究（Halliday and Hasan，1985：151-216；Halliday，1999：105-158）；英国语言学家莱恩斯（John　Lyons）将韩礼德的三个语境变量发展为六个变量，即“Role and Status，Position，Degree，Medium，Subject and Matter，Domain”（Lyons，1977：573-585）。总而言之，静态语境研究主要还是集中在情景语境和文化语境两个方面的研究。

动态语境研究学者主要以威尔逊（Edmund Wilson）、托马斯（Jenny Thomas）、范戴克（Van Dijk）等为代表。例如，荷兰语言学家范戴克提出参与者、具体活动、环境组合成一个真实的动态语境，认为动态性是语境的首要特征（Van Dijk，1977：191-192）。

此外，还有的学者认为语境是动态的（Sperber and Wilson，1996：50-

91)；强调语用学的动态性（Thomas，1995：20-33）；语境是一种动态的建构；目的是动态性之源，目的是语境的组成部分，而且是核心部分。语境的动态性源自人的（行为的）目的性。目的之所以产生动态性，首先是因为目的具有一个重要的属性，即能动性。人的言语行为过程是动态的，首先因为人的行为是动态的，构成语境的目的要素本身是动态的。语境动态性的根本原因和动力就是说话人对目的的追求（廖美珍，2010：1）。总体来讲，动态语境研究引起专家学者们的广泛关注，特别是廖美珍将目的、目的原则、目的分析模式和程序引入语境当中来研究，这是语用学发展的一个新途径和重大贡献。

合同话语作为一种间接言语行为，其包裹在字面意义背后的言外之意，往往受到一些主观因素、客观因素不对称性的动态语境影响，此外，合同说话人的目的不一致性和利益的不确定性经常干扰着人们对合同间接言语行为的过程分析和规律性解释。因此，以下从合同话语人的条件不对称（Asymmetric Condition）、目的不一致（Inconsistent Goal or Purpose）以及利益不确定（Uncertainty Interest）三个方面对合同间接言语行为的动态语境展开分析。

4.4.1 合同话语人的条件不对称动态语境分析

合同话语人，是指合同订立的主体，包括甲方、乙方合同双方或甲方、乙方、丙方合同多方主体。从法学层面，称之为“合同主体”或“合同订立者”；从语用学层面，将其叫作“合同话语人”。合同话语人的条件不对称动态语境，主要包括合同话语人的主观条件和客观条件两个方面不对称动态语境。

由于主观因素和客观因素造成的不对称状况，本身就使得合同言语行为处于一种动态语境之中，在此统称为“合同话语人的条件不对称动态语境”。下面分别剖析合同话语人的主观条件不对称动态语境和合同话语人的客观条件不对称动态语境。

4.4.1.1 合同话语人的主观条件不对称动态语境分析

合同话语人的主观条件不对称动态语境，是指合同话语人甲方、乙方双方或甲方、乙方、丙方合同多方主体的职业、身份、教育背景、文化层次、社会地位、经济地位、性格、处境、脾气、年龄、性别、辈分、财产、思维方式、个人素质和修养等主观因素不一样，不仅仅是不一样，甚至是不在一个层次，不在一个水平上。这些不对应或不对称的主观因素不同层次、不同程度地干扰和影响着合同话语人的间接言语行为，如图 4-1 所示，下面逐一剖析探究。

合同话语人的主观条件不对称动态语境分析：

(1) 职业：教师、医生等
(2) 身份：领导、职员等
(3) 年龄：20～60 岁等
(4) 性别：男、女
(5) 性格：好、坏、一般
(6) 辈分：高、低
(7) 处境：好、坏、一般
(8) 心情：好、坏
(9) 脾气：急躁、温和
(11) 财产：贫、富
(12) 教育背景：文盲、博士
(13) 文化层次：高、低
(14) 社会地位：高、低
(15) 经济地位：高、低
(16) 思维方式：快、慢
(17) 接触程度：亲密、疏远
(18) 素质和修养：好、坏

图 4-1　合同话语人的主观条件不对称动态语境分析

从上图的分析来看，合同话语人的主观条件不对称的因素和情形太多，合同话语人的角色在合同中虽然只是甲方和乙方，但是，融入的主观因素太多本身就已经造成了合同话语人在签约过程中变现为语境的动态性，合同甲方、乙方双方或甲方、乙方、丙方合同三方虽然同时订立一份合同，但是他们各自的条件和层次不一样，势必影响到合同的订立。合同交际中，合同话语人扮演者的角色不同、交际对象不同往往意味着所选择的语言也不同（常晨光，陈瑜敏，2011：104)，比如，甲方是博士，乙方是文盲，在合同订立过程中，合同话语人的教育层次完全不对称，在合同话语的撰写、合同话语人甲方的权利义务和乙方的权利义务内容的撰写等方面是否会出现文字陷阱？有博士学位的甲方是否会利用乙方不认字、不懂法律的文盲背景，从而损害乙方的利益呢？合同话语人的主观条件之一“角色”，使得语言的选择增加了难度符合复杂性，加上甲、乙双方不同的教育背景，促使合同言语行为的语境动态性复杂化，增添了合同间接言语行为的理解难度。又比如，对于主观因素中的“接触程度”，甲方和乙方是否接触很多，双方关系是亲密还是疏远？关系近的话，双方在订立合同时，其合同话语是否采取“不必明说的言外之意”合同间接言语行为呢？是否由于关系亲近，就疏于文字的精确性和完整性呢？

再比如，上述主观条件中提及的“社会地位”，倘若合同甲方是电信公司，乙方是电信用户，在签订合同时，甲方处于较高的主动位置，而乙方作为电信用户，其社会地位相对于电信公司而言处于较低的被动位置，那么签订的合同文本，往往会涉及霸王条款，也就是甲方电信公司所承担的责任少，而乙方电信用户承担的责任多。换句话说，社会地位不对称等致合同语境的动态性也不一样，合同话语人的社会地位以及职业等主观条件不对称的动态语境，不仅仅会影响合同条款的话语使用和合同文本的签订，而且还不同程度地加大了合同间接言语行为的复杂性和对其研究的难度。

4.4.1.2　合同说话人的客观条件不对称动态语境分析

合同话语人的客观条件不对称动态语境，是指合同话语人甲方、乙方双方或甲方、乙方、丙方合同多方主体受到合同签订的时间、合同签订的地点、合同的标的物、合同的风险等客观因素影响所造成的言语行为动态语境。以下逐一剖析探究。

（1）合同签订的时间动态语境。一般来说是指相同的一个时间，在北方和在南方完全是两个不同的概念，存在着气温的差异。如合同签订的时间如果是8月份，对于南方来说就是夏天。而对于北方来说，有的地方就已经是秋天。合同签订的时间影响着标的物的保鲜和储存，因而，合同的签订时间就呈现出一种动态语境，在分析合同间接言语行为的时候就要视时间语境做具体的分析。也就是说，合同中的签约时间，已经不仅仅是表示某个时间的单纯的字面上的意义了，而是合同间接言语行为的言外之意，也就是一种客观条件不对称的合同时间动态语境。

（2）合同的标的物动态语境。一般来说是指字面意义上的标的物，比如合同标的物是花生还是龙虾、螃蟹，是什么就是什么。然而，合同的标的物存在的言外之意，无形之中促使合同标的物成为一种动态的语境，比如，花生意味着运输途中不用担心破损但会涉及潮湿发霉，运输途中就要注意防雨防潮。龙虾、螃蟹属于容易腐烂变质食品，意味着运输途中就得考虑运输的时间和及时送货上门，还得考虑运输工具、运输保鲜和冷冻、运输成本、保鲜费用等因素，并影响合同甲、乙双方的责任和义务等。如此一来，简单的花生、龙虾、螃蟹等合同标的物，就成了一种合同间接言语行为的动态语境，而这种动态语境是事实，是客观存在的，是无法改变的客观条件。既然签订了合同，就要保护好合同标的物。既然分析合同间接言语行为的客观条件，自然也就应该考虑合同标的物这个客观存在的动态语境。

（3）发货、收货的地点动态语境。通常来讲，地点的概念是相对而言的。地点本身是静态的，但是合同货物的发货和收货的地点存在着“地点的选择性”，因而，合同地点是一种动态语境。比如，收货地点选择在武汉，合同标的物是新鲜淡水鱼，那么，货物起运地点（发货地点）的选择对于新鲜淡水鱼的运输工具的选择、保鲜流程、保鲜成本和费用等，都会有所不同。换句话说，合同中发货、收货的地点，已经不仅仅是表示某个地方、某个地点的单纯的字面上的意义了，而是合同间接言语行为的言外之意，也就是一种客观条件不对称的合同地点动态语境。合同地点影响着标的物的保鲜和储存，因而，合同的发货、收货地点就呈现出一种动态语境，在分析合同间接言语行为的时候就要视合同地点语境的选择做具体的分析。

（4）合同的风险动态语境。通常来讲风险是不可控制的，所以风险也就呈现为一种动态参数。合同往往包含多方面的风险，比如合同订立的文字风险、合同话语陷阱、不履行合同条款的风险、履行合同条款多少程度的风险、不可抗力的自然因素风险（包括因战争、动乱、空中飞行物坠落所造成的爆炸、火灾，以及台风、飓风、暴雨、大雪、山洪、地震、海啸）等，这些风险严重影响合同权利义务的履行和合同言语行为的实施。此外，更为严重的是这些不可抗力事件的发生还会造成工程停工和人员伤亡，影响设备安装和导致停工损失。这些随时可能发生而又不可控制的各种风险，也是一种动态语境，是一种客观条件不对称的动态语境。合同的风险是我们分析和研究合同间接言语行为时应当考虑和思考的动态语境。

针对合同签订的时间、合同的标的物、合同签订的地点、合同的风险四个客观条件不对称的动态语境，以下将通过具体的合同语料，来分门别类阐述和分析。

例 10：物流运输合同

合同语料：

合同甲方（物流送货方）：××市物流公司

合同乙方（货物委托方）：××市滨江海鲜捕捞公司

合同标的物：深海新鲜马鲛鱼

合同签订时间：2013 年 8 月 26 日

合同签订地点：哈尔滨

合同正文摘要：物流运输合同的内容具体涉及 19 个部分，包括合同业务方式、物流货物的范围、物流货物的运输定价、物流货物的收费单价和总价、付款方式、结算日期、物流发货单签发时间和地点、物流货物起运时间和地点、物流货物到达时间和地点、物流货物的运输质量、物流货物安全保障、货物材质证明、甲方（物流送货方）的责任和义务、乙方（货物委托方）的责任和义务、违约责任、不可抗力、合同变更与终止、合同纠纷处理、其他约定。

该份合同19个部分共有28个合同条款。

1-2 合同语料分析：

（1）合同签订的时间：客观条件不对称动态语境分析。合同签订时间是合同法律文本中不可或缺的一部分，也是合同话语中客观条件不对称的动态语境分析中的关键部分。合同签订时间是合同间接言语行为语境中的一个重要的客观因素，是合同话语和合同法律文本生效的时间因素。合同签订的时间，往往会影响合同标的物的运输工具的选择、合同标的物运输的质量和安全。

从合同间接言语行为的动态语境分析来看，在合同约首中，合同签订时间为2013年8月26日，这是一个不可更改的客观条件，是使合同生效的一个客观条件，是一个客观的法律事实。从合同间接言语行为的字面意义来看，合同签订时间“2013年8月26日”确实不存在任何问题。但是，从合同间接言语行为的言外之意来看，“2013年8月26日”的言外之意意味着这一天是夏天，气候炎热。8月天气热、气温高本身也没有什么，可是，当我们再仔细看一看“合同标的物”时，从“深海新鲜马鲛鱼”的言外之意来看，就发现“合同签订时间”这个时候是一种不能更改的客观条件动态语境，进一步来说，“合同签订时间”与合同标的物是相互关联的，二者已经完全处于互动影响、相互牵制的一种动态语境之中了。“合同签订时间”意味着在天气炎热的客观条件下，必须特别注意合同标的物的保管和运输质量。由此可见，“合同签订时间2013年8月26日”，不仅仅只是一种字面意义上的“时间”，也不只是一种言外之意上的“天气炎热”，而是一种不可更改的客观条件动态语境，是一种与合同标的物等其他客观条件不相吻合和矛盾的客观条件不对称的动态语境。这种客观条件不对称的动态语境，又是由合同话语人甲方和乙方共同建构的，因而，我们在此将“合同签订时间”称之为“合同话语人的客观条件不对称动态语境分析”。

（2）合同的标的物：客观条件不对称动态语境分析。从物流运输合同的合同约首得知，合同标的物是深海新鲜马鲛鱼。字面上来看，“深海新鲜马鲛鱼”仅仅是一种“海鱼”而已。但深究其言外之意，就发现“深海新鲜马鲛鱼”是一种动态语境，因为“深海新鲜马鲛鱼”每时每刻处于可能变腐、变质、变味的动态过程中。“深海新鲜马鲛鱼”是合同的一个客观物体，是合同双方共同明确的一种合同标的物，本身是一种客观存在。正是因为这种客观存在的动态语境，使得这种合同标的物——“新鲜的”海鱼，需要“保鲜”，需要“及时送货”，需要安排“冷藏车”运输，需要增加“运输费用”和“保鲜成本”，以及需要考虑运输工具和送货过程中其他环境。稍有不当，便可能发生合同纠纷。

从物流运输合同的合同正文摘要来看，该份合同没有涉及或提及运送“深海新鲜马鲛鱼”的车辆类别。换句话说，合同所有条款没有明确运输工具，是“普通货车”还是“冷藏车”?

物流公司的送货车应该随着合同标的物的不同性质而有所不同，换句话说，物流公司应当针对容易腐烂变质的合同标的物动态语境，而采取不同运输工具和实施不同的合同运输行为。合同语境变了，言语行为也应该相应变化。合同标的物的动态语境，在合同间接言语行为中发挥着重要的作用。合同标的物的动态语境变化，影响合同的间接言语行为实施的全过程以及合同间接言语行为发生的“过程成本”或“合同履行过程成本”。不难看出，此刻的“深海新鲜马鲛鱼”已经不是合同字面意义上的单纯含义“某种海鱼”，而是能够具有其言外之意“可能正在变腐、变质、变味的海鱼”的一种动态语境，是一种作为客观条件影响和干扰着合同全过程的行为实施的动态语境。

(3) 发货收货的地点动态语境：客观条件不对称动态语境分析。

例 11：蛋糕快递合同

合同语料内容：

合同甲方（发货人)：××市快递公司

合同乙方（收货人)：武汉市张××

合同标的物：新鲜生日蛋糕

合同签订时间：2006 年 10 月 6 日

发货地点：哈尔滨（第一种方案合同文本）（备选）

发货地点：三亚（第二种方案合同文本）（备选）

合同语料分析：

审视上述蛋糕快递合同的合同约首部分，不难发现，发货地点写着“哈尔滨（第一种方案合同文本)、三亚（第二种方案合同文本）”。原来这是合同甲方（发货人）和合同乙方（收货人）尚未签字的合同，发货地点有两个方案选择，即哈尔滨和三亚。所罗列两个方案的合同摘要都包含 12 个部分共计 16 项合同条款，两份合同文本中的权利义务、运输费用、保鲜成本等有所差异。

生日蛋糕的发货地点，一个是哈尔滨，另一个是三亚，说明了合同发货地点的动态性语境不一样。哈尔滨在北方，三亚在南方，一北一南，存在气候上的差异，使得发货地点呈现一种动态性语境。进一步深究北方和南方温度差异对合同标的物“新鲜生日蛋糕”的“保鲜”和“运输”过程的影响，可以清晰看出不同的合同语境效果。

如果发货地点是在哈尔滨市，而收货地点是武汉市的话，2006 年 10 月 6 日对于哈尔滨市来说是深秋，天气较冷，气温较低，而武汉市同一天时间还只是初秋，甚至还有点热，相对于哈尔滨市而言武汉市气温高一些。从哈尔滨市发货到武汉市，气温从低到高，显然对生日蛋糕的保鲜工作很重要，对生日蛋糕的保险成本和运输包装费用、保鲜要求程度和水平就会处于逐步增加的趋势。

如果发货地点是在三亚市，而收货地点是武汉市的话，2006 年 10 月 6 日对于三亚市来说依然是夏天，天气较热，气温较高，而武汉同一天时间已经进入初秋，相对于三亚市而言，武汉市的气温就显得低了很多。从三亚市发货到武汉市，气温从高到低，显然对生日蛋糕的保鲜工作要求和保鲜难度会有不同，对于生日蛋糕的保险成本和运输包装费用、保鲜要求程度和水平就会处于逐步降低的趋势。

通过上述分析来看，合同中出现的地点动态语境，特别是发货、收货地点的动态语境参数，影响着合同间接言语行为的分析和研究。地点语境表现出来的动态性，增加或降低合同言语行为实施和合同条款履行过程中的费用和成本。因此，发货、收货的地点动态语境在合同间接言语行为的动态语境分析中具有一定的研究价值，有利于合同双方或合同多方对合同经济成本和经济利益进行估算，有助于保护合同主体自身的合法权益。

(4) 合同的风险动态语境：客观条件不对称动态语境分析。风险，包括诸多种类别。随着全球经济一体化的发展和互联网科技时代的到来，产生了大量的经济往来业务合同，合同成为人们日常生活和经济活动中的一个不可或缺的重要法律文件，无数合同的订立、履行甚至合同纠纷纷至沓来。其中，合同的风险成为一种不可控制的客观条件不对称动态语境。貌似顺利的合同，却事与愿违，导致合同纠纷或合同损失的发生。比如，不可抗力风险动态语境、质量风险动态语境、不履行合同义务风险动态语境等。

①深圳市购房合同语料：不可抗力风险动态语境分析。数月前，由于山体滑坡，深圳市某小区楼房整体倒塌，导致居民伤亡。居民在购置深圳市这个小区房产时，根本无法预测山体滑坡的不可抗力自然因素导致的天灾。从签订合同到山体滑坡导致楼房坍塌的过程中，这种不可抗力的自然因素所造成的损失是无法控制的也是不可预测的。这说明，风险是合同中的一个隐性语境，是一个随时可能发生某种灾害或隐患的一种动态语境，这种风险成为合同间接言语行为的动态语境研究的一个十分重要的参数。

②凤凰县桥梁建设工程合同语料：质量风险动态语境分析。数年前，由于施工用料质量的问题，凤凰县桥梁突然坍塌，正在桥上施工的人员掉入悬崖，造成施工人员有的溺水而死，有的被桥梁断裂掩埋而死，有的被断裂桥体砸死、有的失踪。建设工程用料貌似静态的客观物质，施工质量也看似抽象的概

念，但当工程用料质量与合同言语行为发生关系的时候，“质量”就不再是纯粹的两个字，而是一种合同的间接言语行为，是一种动态语境，一种客观条件动态语境。质量语境得到保证，建设施工项目和工程才能确保安全，质量如果不保证，质量就会成为一种风险参数，成为合同间接言语行为中的一种动态语境参数。质量风险将严重干扰合同的履行，影响合同主体的合法权益。

③银行借款合同风险语料：不履行合同义务风险动态语境。借款合同中，一方是贷款人银行，另一方就是借款人张××或王××或××公司。签订合同时，借款人往往态度热情真诚，而一旦从银行拿到贷款之后，借款人就会像是变了个人似的，不怎么理睬银行了。到期的利息不还，到期的借款本金也不偿还给银行，整个银行借款合同的实施过程中，就存在着借款人不履行合同义务的情况，对于银行来说，这就是一种风险，是借款人不履行合同义务从而导致和造成银行损失的风险。这种不履行合同义务导致贷款人在合同签订到合同变更、终止的全过程中，都处于一种动态风险之中，这也是动态语境。

4.4.2　合同话语人的目的不一致动态语境分析

目的不一致，是指合同话语人的目的不确定、不一样。合同话语人，是指合同主体或合同订立者甲、乙合同双方或甲、乙、丙、丁合同多方。合同话语人的目的，往往是一种隐藏信息，这种隐藏信息必然导致合同话语人采取隐藏的言语行为，这种隐藏言语行为又会造成一种或多种合同道德风险或伦理风险，从而诱发合同话语人的目的动态性选择，最终形成合同话语人的目的不一致动态语境。目的不一致，就会出现一种动态逆向性选择（帕特里克，马赛厄斯，2008：257）。目的不一致的动态逆向性选择，是指合同话语人根据自己的目的需求，从而签订不同门类的合同。合同话语人在双方的目的不一致动态语境下，通过同一份合同从而共同实现了各自不一致的目的。换句话说，双方完全相反的目的或不一致的目的，是通过签订的同一份合同得以实现的。

以下是因目的不一致所产生的合同，其目的语境不同，所订立的合同种类也就不同，包括股权抵押合同，买卖合同，供用电、气、水、热力合同，赠予合同，房地产抵押合同，租车合同，企业租赁经营合同，建材订货合同（李中旭，2004：3-458）。

（1）合同股权抵押目的不一致动态语境体现在股权抵押合同中。在大量的工程项目投资业务建设和贸易经济往来的过程中，企业为了获取贷款解决工程投资资金和商务贸易往来款项周转的目的，银行也因发放贷款而收取贷款利息的目的需求，企业和银行在双方目的不一致的动态逆向语境中，共同选择了签订股权抵押合同，企业及其股东将其公司的股权、营业收入和其他收益抵押给银行，银行按照所接受的抵押股权、营业收入等项目的价值，给予企业发放一定数额的贷款，并按期收取贷款利息。

（2）合同买卖目的不一致动态语境体现在买卖合同中。合同话语人出现想买与想卖的目标不一致（买与卖目的不一致）时，就可以实施买卖言语行为，从而签订买卖合同。

（3）合同供用目的不一致动态语境体现在供用电、气、水、热力合同中。合同话语人有着供电、供水、供气、供热的目的不一致选择时，就签订电供用合同、煤气供用合同、水资源供用合同、热力供用合同。

（4）合同赠予目的不一致动态语境体现在赠予合同中。合同话语人有赠予财产、房产、书籍等目的不一致的选择时，就签订赠予合同。

（5）合同房地产抵押目的不一致动态语境体现在房地产抵押合同中。合同话语人一方为了获得资金扩大经营项目而将其名下的房产和地产作为抵押，另一方为了管理和资产维护以及担保的费用，在合同话语人双方目的不一致的逆向动态语境中，签订房地产抵押合同，办理抵押登记和担保手续，合同话语人双方各自发表声明确定保证条款、担保和受担保的权限范围、抵押房产和地产的处分处置等权利和义务。

（6）合同车辆租用目的不一致动态语境体现在租车合同中。合同话语人一方有车并有出租车辆的目的，另一方有承租车辆的需求，在合同话语人双方的目的不一致的动态语境（出租与承租的不同目的）下，签订了一份能够实现各自不同目的的合同。

（7）合同经营权租赁目的不一致动态语境体现在企业租赁经营合同中。国家为了鼓励企业发展，进行国有企业经营权的租赁招投标，有条件参与投标、评标并最终达标的企业获得国有企业的经营权，并签订租赁经营合同，订立租赁期限、租金、承租人和出租人的权利和义务等合同条款。

（8）合同货物供销目的不一致动态语境体现在建材订货合同中。合同话语人一方有建材，另一方需要建材，双方因不一样的目标而达成共同的协议，通过签订建材订货合同实现了各自不同的目的。

此外，在经济活动和科研交流活动中，合同话语人为实现社会效益和各自的经济目的以及科研合作交流的目的，并行使相应的权利和承担相应的义务，常常会签订其他不同类型的合同，还有常见的一些合同，比如技术转让合同、资金拆借合同、保险营销员保险代理合同、人身保险专业代理委托协议、医疗设备购置合同、科研项目合作交流合同、建设工程设计勘察合同、产品维护保养合同、资助出国留学合同（协议书）等。

（9）合同转让目的不一致动态语境体现在技术转让合同和居间合同中。比如拥有专利技术的人，其目的如果是转让技术，则可以签订技术转让合同。

（10）合同拆借目的不一致动态语境体现在资金拆借合同中。银行与银行之间或不同的金融机构之间因资金调度使用而实施的相互借贷行为，称为“同业拆借”，两个银行或机构通过签订合同来实现资金拆借的目的，共同签订的合同称之为“资金拆借合同”（徐阳光，张喻忻，王祺，2004：299）。

（11）合同代理目的不一致动态语境体现在保险营销员保险代理合同中。合同话语人保险公司和保险营销员为了明确双方的保险代理关系、保险费的收取与支付、保险代理佣金的支付、保险产品的内容、保险代理活动范围以及维护受险客户的隐私权益等事项而订立的合同，称为“保险营销员保险代理合同”。

（12）合同委托目的不一致动态语境体现在人身保险专业代理委托协议中。合同话语人一方为保险公司，另一方是保险委托人又称“受险人”，双方为确保人身保险代理业务和行为的合法性而签订的一种合同，并在合同中明确了保险公司的代理业务范围、代理的保险产品、代理权限和代理佣金以及保险费等事项。

（13）合同设备购置目的不一致动态语境体现在医疗设备购置合同中。合同话语人一方是医院，另一方是医疗设备检验公司，双方就医院所需的医疗设备购置而签订的合同，包括医疗设备规格、型号、数量、安全标准、设备质量、设备售后服务、付款方式等条款。

（14）合同施工勘察目的不一致动态语境体现在建设工程设计勘察合同中。合同一方（委托方）委托另一方（承接方）从事建设项目的勘察与设计，承接方的目的是通过勘察设计技术和完成工程项目获得收入，委托方则是支付相应费用，验收并使用完工的项目（如厂房、游乐园、教学大楼或医院大楼）。合同双方目的不一致，使得双方各取所需，并在目不一致的动态语境下，签订合同条款，履行各自的权利和义务，并实施合同间接言语行为。

（15）合同维护保养目的不一致动态语境体现在产品维护保养合同中。社会发展的过程中，出现许多的新兴技术和电子产品，如通信服务器、网络终端等，这些产品需要维护保养。合同话语人的一方有维护保养技术，另一方有设备和产品。前者的目的是提供技术获得一定的收入，后者的目的是需要技术而支付一定的报酬和费用。二者目的不一致的动态语境，促成了产品维护保养合同的订立，并使所有合同条款有了话语的生命。目的不一致动态语境赋予了合同话语的生命。因而，在产品维护保养合同中，出现了施工维修保养产品的名称、规格、型号、数量，维护保养质量，期限，维修保养费，支付方式，产品维护报验秘密的保护等合同话语文字，并随之产生和履行合同权利义务以及实施合同的间接言语行为。

（16）合同资助留学目的不一致动态语境体现在资助出国留学合同（协议书）中。合同话语的一方是国家留学基金管理委员会，其目的是为了实施科教兴国和培养国家人才而提供留学资金资助，满足地方人才培养计划和事业发展的需要，另一方是访问学者或高级研究学者，其目的是获得批准领取留学资助资金和完成留学计划和留学科研任务，学成归国后在教学岗位、科研岗位发挥作用。资助出国留学合同（协议书）的双方各自目的不一致动态语境，使得合同条款的内容和合同言语行为也相应调整，如被资助的访问学者或高级研究学者，在获取国家留学基金的资助后，要履行承诺和责任，保证完成留学专业的学习任务和研究计划的完成和落实，上交书面学术报告，撰写留学总结报告等。

总之，上述的16种合同话语目的不一致动态语境，成就了16种类别的合同，每一种类别的合同项下实施着不同的合同间接言语行为。每一种合同间接言语行为的动态语境都与其目的不一致有关系，二者相辅相成，对立统一。有什么样的目的不一致动态语境，就会产生相应的合同种类以及合同间接言语行为。因此，目的不一致呈现出来的语境动态性，促进和推动了现代社会合同种类的繁衍，合同种类因目的不一致而产生和发展。合同因目的的需求而产生。目的不一致动态语境极大地丰富了合同类型和合同话语，为合同话语语用的研究提供了分析的平台。

4.4.3 合同话语人的利益不确定动态语境分析

利益，是调动人的积极性、进行财富创造的基本要素。利益的直接指向是利益主体与需要对象的关系（李卓，2006：118）。利益的主体是不确定的，利益所需要的对象也是不确定的。究竟能在多大程度上调动人的积极性，又能创造多少财富，利益作为基本要素都无法不确定。因而，利益是处于动态性状态之中的一种语境，是分析者所建构的一种认知框架。

首先，“利益”是一个社会哲学的概念（张晓明，1995：22）。人们奋斗所争取的一切，都与他们的利益有关。“利益”概念的分析又是分析哲学和哲学语义学的任务，是逻辑学和语言学两种方法的运用。“利益”概念中的语素只有具备哲学基础性才能避免语义循环的问题。在语言学中，通过语言形式来表述的“利益”概念，是指具体个人在特定环境下作用于对象并形成的结果（高鹏程，2007：39-44）。“利益”又是一个经济学概念，利益是人们满足一定客观需要所产生的集中而又持续较长的一种目的（奥塔，1984：263）。利益是目的的一种形式。利益出现在人们的日常生活中，并广泛存在于人类一切的经济活动中，常见的利益多种多样，如纵向利益与横向利益、整体利益与局部利益、直接利益与间接利益、集体利益与个人利益、公共利益与私人利益等。

其次，利益对于合同而言，是合同话语人订立合同的基础和前提，利益最大化是合同主体双方追求的最大目标。合同利益的不确定性首先表现在合同利益主体的不确定性，利益不同，合同主体便不同。合同利益的主体具有多样性，比如合同主体可以是买方与卖方，或承包方与发包方、出租人与承租人、借款人与贷款人、委托人与托管人、委托人与受托人、抵押人与抵押权人、保函申请人与保证人、质权人与出质人、信用证申请人与开证银行、出卖人与买受人、出让方与受让方、合同聘请方与受聘方、赠予方与受赠方、银行承兑人与收款人等。

最后，合同利益客体的不确定性，也就是合同利益所需要的对象也是不确定的，合同对象可能是租赁的房产、地产、车辆，也可能是建设工程项目或医疗设备、燃气设备、路牌广告位、股权、质押的厂房、保证金、拆借资金、投资项目、教学楼、办公楼、果园、鱼塘、食品等合同标的物。合同利益的主体与合同利益的客体都处于不确定的状态之中，合同利益主体与利益客体二者的变动和不确定性使得合同利益成为一种动态性的语境。从语用学层面来说，合同是在利益语境下所实施的言语行为。合同利益的不确定性产生的动态语境，对于合同间接言语行为起着重要作用。合同利益主体又被称作是“合同话语人”，合同话语人的利益不确定动态语境主要表现为：合同话语人的利益博弈动态语境、利益陷阱动态语境、利益冲突动态语境、利益平衡动态语境、利益协调动态语境、利益保护动态语境五个方面。

4.4.3.1　合同话语人的利益博弈动态语境

“博弈”用来比喻实力的较量和利益的竞争。博弈作为一种争取利益的竞争，始终伴随着人类的发展。美籍匈牙利数学家约翰·F·诺伊曼于 1928 年建立了博弈论这一科学理论。诺贝尔经济学获得者约翰·F·纳什推动了博弈论的发展，他在 1950 年发表的两篇论文《n 人博弈中的均衡点》《非合作博弈》中，提出了“纳什均衡”，成为博弈论中最重要和最基础的理论（丛林，2013：3)。“均衡”，就是平衡，是经济学中的一个概念，是所有经济行为追求的公共行为目的。博弈均衡是指参与者之间经过博弈，最终达成一个稳定的结果。均衡就是博弈的一个结果。“纳什均衡”，就是多人参加的博弈中，每个人根据他人的策略制定自己的最优策略。所有参与者的策略达到一种平衡，这种平衡就是“纳什均衡”(丛林，2013：31-33)。

运用博弈论和“纳什均衡”理论，合同间接言语行为实际上也是一种利益博弈的过程，这种过程是动态性的，伴随着合同话语人甲方与乙方（或甲、乙、丙、丁合同多方）的介入，双方或多方的利益不确定性决定了他们之间存在着一个博弈的过程，如合同谈判行为过程、合同条款订立过程、合同权利义务的履行过程，都是合同话语人的利益博弈动态语境的过程，在这个利益博弈的动态语境过程中，合同话语人双方或多方实施着合同间接言语行为，最终达到合同双方当事人或多方当事人利益的均衡点，为此，以买卖合同为例说明：在买卖合同中，合同话语人买方与卖方针对合同客体（也叫作“合同标的物”或“合同利益需要的对象”）展开价格博弈，卖方博弈的价格呈上升趋势，认为价格越高越好，价格越高意味着卖方的利润最大化目标或利益最大化目标就能实现。而买方博弈的价格呈下降趋势，认为价格越低越好，价格越低，意味着买方花钱购物的成本越低，价格越低意味着买方的利润最大化目标或利益最大化目标就能实现。买卖合同话语人的利益博弈实际上是讨价还价的博弈过程，价格高低难以预料，买方和卖方的利益博弈是一种动态语境过程。

4.4.3.2 合同话语人的利益冲突动态语境

合同间接言语行为实际上又是一种利益冲突的过程，在这个利益冲突的动态语境过程中，合同话语人双方或多方实施着合同间接言语行为。仍然以买卖合同为例，合同话语人买方与卖方是利益冲突的典范，一个想要买最便宜的，另一个想要卖最贵的，价格完全不一样，买方与卖方的利益发生直接冲突，在这种买卖利益冲突情况下，价格随着合同谈判和合同博弈的行为和过程而发生变化，合同条款的内容也随之发生变化和调整，这个变化就是一个动态的语境过程，也就是合同话语人的利益冲突动态语境过程。合同利益冲突的双方，好比是一艘船里的两个划船人，一方希望向东划船，另一方希望向西划船，二者各自的利益分别在东边和西边，东、西两边的利益完全不一样，自然就会发生冲突。在划船冲突的过程中，如果因双方利益冲突而争执不下，这艘利益的大船就只能停止不前甚至翻船。如果彼此做出让步，兼顾对方的一些利益，或许这艘利益的大船就能多少挪动一些距离。因而，合同双方的利益冲突就是一个充满着风险和冲突动态性的过程，分析合同间接言语行为，就要考虑和思考到利益冲突的动态语境。

4.4.3.3 合同话语人的利益陷阱动态语境

合同间接言语行为包含合同话语的字面意义和言外之意。而言外之意是合同间接言语行为的核心组成部分，许多合同话语人专门利用话语的言外之意和文字陷阱，使合同话语人钻进利益的陷阱之中。劳动合同中，用人单位为尽量减少人工成本，就在合同条款中使用具有言外之意的文字——“包”，如“每月工资3000元，包伙食费和住宿费”，到了领工资的时候，员工只能领取到2000元工资而不是3000元或超过3000元的工资。为什么？因为合同中的这个“包”字，是指伙食费和住宿费是“包含”在3000元工资里的，发工资的时候，就要“扣除或减去”伙食费和住宿费1000元，剩下的2000元就是发到员工手上的现金2000元。不难看出，合同话语人一方利用另一方的无知或疏忽，或者利用另一方没有接受过教育的文化背景玩文字游戏或制造文字陷阱，故意制造利益陷阱，让合同另一方遭受损失。劳动合同话语人双方的条件往往不对称，各自的角色、身份、地位、文化层次、教育背景等因素都不一样，使得乙方钻了空子，形成利益陷阱的动态语境。

4.4.3.4　合同话语人的利益保护动态语境

合同话语中存在利益博弈、利益冲突、利益陷阱的动态语境过程，但是在合同法律文本中我们也能发现和找到合同话语人的话语利益保护动态语境。利益保护动态语境通常出现在合同正文中“引言段”，往往是一个段落。从下面的合同实务中，不难看出合同话语人的利益保护动态语境。

例12：刑事附带民事法律事务委托合同

合同正文中的第一段，又被叫作“引言段”，是对合同话语人双方或多方的利益的原则性保护。比如刑事附带民事法律事务委托合同的第一段：“根据《中华人民共和国合同法》《中华人民共和国刑事诉讼法》《中华人民共和国律师法》以及其他有关法律的规定，甲方（郑××）聘请/委托律师章××提供法律帮助和法律保护。甲方和乙方按照诚实信用、平等自愿、公平、公正的原则，特立此合同，双方共同遵守。”

语料分析：这个段落存在四处利益保护动态语境：一是法律保护语境，即《中华人民共和国合同法》《中华人民共和国刑事诉讼法》《中华人民共和国律师法》及其他法律规定；二是律师保护，即聘请律师章××提供法律援助和法律保护；三是保护原则，即“诚实信用、平等自愿、公平、公正的原则”；四是落实保护，即“特立此合同，双方共同遵守”。“保护”本身是相对的，因而也就呈现出动态性的特质。《刑事附带民事法律事务委托合同》中连续出现的四个保护动态语境，目的是为了确定和保护合同甲方和乙方的权利和义务，保证合同双方的利益实现。这就是合同话语人的利益保护动态语境。

4.4.3.5　合同话语人的利益协调动态语境

合同话语中存在利益博弈、利益冲突、利益陷阱、利益保护的动态语境过程，同时在合同法律文本中我们也能发现和找到合同话语人的话语利益协商动态语境。利益协商动态语境通常出现在合同正文“合同争议解决方式”条款中，一般来说就一两句话。从下面的合同实务中，能够发现合同话语人的利益协调动态语境。

例 13：民事法律事务委托合同

1-1　合同争议解决方式（合同话语人的利益协调动态语境）。

第 1 条　在履行本合同过程中而发生争议的，双方应当友好协商。协商期间，本合同不涉及争议部分的条款仍需履行。

语料分析：该条款是对甲方和乙方双方利益的保护，但保护是相对的，因而也是动态的。协商成功则好，也可能双方不愿意或不实施协商的行为。

第 2 条　协商不成的，可以提交××市仲裁委员会，或向人民法院提起诉讼。

语料分析：第二个条款是第一个条款的相反情况。协商不成功的话，还可以退一步采取仲裁手段和诉讼方式，进一步反映了合同话语人的利益协调动态语境。

4.4.3.6　合同话语人的利益平衡动态语境

无论是买卖合同，还是建设施工合同、股权转让合同、销售合同、代理合同等，每一份合同中都包含一个关于“双方权利和义务”的内容，这个内容就是合同双方的利益平衡动态语境。下面实例中甲方和乙方的权利义务条款可以说明合同话语人的利益平衡动态语境。

例 14：刑事法律事务委托合同

1-1　甲方（委托人聂××）的权利和义务（合同话语人甲方的利益平衡语境）。

第 1 条　甲方（委托人聂××）应当向乙方律师全面、如实、客观地介绍合同话语纠纷引起的刑事案件情况。如与本案有关的情况和事实发生变化，应当及时告知乙方律师。

语料分析：属于“应当”的利益平衡动态语境。

第 2 条　甲方（委托人聂××）应当积极主动地配合乙方律师的工作，对乙方律师提出的要求应当明确具体、合理合法。不得要求乙方律师进行违法或有违律师执业规范的活动。

语料分析：属于“应当”的利益平衡动态语境。

第 3 条　甲方（委托人聂××）应当依约按时、足额地向乙方支付律师服务费和差旅费等费用。

语料分析：属于“应当”的利益平衡动态语境。

第 4 条　甲方（委托人聂××）有权要求乙方及时更换在服务过程中不负责任或不适合办理甲方委托的法律事务的律师，但甲方提出要求的理由应当充分、合理。

语料分析：属于“有权要求”的利益动态语境。

1-2　乙方（受托人××市××律师事务所）的权利和义务（合同话语人乙方的利益平衡语境）（见表 4-5）。

表 4-5　合同话语人的利益平衡动态语境

甲方的利益平衡语境	乙方的利益平衡语境
案情介绍	接受委托，完成工作
配合工作	指派，授权
支付费用	提供法律帮助和法律保护
更换律师	一旦隐瞒，有权拒绝

第 1 条　乙方接受委托后，除因乙方律师不能控制的原因外，应当根据委托的范围和案件的进展，按法律规定及办案机关的安排，完成侦查阶段、审查起诉阶段、一审阶段、二审阶段、申诉阶段五个阶段的工作。

语料分析：属于“应当”的利益平衡动态语境。

第 2 条　乙方指派欧阳××和王××两位律师为甲方（委托人聂××）提供合同所约定的全部服务。该指派律师因故不履行职务时，由乙方另行指派律师，经甲方（委托人聂××）确认并重新出具授权委托书后，继续完成本合同约定的委托事务。

语料分析：属于“直接指派”的利益平衡动态语境。

第 3 条　乙方律师应当依理依法、勤勉负责地提供法律帮助或辩护。

语料分析：“应当”的利益平衡动态语境。

第 4 条　如甲方隐瞒案情事实真相或要求乙方律师从事违法或违反律师执业规范的活动，乙方有权拒绝。

语料分析：属于“有权拒绝”的利益动态语境。

不难看出，上面刑事法律事务委托合同中甲方和乙方各自的权利和义务是平衡的，甲方权利四条，乙方权利也是四条，从数量上来说甲方和乙方的权利和义务是一样的。之所以称为“利益平衡动态语境”，是因为甲方和乙方的权利和义务是根据其自身的语境而调整的合同条款，双方的权利和义务条款尽管是利益平衡条款，但实践中双方的利益平衡条款数量有时候不一定完全对等，有时候甲方的权利和义务条款多于乙方的权利和义务条款。此外，甲方和乙方要履行合同权利和承担相应的义务，其作用是平衡双方的利益关系，但是各自权利和义务的内容是有变化和不相同的，这就是合同话语人的利益平衡动态语境。

4.5 小结

纵览以上阐述的内容，本章节的主要结论是塞尔的间接言语行为理论适用于合同话语研究。本章主要从规约性和非规约性合同间接言语行为、间接言语行为的言外之意、合同间接言语行为的动态语境三个层面来分析合同话语。

首先，就合同间接言语行为分类和分析来看，规约性合同间接言语行为既出现在合同约首和合同约尾两个地方，也出现在合同正文部分。出现在合同约首和合同约尾一般都属于规约性合同间接言语行为，合同正文则不然，要视情况而定。有时合同正文话语表现为规约性合同间接言语行为，也有的情况不同，合同正文话语的字面意义间接言语行为，无法直接推断出来言外之意间接言语行为，需要借助一定的合同语境方可推理出来，这种情况往往属于非规约性合同间接言语行为（徐阳光，张喻忻，王祺，2004：299）。其次，合同间接言语行为的言外之意被纳入研究的范围。在这章中重点研究“单方的言外之意”合同间接言语行为、“双方的言外之意”合同间接言语行为、“不能明说的言外之意”合同间接言语行为、“不想明说的言外之意”合同间接言语行为、“不便明说的言外之意”合同间接言语行为、“不必明说的言外之意”合同间接言语行为六个方面，更深层次研究和剖析合同间接言语行为。最后，合同间接言语行为的研究不能脱离语境，因而对合同话语人的条件不对称、合同话语人的目的不一致、合同话语人的利益不确定动态语境展开分析，特别针对合同话语人的利益博弈动态语境、利益冲突动态语境、利益陷阱动态语境、利益平衡动态语境、利益协调动态语境、利益保护动态语境展开了全面分析。因此，分析买卖合同间接言语行为，就需要考虑是在什么样语境之下发生和实施的行为，有利于合同话语语用的研究。合同话语人的利益博弈语境普遍适用于各种类型的合同间接言语行为分析，比如租赁合同、销售合同等。值得一提的是，本章认为“人”是语境研究的重点。把“人”（即合同话语人或合同参与者）纳入了利益博弈、利益冲突、利益平衡动态语境研究的核心。自普罗塔戈拉以来，“人”的问题就一直在哲学中占有举足轻重的地位。亚里士多德认为人的本质是理性，基督教认为人是上帝的创造物，黑格尔认为人的本质是精神或理念，马克思的观点强调人是社会关系的总和、人是人的最高本质（陈刚，2008：13)。“人”组合成了社会，社会是“人”的社会。因而，研究语境不能脱离“人”，研究合同，就离不开“合同话语人”的动态语境研究。

第五章　目的原则视角下的汉语合同话语分析

5.1　引言

目的是人类言语活动的原始动机和出发点。目的统摄和贯穿于奥斯汀言语行为和塞尔的间接言语行为理论的始终。目的原则下的语用研究把目的置于中心地位，以目的为轴心来描述言语行为、分析言语行为和解释言语行为（廖美珍，2005：1）。合同是一种目的性非常明确的言语行为，目的是合同的灵魂，合同话语是有目的的言语行为。目的是合同的创作者，每一种合同、每一个合同条款、每一条合同法律规则的产生都源自一种目的。实现经济目的和经济利益是合同双方或多方的目的。在社会经济活动中，大量的经济合同频繁签订，人们目的不同，所签订的合同类别就不同。本章以目的原则为理论依据和研究基础，探索合同言语行为与目的原则二者的辩证关系、研究合同话语的目的原则分类、合同话语的目的关系。

5.2　合同言语行为与目的原则二者的辩证关系

目的是言语生成的原因，目的是言语发展的动力。这既是一个哲学命题，也是一个语用原则。目的原则是言语行为分析的基石（廖美珍，2005：3）。合同言语行为与目的原则是密切相关的，二者的辩证关系主要体现在两个方面：一方面，目的牵引着合同言语行为；另一方面，合同言语行为受到目的的约束。

5.2.1　目的牵引着合同言语行为

从合同话语语用的角度来讲，合同言语行为就是为了实现合同话语主体的目的。因此，合同言语行为是以“为实现双方在合同约定中的目的”为前提，这个“目的”体现在言语行为主体在合同签订前的要约、承诺、协商、谈判阶段，合同正式签订阶段，以及合同履行的整个过程中。因此，目的牵引着合同言语行为，并贯穿于整个合同言语行为过程中。

5.2.2　合同言语行为受到目的的约束

从合同话语语用的角度来讲，合同话语双方主体的目的，必须通过合同言语行为才能得以实现。

第一，合同言语行为通过要约、承诺言语行为，使合同言语行为主体双方由各自目的的不一致，甚至相反或目的冲突（如买与卖），达到合同目的一致。

第二，合同是双方合议的言语行为。合议，是指合同买方目的和卖方目的要统一到同一个合同言语行为里，即合同中。因此，在合同言语行为实现之前，甲方和乙方各自的目的并不一致，如买与卖，因此要进行要约、承诺、协商、谈判。可从以下两个层面来具体阐述：

首先，让买方的言语行为与卖方的言语行为以及买卖行为目的达成统一。

其次，合同既要反映甲方和乙方相同的目的，又要反映二者各自不同的目的。一个合同里，反映和表达不同的言语行为目的，如甲方要买杯子，乙方想得到钱。甲方和乙方双方不同的目的，如何在“同一个言语行为”即合同里表现呢？二者在合同里的目的存在冲突，为什么最终能签订合同达成一致和统一呢？是因为在合同言语行为中，甲方目的的实现，必须以乙方目的的实现为前提，反之亦然。即只有以实现对方的目的为前提，才能同时实现自己的目的。比如，甲方想要买杯子，就得付钱，实现了乙方想得到钱的目的。反之，乙方想得到钱，就必须卖杯子，从而实现了甲方买杯子的目的。

因此，合同就是当事人（甲方和乙方）为实现各自不同的目的而实施的一种言语行为。合同甲方目的实现的同时，也实现了对方（乙方）的目的。合同甲方和乙方不同的目的，融合在了同一个合同言语行为里。

5.3 合同话语目的原则的分类

通过对《合同法》的查阅和研读，以及对大量合同实务的调查和分析，我们发现合同话语不仅仅涉及合同双方当事人甲方、乙方的目的原则，而且还涉及国家目的原则。换句话讲，合同中涉及三方目的，即国家目的原则与合同双方当事人的目的原则。其中，国家目的原则是隐性的，合同当事人甲方和乙方的目的原则是显性的。

5.3.1 显性的合同当事人目的原则

合同是由甲、乙双方签订的，当事人有各自的目的和坚守的目的原则。如甲方目的是买杯子，乙方目的是想得到钱。二者坚守各自的目的原则，即买方的目的是，要买到某种质量、某种款式、某种型号、某种质料、某种产地等的杯子，而卖方的目的则是利润最大化。因而，合同双方当事人的目的原则是显性的。显性的合同当事人目的原则为合同签订打下基础，是各种合同订立的起因和源头。

显性的合同当事人目的原则贯穿于各个类型的合同话语之中。买卖合同中显性的合同当事人目的原则表现为：出卖人以转移标的物的所有权给买受人为目的，买受人以拿到标的物为目的并支付价款。供用电（水、气、热力）合同中显性的合同当事人目的原则表现为：供电（水、气、热力）人以向用电（水、气、热力）人供用电（水、气、热力）为目的，用电（水、气、热力）人向供电（水、气、热力）人以使用电（水、气、热力）为目的并支付费用。赠予合同中显性的合同当事人目的原则表现为：赠与人以自己的财产无偿给予受赠人为目的，受赠人则以表示接受为目的。

不难看出，每一份合同中当事人的目的原则都是显性的。正是在这些目的原则的支配下，合同当事人实施着不同的合同言语行为，推动合同业务的完善，从而带动社会经济的全面发展。

5.3.2 隐性的国家目的原则

表面上，合同是双方当事人签订的，每一种类型的合同都具有显性的当事人目的原则。而实际上，合同签订的过程中，不仅仅涉及合同甲、乙双方的目的和目的原则，还涉及第三方目的，即国家目的和国家目的原则。国家目的原则是一种隐性的目的原则。

合同言语行为的实施也就是合同的正式订立和签订，是依照国家有关合同的法律，用合同书面语言来固化合同双方当事人目的实现的条件、程序和违约（即违反合同言语行为目的）所承担的法律责任（合同也引入了国家法律目的，即法律强制执行）。

国家虽然表面上没有参与签订合同或合同言语行为过程，但是实际上每一份合同中都有国家目的原则。国家目的原则就是《合同法》。每一份合同的引言段或正文的第一段都写着的这样一句话：

根据《中华人民共和国合同法》以及其他有关法律、法规和规章，甲、乙双方按照诚实信用、公平和公正、平等自愿的原则，经甲、乙双方协商一致，特订立本合同，以便共同遵守。

这实际上说明，国家目的原则的实现，必须通过合同言语行为来实现。因而，隐性的国家目的原则实现的前提是合同的成功签订。一份正式订立的合同中，不仅仅有显性的合同甲、乙双方当事人目的原则，而且还有隐性的国家目的原则。可见，目的是合同的灵魂，目的和目的原则贯穿合同言语行为的始终。

5.4　合同话语目的关系分析

合同当事人在订立合同和实施合同言语行为时，实际上也是在实现言语行为目的。合同当事人在实施合同言语行为和实现言语行为目的的过程中不可避免地建立和形成了一种合同话语目的关系。“目的关系，是目的原则的核心部分。根据大量的互动话语语料分析和长期观察，我们可以把林林总总的目的从人际关系着眼归纳为三类：（1）目的一致，（2）目的冲突，（3）目的中性。”（廖美珍，2005：5）

以目的原则作为合同话语研究的理据，合同当事人在合同的话语互动和交际中，也同样存在三种合同目的关系，即目的中性的合同言语行为、目的一致的合同言语行为、目的冲突的合同言语行为。合同话语由合同约首话语、合同正文话语以及合同约尾话语三部分组成。

语用学目的原则、目的关系理论适用于合同言语行为分析。合同约首话语和合同约尾话语一般来说是合同话语人的目的中性合同言语行为，合同正文话语是目的冲突的焦点。当合同话语纠纷出现，当事人依法向人民法院起诉时，法庭对于目的中性的合同约首和合同约尾、目的一致的部分的正文内容不进行审理，只是庭审时核对当事人的基本情况，法庭主要对出现目的冲突的正文内容进行审理。

5.4.1 目的中性的合同言语行为

目的中性（无利益冲突），即说话人的目的对听话人无益也无害，处于中性状态（廖美珍，2005：6）。目的中性的合同言语行为是指合同所实施的言语行为及话语内容对于合同双方当事人都无益也无害。目的中性的合同言语行为主要表现在合同约首和合同约尾。

5.4.1.1 合同约首的目的中性合同言语行为

合同约首是记录和传递合同双方当事人真实信息的一种合同言语行为，是合同法律文本的重要组成部分。合同约首的目的中性合同言语行为，对于合同双方当事人来说既没有直接利益冲突，也没有间接利益冲突。当合同纠纷成为法庭诉讼案件时，在法庭审理过程中，法官对合同约首的目的中性合同言语行为十分重视，例如必须对合同当事人双方的信息进行核实验证，核对合同双方当事人的真实身份和信息。不同类型的合同约首言语行为，有一些细微的区别。以以下几种合同约首的目的中性言语行为为例进行分析。

不完全信息的合同约首目的中性合同言语行为。

例 1：吉成苑工程承包合同

发包方（甲方）：××建设委员会

承包方（乙方）：天津××科技股份有限公司

例 2：安居房屋租赁合同

出租方（甲方）：顺安××物业有限公司

地址：顺安××路××号

承租方（乙方）：××酒吧

地址：顺安××路××号

不难看出，上述例 1 和例 2 的合同约首中，只是简单罗列了合同双方当事人的单位名称。这种简单罗列合同单位名称的行为，是合同约首的目的中性也合同言语行为方式之一。这种方式一方面可以反映合同双方当事人之间关系的亲近程度和熟悉程度，另一方面也能够反映出合同双方当事人对法律文本和法律风险的认知不够。再一方面，也体现合同双方当事人的教育背景和文化层次比较低。换句话说，例 1 和例 2 合同约首的目的中性合同言语行为是不完整的信息实施行为。

完全信息的合同约首目的中性合同言语行为。

例 3：佳登二期商品房买卖合同

甲方（出卖人）：凯山××房地产开发有限公司

法定住所：澄迈×××路××号

营业执照注册号：×××××××××××××××××××

法定代表人或负责人：艾××

电话号码：87××××40

公司传真：87××××66

邮政编码：××××××

乙方（买受人）：安吉××

国籍：中国新疆

身份证号码：××××××××××××××××××

联系地址：陵山××路××号

电话号码：136××××8785

邮政编码：××××××

例 4：收费权质押合同

出质人（甲方）：××建设银行

法定住所：阳祥××路××号

法定代表人（或负责人）：聂××

传真号码：89××××66

电话号码：89××××55

邮政编码：××××××

质权人（乙方）：××有限公司

法定住所：阳祥××路××号

法定代表人（或负责人）：陈××

传真号码：89××××38

电话号码：89××××29

邮政编码：××××××

不难发现，上面例 3 佳登二期商品房买卖合同中的合同双方当事人的信息完整，包括出卖人的单位名称、法定住所、营业执照注册号码，法定代表人或负责人的姓名、电话号码、邮政编码，以及买受人的姓名、国籍、身份证号码、联系地址、联系电话、邮政编码。另外的一个实例，即例 4 收费权质押合同中的合同双方当事人的信息完整，包括出质人（甲方）和质权人（乙方）的单位名称、法定住所、法定代表人（或负责人）、传真号码、电话号码、邮政编码，合同约首中的所有信息齐全准确。这种信息完整的合同约首目的中性合同言语行为，强调了合同法律文本的完整性、严谨性，侧面反映了订立合同的双方当事人的法律素质和教育文化层次较高以及对法律风险的较强的防范意识。

5.4.1.2　合同约尾的目的中性合同言语行为

合同约尾与合同约首一样，也是目的中性合同言语行为。一般来说，合同约尾的目的中性合同言语行为不会引发合同纠纷，因此，在法庭上，法官通常只是核对合同当事人的单位和法定代表人签字盖章的真实性。合同约尾的双方当事人盖章签字，就意味着合同正式生效，合同约尾的目的中性合同言语行为也就具备了法律效力。

双方合同当事人的合同约尾目的中性合同言语行为。

例 5：债权最高额保证合同

甲方（保证人）（公章）：安运公司	乙方（债权方）（公章）：天顺公司
法定代表人或负责人（签字）：李××	法定代表人或负责人（签字）：陈××
开户银行：广安工商银行	开户银行：广安中信银行
账号：××××××××××××	账号：××××××××××××××××
合同签订日期：2012 年 10 月 16 日	合同签订日期：2012 年 10 月 16 日

例 5 债权最高额保证合同显示的是合同约尾的目的中性合同言语行为，涉及合同当事人的盖章签字以及开户银行信息。作为目的中性的合同约尾，其保证人和债权人的签字盖章信息以及合同签订的日期等对彼此都没有利益冲突。

多方合同当事人的合同约首目的中性合同言语行为。

例 6：银行承兑合同

出票人（甲方）（公章）：阳谷××家用电器贸易公司

法定代表人（或授权代理人）（签字）：欧阳××

合同签字日期：2006 年 11 月 28 日

收款人（乙方）（公章）：××特运特产营销有限公司

法定代表人（或授权代理人）（签字）：

承兑日期：2006 年 11 月 28 日

承兑银行（丙方）（公章）：××农业银行

法定代表人（或授权代理人）（签字）：张××

承兑日期：2006 年 11 月 28 日

例 6 银行承兑合同中合同约尾涉及多方当事人，出票人（甲方）、收款人

(乙方)、承兑银行（丙方）三方合同当事人之间在实施盖章和签字以及签订日期时，不发生任何利益的冲突。

5.4.2　目的一致的合同言语行为

目的一致（相同、相似），是指互动双方的目的一致或者目的相同、相似。这种一致或相同、相似的关系可以是事先确定的，也可以是当场形成的（廖美珍，2005：5)。将目的原则语用理论运用到合同话语中，发现目的一致的合同言语行为通常出现在合同的引言段（合同正文的第一段落）和合同正文的最后几个合同条款中。目的一致无论是出现在合同正文的第一段落还是出现在合同正文的最后几个合同条款中，都不会给合同当事人造成任何利益冲突。

5.4.2.1　合同正文的第一段落：目的一致合同言语行为

例 7：中学游泳池工程承包合同

中学游泳池工程承包合同正文的开头部分和末尾的条款内容是："依照《中华人民共和国合同法》《中华人民共和国建筑法》及其他有关法律、行政法规，遵循平等、自愿、公平和诚实信用的原则，双方就本建设工程施工事宜协商一致，订立本合同。"

语料分析：从上述语料来看，中学游泳池工程承包合同当事人双方（发包方和承包方）的目的是完成中学游泳池建设工程施工项目，说明二者的目的是相同的，在合同言语行为实施前就事先确定和形成了。此外，"双方就本建设工程施工事宜协商一致，订立本合同"，说明合同双方当事人的一些合同事宜是在合同订立现场确立的。

5.4.2.2　合同正文的最后几个合同条款：目的一致合同言语行为

例 8：供用电合同

第二十一条　本合同如若发生合同的目的冲突和合同纠纷以及有关合同争议时，应由双方当事人进行沟通交流和协商；对于无法协商的，或协商后没有成功的，可以提交当地仲裁委员会仲裁，或者依法向人民法院起诉。

第二十二条　本合同未完全表达合同当事人目的和意思的，可由合同当事人另行商定条款，订立补充协议。所签订的补充协议，可作为主合同的附件，是主合同的一个组成部分。

第二十三条　补充协议与主合同具有同等的法律效力。

第二十四条　本合同连同附件共十页，一式四份，具有同等法律效力。

第二十五条　本合同自双方签订之日起生效。

语料分析：从供用电合同的第 21 条来看，双方当事人目的一致的合同言语行为体现在有争议时双方协商解决；协商不成时，双方目的一致的合同言语行为是提交当地仲裁委员会仲裁或依法向人民法院起诉。从第 22 条来看，当合同发生未尽事宜时签订补充协议是合同当事人共同采取的目标一致的合同言语行为。第 23 条和第 24 条体现合同双方当事人所订立的合同及附件是具有同等法律效力的目的一致关系。第 25 条中的“签订之日本合同生效”是供用电合同的当事人双方当事人一致的目的。因此，供用电合同的第 21 条至第 25 条体现了合同当事人的目标一致关系，合同生效和签订合同文本是双方一致的目的。正是因为存在合同双方当事人的目的一致关系，合同言语行为才得以履行和实施。

5.4.3 目的冲突的合同言语行为

目的冲突是不兼容的，或者说一方的目的对另一方是有害的，是另一方所不能接受的。这种关系可以是先定的，也可以是现场即席发生的（廖美珍，2005：6）。合同的目的冲突主要体现在正文的核心条款，因当事人利益不一致，往往引起合同目的冲突和合同目的的不一致。目的冲突的部分，往往是引发合同纠纷的导火线和法庭审判关注的重点和核心。“杨××与同力计算机联合公司商贸分公司买卖合同纠纷上诉案”的目的冲突合同言语行为如下：

例 9：“杨××与同力计算机联合公司商贸分公司买卖合同纠纷上诉案”

1-1　上诉人（原审原告）：杨××，被上诉人（原审被告）：同力计算机联合公司商贸分公司（以下简称“商贸分公司”）。

语料 1-1 分析：该起合同纠纷上诉案件的目的冲突合同言语行为，首先表现在上诉人和被上诉人存在着合同话语主体的目的冲突，一个是上诉人（原审原告），另一个是被上诉人（原审被告）。两者合同目的完全不兼容，是上诉人与被上诉人的目的冲突合同言语行为，或者说是原审原告与原审被告之间的合同目的冲突。

1-2　卖方（商贸分公司），向买方（杨××）出售了 10 台电脑，总货款是 131000 元，型号为 DCA2 型微机列为 SL-400（486）系列，而交给杨××的收据上写的 10 台电脑，型号为海洋牌 DCA2-586。之后，买方发现这一问题。

语料 1-2 分析：语料反映两个目的冲突，即合同主体和客体的目的冲突。一是这份语料反映的是原始合同主体买方和卖方的目的冲突，买方是杨××，卖方是商贸分公司。一个想买，另一个想卖，这本身就是买与卖的目的冲突言语行为。二是这份语料还反映合同客体的目的冲突，具体表现为“产品与收据”的目的冲突，产品是“DCA2 型微机系列 SL-400（486）”10 台，收据上写的是“海洋牌 DCA2-586”10 台，合同客体（产品与收据）不一致，体现了合同客体的目的冲突。

1-3　杨××随即找到卖方查问此事，并请山西省技术监督局对 10 台电脑进行鉴定，该局出具的鉴定结论是：DCA2-586 微机是以 486 微机的品质冒用 586 微机的品牌，属于 486 微机。

语料 1-3 分析：语料反映了合同主体一方与合同外的第三方之间的目的冲突，也就是合同外的第三方山西省技术监督局的鉴定结论与卖方商贸分公司销售给杨××的产品是不相符合的，说明了卖方商贸分公司销售的产品是冒牌货。卖方销售冒牌货的目的是为了赚取利润，这与山西省技术监督局维护消费者权益的目的发生了冲突。

1-4　据此，杨××认为商贸分公司在商品销售中有欺诈行为，在向商贸分公司索赔未果的情况下，向太原市南城区人民法院提起诉讼，要求商贸分公司双倍返还货款，并赔偿其因此受到的经济损失和精神损失 6000 元。

上述语料 1-4 分析：语料反映了合同双方当事人的目的冲突合同言语行为所导致的后果有三点：一是索赔行为，二是诉讼行为，三是返还货款。

1-5　法庭上，原告杨××诉称：自己与被告商贸分公司签订的计算机买卖合同中明文规定了微机型号为 DCA2-586，而被告商贸分公司却将 486 机型卖给我们，显然被告商贸分公司已经违反了合同的规定义务……请求人民法院判决被告商贸分公司双倍返还货款，并赔偿因此遭受的经济和精神损失。

语料 1-5 分析：杨××和商贸分公司属于目的冲突的双方，合同订立条款的言语行为与其实际履行合同的言语行为也构成了相应的目的冲突。为此，目的冲突的双方诉辩主张完全不同。

1-6　而被告商贸分公司辩称：公司出售给原告杨××的电脑是正规厂家生产的合格产品，不存在欺诈。山西省技术监督局的检验报告中没有记载测试环境和测试软件，国家对 486 机型和 586 机型电脑没有统一标准，故山西省技术监督局的鉴定结论是不科学的，法庭不应采信。要求法院驳回原告的诉讼请求。

语料 1-6 分析：这一段合同语料涉及两个目的冲突行为，一是被告商贸分公司与原告杨××的目的冲突合同言语行为，双方目的冲突的焦点在于“是否存在欺诈”。二是被告商贸分公司与合同第三方山西省技术监督局的鉴定结论的目的冲突。如表 5-1、表 5-2 所示。

表 5-1　原告与被告是否欺诈的目的冲突合同言语行为

原告	认为存在欺诈
被告	认为不存在欺诈

表 5-2　被告与合同以外第三方的鉴定结论目的冲突行为

目的冲突双方	目的冲突行为
被告	→鉴定结论是不科学的，法庭不应采信。
合同以外第三方	→鉴定结论是科学的，依据国家标准。

1-7　法庭一审结果：被告商贸分公司将所售给原告杨××的 SL-400（486）型微机 10 台予以退货，同时退回原告已付货款 130000 元，于判决生效后 10 日内执行。宣判后，杨××不服，向太原市中级人民法院提起上诉，所购买电脑货款是 131000 元，而非 130000 元，商贸分公司应赔偿交通费经济损失 412.50 元，并承担鉴定费用 1100 元。商贸分公司辩称：原审判决定性正确，判决合理，应驳回上诉人的上诉请求。

上述语料 1-7 分析：从法庭一审的语料来看，出现了合同纠纷案件判决结果的几个目的冲突行为：一是被告与原告的退货、退款目的冲突行为，二是原告与被告的货款、交通费、鉴定费的目的冲突行为，三是原告与人民法院的一审判决冲突。如表 5-3、表 5-4、表 5-5 所示。

表 5-3　被告与原告的退货、退款目的冲突行为

被告	原告
SL-400（486）型微机 10 台予以退货	接受
退回原告已付货款 130000 元	不接受

表 5-4　原告与被告的货款、交通费、鉴定费的目的冲突行为

原告	被告
要求退还购买电脑货款 131000 元	不接受
要求赔偿交通费经济损失 412.50 元	不接受
要求承担鉴定费用 1100 元	不接受

表 5-5　人民法院的一审判决与原告冲突

太原市南城区人民法院一审判决	原告向太原市中级人民法院提起上诉
判决被告将所售给原告杨××的海洋机 DCA2-586 型微机 10 台予以退货	原告接受
判决被告退回原告已付货款 130000 元	要求退还购买电脑货款 131000 元
无	要求被告赔偿交通费经济损失 412.50 元
无	要求被告承担鉴定费用 1100 元

1-8　合同纠纷二审结果语料：

法庭二审结果是维持太原市南城区人民法院民事判决；被上诉人给付上诉人货款余额 1000 元；被上诉人赔偿上诉人经济损失 412.50 元。

上述语料 1-8 分析：

从二审结果的语料来看，发现两级人民法院出现了合同纠纷案件审理的部分目的冲突行为。如表 5-6 所示。

表 5-6　两级人民法院审判的目的冲突行为

太原市南城区人民法院一审判决	太原市中级人民法院二审判决
判决被告将所售给原告杨××的海洋机 DCA2-586 型微机 10 台予以退货	维持原判
判决被告退回原告已付货款 130000 元	维持原判并判决被上诉人给付上诉人货款余额 1000 元
无	判决被上诉人赔偿上诉人经济损失 412.50 元

从上述例 9“杨××与同力计算机联合公司商贸分公司买卖合同纠纷上诉案”的语料分析来看，法庭对目的冲突话语的合同纠纷审理：一是法庭根据双方签订的计算机买卖合同条款内容和实际履行的冲突，二是根据杨××提供的检验报告，三是根据杨××和商贸分公司的当庭话语诉称和辩称，根据合同的书面话语和庭上的口头话语的分析，认为杨××指控商贸分公司欺诈的证据不足，杨××仅仅是误以为自己购买的是 586 机型的计算机，而实际上是 486 机型的升级产品，法院认定该合同纠纷案件为重大误解而非欺诈的民事行为。因此，针对合同双方当事人买方和卖方的目的冲突合同言语行为，法庭判决商贸分公司返还杨××的货款，杨××退还所购的计算机，从而最大限度地保护了

合同双方当事人的合法权利和利益的最大化，实现了合同话语的经济目的。

总而言之，目的冲突的合同言语行为是合同双方当事人容易产生争议的地方。有目的冲突的合同言语行为，就有合同话语的目的博弈。有目的的博弈的合同利益之争，就应该采取相应的合同话语博弈策略和手段。目的冲突言语行为普遍出现在合同话语中，具体表现为三种类型，即完全不兼容的目的冲突合同言语行为、部分兼容的目的冲突合同言语行为、完全兼容的目的冲突合同言语行为。完全不兼容的目的冲突合同言语行为和部分兼容的目的冲突合同言语行为是双务合同言语行为，即合同主体双方在合同正式生效后，都要履行权利和义务条款。完全兼容的目的冲突合同言语行为，是单务合同言语行为。以下是对完全不兼容的目的冲突合同言语行为、部分兼容的目的冲突合同言语行为、完全兼容的目的冲突合同言语行为的分析以及对所采取的目的冲突言语行为的博弈策略的阐述和研究。

5.4.3.1 完全不兼容的目的冲突合同言语行为分析

完全不兼容，就是对立，从语言学角度来说，就是相对而立，相互抵触，完全不能包容。从哲学视角来讲，对立就是相互排斥，是指矛盾的双方互相斗争或两种力量的竞争。完全不兼容的目的冲突合同言语行为，或者称作“完全对立的目的冲突言语行为”，是指合同双方当事人的合同经济目的完全不兼容，合同话语目的完全相反，合同双方目的处于对立面。完全不兼容的目的冲突合同言语行为（完全对立的目的冲突合同言语行为）涉及三个层面的对立目的冲突：首先，合同主体双方是完全对立的，如“买方”和“卖方”的主体对立，合同主体双方完全不兼容。其次，合同客体涉及合同标的物所有权转移的对立。合同标的物所有权转移的对立和不兼容，是指合同标的物所有权的“买”与“卖”的对立和不兼容。价款收付的对立和不兼容，是指合同标的物的买卖行为实施之后，就会出现标的物款项的“付”与“收”的对立和不兼容。最后，所实施的合同言语行为也是完全对立和完全不兼容的，如“买进”与“卖出”的行为和“付款”与“收款”的行为对立和不兼容。

以化妆品买卖合同、化肥购销合同为例，对完全不兼容的目的冲突合同言语行为的分析如下：

在化妆品买卖合同中，买方与卖方是对立的双方，是矛盾和不兼容的双方，“买”的目的与“卖”的目的发生冲突。但矛盾的双方又是统一的，在“纳什均衡”理论的依托下，双方找到各自货物价格最佳的平衡点，从而使得矛盾对立、目的冲突的双方将各自的目的通过同一个合同得以实现。

在化肥购销合同中，供货人与购货人（或称作“供货方”和“购货方”）

是针对合同标的物的销售和标的物所有权的转移而签订合同。供货人的目的是提供合同约定的合同标的物，购货人的目的是购置合同约定的标的物，一个负责供货，另一个负责购货，双方处于完全对立的目的冲突状态。这种对立的目的冲突，一般签订合同之前就可以确定，也可以在合同签订现场当场确定。

类似于化妆品买卖合同、化肥购销合同的完全不兼容的目的冲突合同言语行为（或对立目的冲突合同言语行为），还出现在商品房买卖合同、国际货物买卖合同、国际货物贸易合同、农副产品销售合同、工矿产品购销合同、五金交电家电化工商品购销合同、拍卖合同、中外货物买卖合同、中外补偿贸易合同、商业合同、建材订货合同等合同文本中。这些完全对立的目的冲突合同言语行为，不仅仅是合同主体对立，而且其实施的具体合同言语行为也存在目的冲突。除了合同主体及其言语行为的对立和冲突以外，这些合同中所涉及的买卖或销售或出租内容、违约责任、违约金罚款与收付、权利和义务、合同标的物的包装、运输安全、质量保证、标的物所有权的转移时间（如标的物的买进时间和卖出时间本身就是对立的目的冲突言语行为）等也是一种完全不兼容的目的冲突合同言语行为（或完全对立的目的冲突合同言语行为）。

5.4.3.2　部分兼容的目的冲突合同言语行为分析

部分兼容，是指不完全的包容性，其兼容的部分是相互关联和相互联系的，因此，部分兼容的目的冲突合同言语行为又被称为“相互关联的目的冲突合同言语行为”。部分兼容的目的冲突合同言语行为（相互关联的目的冲突合同言语行为）具有三个特征：首先，合同主体之间是对立的。其次，合同主体的目的和所实施的行为也是对立的。最后，合同主体的一方要支付费用，所支付的费用与合同客体之间则是兼容的，是相互关联的，费用是因为合同客体的因素而产生的。换句话说，合同客体与因客体而产生的费用之间不是对立的，也不是排斥的，而是相互关联的。借款合同、房屋租赁合同部分兼容的目的冲突合同言语行为（或相互关联的目的冲突合同言语行为）分析如下：

在借款合同中，首先，合同双方主体“借款人”与“还款人”（或称作“贷款人”）之间是对立的。其次，合同主体双方的目的也是对立的，具体表现为，一方的目的是借钱和收取利息，另一方的目的是使用借款，二者的目的关系表现为目的冲突。最后，合同客体是“借款”，使用借款的合同主体一方，要向另一方支付费用，这笔费用与合同客体“借款”是相互关联的，这笔与合同客体“借款”相关联而产生的费用就是利息。在借款合同中，合同主体借款人与还款人所实施的借款行为与还款行为就是部分兼容的目的冲突合同言语行为（相互关联的目的冲突合同言语行为）。

在房屋租赁合同中，合同“出租方”与“承租方”是主体对立的，合同双方的目的及其所实施的合同言语行为“出租”与“承租”也是对立的，但合同客体“房屋”以及因“房屋”而产生的费用“租金”，这二者之间是相互关联的。出租方以“出租房屋”为目的，承租方以“使用房屋”为目的并为此而支付“租金”，这笔“租金”与“房屋”二者之间是相互关联的。因而，房屋租赁合同就是一种相互关联的目的冲突合同言语行为。房屋租赁合同中所有的合同条款之间又是相互关联的，围绕着“出租房屋”和“承租房屋”而展开的合同内容，包括房屋租赁期限、租金总价款、承租方的权利和义务、出租方的权利和义务、合同变更、合同解除、合同终止、违约责任等，各个条款之间话语关联，其合同话语基本上都涉及“出租方”与“承租方”之间的部分兼容的目的冲突合同言语行为（或相互关联的目的冲突合同言语行为）。

5.4.3.3 完全兼容的目的冲突合同言语行为分析

完全兼容的目的冲突合同言语行为，是指合同双方当事人（甲方、乙方）的合同目的完全兼容，所实施的合同言语行为也完全兼容。完全兼容的目的冲突合同言语行为，既具有兼容性的特征，又具有冲突性的特征。完全兼容的目的冲突合同言语行为，具有兼容性的几个特征：一是合同主体双方的目的不对立。二是合同主体双方所实施的言语行为也不对立。完全兼容的目的冲突合同言语行为，具有冲突性的几个特征：一是通常是单务合同言语行为。二是合同正式生效后，合同的一方不享有任何权利只尽义务，合同的另一方只享有权利而不承担义务。三是完全兼容的目的冲突合同言语行为是无偿的行为，合同一方无条件付出，而没有任何费用和补偿，完全是无偿的合同言语行为。

例 10：赠与合同

赠与合同是赠与人将自己的财产无偿给予受赠人，受赠人表示接受赠与的合同，常见的赠与合同属于典型的完全兼容的目的冲突合同言语行为。赠与合同的合同主体是赠与人和受赠人，合同主体双方的目的不对立。此外，赠与人和受赠人所实施的合同言语行为也不对立，即赠与人所实施的合同言语行为是把自己名下的财产不需要回报、不需要报酬地赠送给受赠人，受赠人只需接受赠与人的财产。

作为一种完全兼容的目的冲突合同言语行为，赠与合同是单务合同言语行为，即合同生效后，赠与人负有将赠与物交给受赠人的义务而不享有任何权利。受赠人享有领取赠与物的权利而不承担义务。赠与标的必须是赠与人所有的或者赠与人有权处理的财产或者某种权利，赠与人不能把不属于自己或者自己无权处理的财产和权利赠送他人，否则，将构成侵权。

赠与合同的目的冲突言语行为主要表现在：一方面，盖章签字生效后，合同的赠与方不享有任何权利只履行义务，即把自己名下的财产赠与受赠人，合同的另一方受赠人只享有接受赠与财产的权利而不需要去履行任何义务。另一方面，作为一种完全兼容的目的冲突合同言语行为，赠与合同是无偿的行为，合同赠与方完全是无条件付出，而没有任何费用和补偿，属于完全无偿的合同言语行为。

5.5　应对目的冲突合同言语行为的博弈策略

“博弈”被广泛运用于生活中的各个领域，并成为经济学的一种标准语言用来衡量数理的精确性，博弈策略还被人们运用到合同商务谈判中的讨价还价环节。奥地利哲学家维特根斯坦提出“语言游戏”（Language Game）理论（Wittgenstein，1955：131-158），首次将博弈理论引入语言研究。最近几十年，博弈论与博弈策略等被许多学者和博士生应用到语言哲学和语用学等研究领域（董明，1995：87-91；王雪，2010：13-17；柯贤兵，廖美珍，2011：70-75；柯贤兵，2011：154-157；柯贤兵，2012：49-232；李元胜，2012：111-115；何静秋，2012：92-96；李淑苹，2012：117-119；张兢田，2012：79-80）；出现了“语用博弈”“语言博弈”“博弈策略”“目的博弈”“调解话语博弈”“博弈标记语”“语用博弈模型”等崭新研究领域。

博弈论中的博弈策略适合于合同中的目的冲突关系研究。目的冲突言语行为普遍存在于各种具体的合同实务之中，有目的冲突言语行为，就应采取博益策略。合同博益策略的价值和意义在于以一种微妙方式给予合同双方当事人一些引导。那么，在合同订立的过程中，如何应对目的冲突合同言语行为？应采取哪些博弈策略，以防范合同风险从而提高合同质量呢？应对目的冲突合同言语行为的博弈策略包括三个方面，即归类式博弈策略（Assignment Game Strategy）、信息扩展式博弈策略（Extended Information Game Strategy）、蜈蚣式博弈策略（Centipede Game Strategy）。

5.5.1　目的冲突合同言语行为的归类式博弈策略

归类式博弈策略（Assignment Game Strategy），是指在一个归类博弈里，把集合中的每一个目标归入这个或者那个类别之中（科林，2006：356 ）。苏格兰哲学家、经济学家、历史学家休谟对于财产和正义的归类分析原则为：人们意识到从社会交际中可以获得对个人私有利益的好处，但是他们同样意识到社会的冲突多来自那些易于在人们之间转移的物品。传统使得每个人能够知晓哪些财物能被别人认可为属于他或她的财产（David Hume，1978：1740）。在完全不兼容的目的冲突和部分兼容的目的冲突合同言语行为中，涉及合同双方的权利义务，依据归类式博弈策略理论，按照首要目的冲突层次、次要目的冲突层次甚至更多层次的博弈类别，将合同目的冲突言语行为进行归类，找出目的冲突的重要焦点和次要焦点问题，指定相应博弈策略，并将其归类，区别对待。按照合同话语主体、首要目的冲突行为、次要目的冲突行为、目的冲突的风险等级、目的冲突的发生频率等归类，制定不同级别以及不同类别的博弈策略。归类式博弈策略是解决合同话语纠纷的策略和途径之一，有利于按照话语矛盾和冲突焦点的现实情况以及话语风险等级区别对待、处理合同纠纷问题。如表 5-7 所示。

表 5-7　合同双方参与者的目的冲突言语行为归类式博弈策略

合同话语主体	参与者（甲方）	参与者（乙方）
首要目的冲突言语行为	完全不兼容冲突频率/策略 部分兼容冲突频率/策略 兼容冲突频率/策略 目的冲突基准风险/策略 目的冲突更高风险/策略	完全不兼容冲突频率/策略 部分兼容冲突频率/策略 兼容冲突频率/策略 目的冲突基准风险/策略 目的冲突更高风险/策略
次要目的冲突言语行为	完全不兼容冲突频率/策略 部分兼容冲突频率/策略 兼容冲突频率/策略 目的冲突基准风险/策略 目的冲突更高风险/策略	完全不兼容冲突频率/策略 部分兼容冲突频率/策略 兼容冲突频率/策略 目的冲突基准风险/策略 目的冲突更高风险/策略

5.5.2　目的冲突合同言语行为的信息扩展式博弈策略

信息扩展式博弈策略（Extended Information Game Strategy）就是参与者的信息集是一系列决策“节点”的集合。所谓“节点”，就是信息。所有信息从起始点到终结点呈现扩展式而不是封闭式，每一个节点都能显示和判断出属于哪一个参与者，参与者在信息集的每一个节点上活动（科林，2006：27）。在目的冲突合同言语行为博弈中，通常要充分考虑合同双方的全部信息节点，每个合同节点涉及的合同参与者的权利和义务，在充分了解信息节点的情况下，采取信息扩展式的博弈策略，有利于提高合同订立的质量，防范合同风险。信息扩展式的博弈策略是解决合同话语纠纷的博弈策略之一。合同双方在充分掌握彼此信息的基础之上，进行合同谈判、合同协商、合同订立、合同履行、合同变更以及合同解除，有助于合同双方在各个阶段互相理解，消除话语隔阂，从而解决合同目的冲突和合同话语纠纷。

以保证合同为例说明目的冲突合同言语行为的信息扩展式策略的应用性。保证合同由十二个部分组成，共有 26 个合同条款。其中，合同第一个部分是关于“保证方式”的约定，最后一个部分是“保证声明条款”。合同自第一个部分“保证方式”至最后一个部分“保证声明条款”自始而终都是博弈节点，也就是博弈信息集，在每一个信息节点如“保证方式”或“保证声明条款”上，合同话语人甲、乙双方都采取了信息扩展式的博弈策略。双方通过信息扩展式的博弈策略，将信息节点“保证方式”或“保证声明条款”进行内容上的细化，从而达到扩展合同主体的权利、义务和责任信息的目的，解决合同主体目的冲突言语行为的关系问题。如图 5-1 、图 5-2 所示。

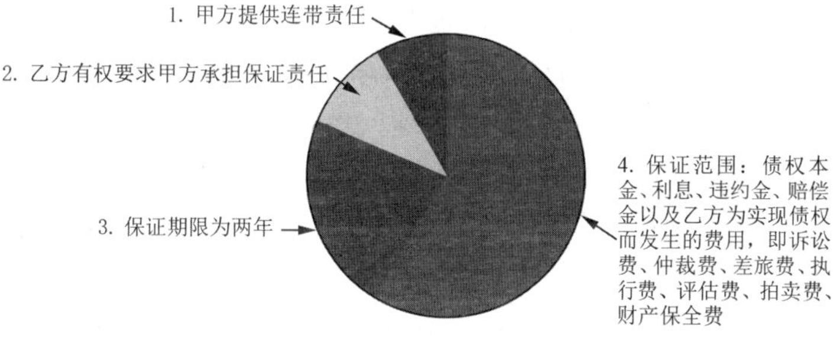

图 5-1　合同参与者的目的冲突言语行为的信息扩展式博弈策略
——以“保证方式”条款的信息扩展式博弈策略为例

图 5-1 显示，合同信息节点为“保证方式”，合同主体根据各自的目的采取了扩展式博弈策略，以确定合同利益、应享有的合同权利和应履行的合同义务，因而，“保证方式”的一个合同信息节点被扩展为 4 倍，也就是 4 个合同条款，即甲方提供连带责任、乙方有权要求甲方承担保证责任、保证期限为两年（自 2003 年 11 月 26 日至 2005 年 11 月 26 日）、保证范围。通过目的冲突言语行为的信息扩展式博弈策略，细化了保证条款从而保证了甲方、乙方各自的利益均衡，解决了合同话语纠纷，避免了合同目的冲突言语行为带来的风险。

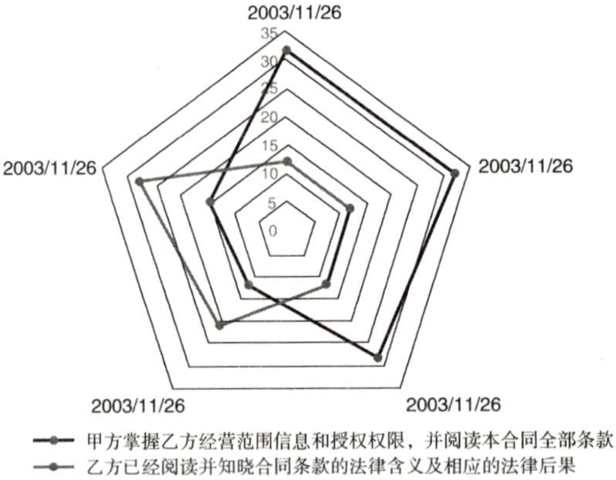

图 5-2　合同参与者的目的冲突言语行为的信息扩展式博弈策略
——以“保证声明条款”的信息扩展式博弈策略为例

5.5.3　目的冲突合同言语行为的蜈蚣式博弈策略

蜈蚣博弈（Centipede Game），是由罗森塞尔提出来的一种博弈策略和博弈方式，是指两个参与者之间轮流进行策略选择，所选择策略的次数有限或者说实现利益和目标的进程有限度，通常以 100 为策略次数（Rosenthal，1981：92-100）。因而，两方参与者为了各自的利益，都希望一步完成和实现既定的目标和利益，双方所采取的策略可能是不合作，只有当碰壁时，才采取合作。二者就在合作与不合作的交替过程中，轮流做出策略性的选择。这个博弈过程的形状像是一只蜈蚣的身体，选择合作策略的次数好比是蜈蚣身上左侧的 50 只脚，选择不合作策略的次数又好比是蜈蚣身上右侧的 50 只脚，蜈蚣的 100 只脚实际上是 100 个垂直的末端节点（信息集），画出来就像一张蜈蚣图，因此被称作是“蜈蚣博弈”。

合同话语中的目的冲突言语行为，就好比蜈蚣博弈，是多个阶段的商业博弈方式，是合同甲方和乙方经过多轮合同条款策略的选择和制定以及利益诱惑的增长和传递，才“走完合同最后的第 100 步”，即合同正式订立和合同履行。

脚是蜈蚣身体的伴生物，脚和身体要想同时抵达目的地，蜈蚣身体两旁的脚就必须通力合作。在合同话语中，合同甲方和乙方也遵循同样的道理。蜈蚣博弈的参与者甲方如果选择与乙方合作，那么其赢利的概率为 1，如果乙方选择不与甲方合作，那么乙方赢利的概率为 1。这种蜈蚣式博弈策略说明了解决合同主体的目的冲突言语行为的问题，最好的策略就是采取多个阶段、多个节点（或称之为“博弈信息集”）上的精诚合作，相互信任。倘若谁想先下手为强，都将必败无疑。合同主体双方必须像蜈蚣的100只脚，只有多个阶段的信任和合作，才能同时抵达目的地，实现双赢。这就是目的冲突合同言语行为的蜈蚣式博弈策略（Centipede-Style Game Strategy）。合同双方虽有目的冲突，但可通过从要约到合同订立和履行的各个阶段的信任与合作，解决合同双方话语纠纷并实现合同双方在各阶段的合同目的。因此，目的冲突言语行为的蜈蚣式博弈策略，是解决合同话语纠纷的有效手段和方法之一。

5.6　目的原则分析下的合同话语连贯关系

一直以来，语言学家和学者对话语或语篇的衔接与连贯进行了大量的研究。国外学者从指称、替代、省略、连接、词汇衔接视角来研究语篇的衔接（Halliday and Hasan，1976：36-93），指出结构是话语或语篇连贯和衔接的方式，包括异构和同构（Gutwinski，1976：21-118）等。针对话语或语篇的衔接和连贯问题，国内学者从指称性、及物性、语音系统、逻辑衔接、结构衔接、语境知识、语用知识入手展开研究（胡壮麟，1994：116-126），侧重于从信息结构、预设的视角研究语篇连贯（张德禄，1992：7-11），并从主位结构视角来研究话语或语篇的连贯条件（张德禄，刘洪民，1994：27-33），运用接应手段（形式、意义、背景、风格），提出逻辑接应、贯通接应等方式衔接或连贯话语与语篇（史有为，2004：1-10）。其他学者也从不同视角开展语篇研究（黄国文，1998：4-7；杜金榜，2007：40-50；辛斌，2002：34-41；辛斌，2008：7-10）。此外，还有的学者提出目的原则，并指出，判断整个话语是否连贯，要看所有的话语是否指向一个总的目的。指向共同的目的，话语才关联，才连贯（廖美珍，2005：354）。实际上，运用目的原则的语用学理论研究合同，不难发现，合同话语的整个篇幅都是由目的串联起来的，形成从总目的到子目的或从子目的到总目的的自上而下或自下而上相互关联的合同言语行为目的系统。

合同话语或语篇作为一种书面的法律语言，是由合同当事人双方或多方建构的互动性话语，这种互动性话语是两个或两个以上的合同主体展开的一种书面形式话语或语篇。合同主体的目的往往不一致甚至冲突，如买卖合同，为什么一份合同中的各个条款之间却相互关联？为什么合同语篇上下能够互为联系成为一个整体呢？究竟是什么促使合同话语或语篇之间衔接与连贯的呢？通过对大量合同的调查和研究，发现合同话语是由目的内嵌、合同目的采纳、目的指向以及利益驱动等方式有效地衔接和连贯起来的。

5.6.1 目的内嵌式合同话语连贯分析

目的，内嵌或隐藏在合同话语的整个语篇之中，包括总目的内嵌式、子目的内嵌式、子子目的内嵌式甚至子子子目的内嵌式等，形成一个目的内嵌式合同话语连贯网络。

（1）合同的“目的”内嵌在合同的名称之中，构成了合同的总目的，比如买卖合同，这是合同的名称，与此同时，该合同名称中的“买卖”两个字就是这份合同的总目的，这是“总目的内嵌式”的合同话语。

（2）在“买卖”两个字的总目的内嵌式合同话语之下，隐藏或内嵌着合同当事人的合同约首子目的、正文子目的，合同约尾子目的，这三部分构成子目的内嵌式的合同话语。

（3）在合同约首子目的、正文子目的、合同约尾子目的这三部分构成子目的内嵌式的合同话语之下，分别内嵌着子子目的内嵌式的合同话语。比如，合同约首子目的之下的子子目的内嵌式的合同话语，包括合同当事人的约首法律信息，即双方当事人的单位、法定住所、法定代表人或负责人、联系电话、传真号码等。同时，正文子目的之下的正文子子目的内嵌式的合同话语，即合同当事人交易的合同标的物、合同当事人的权利和义务、责任、货款金额、付款方式、结算工具、结算日期、违约责任、合同变更与终止等。此外，内嵌着合同约尾子目的之下的子子目的内嵌式的合同话语是单位盖章、法定代表人或负责人签字、签字日期。

（4）在正文子子目的内嵌式的合同话语之下，还存在着正文子子子目的内嵌式的合同话语。比如，正文子子目的内嵌式之下的合同标的物，可以细化为标的物的具体品名、性质、规格、质量、数量或件数、颜色、包装的正文子子子目的内嵌式的合同话语。再比如，正文子子目的内嵌式之下的结算工具，可以细化为信用证，甚至进一步细化为可撤销的跟单信用证、不可撤销的跟单信用证、循环信用证的正文子子子目的内嵌式的合同话语。

这个内嵌式目的连贯网络可以用树状信息结构来表达和体现（杜金榜，2007：40-50）。如图 5-3 所示。

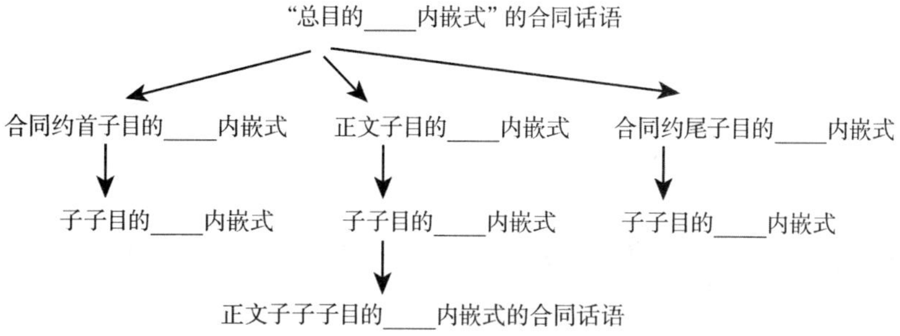

图 5-3　目的内嵌式合同话语连贯关系

上述四个层次的目的都是镶嵌在合同话语的字里行间的，形成总目的内嵌式、子目的内嵌式、子子目的内嵌式甚至子子子目的内嵌式等，形成一个目的内嵌式合同话语连贯网络。合同当事人围绕着内嵌式的共同目的展示交易，从内嵌式的总目的到子目的到子子目的再到子子子目的合同话语，环环相扣，内嵌式目的网络衔接和连贯着合同话语。

5.6.2　目的默认式合同话语连贯分析

默认，是指默示认可。合同目的默认，就是指合同一方当事人了解合同另一方当事人的目的后表示认可接受。

目的默认式合同话语普遍存在于人们的社会生活和经济活动交往中，比如去电信公司办理手机业务时需要签订电信业务服务合同、去银行办理信用卡需要签订信用卡服务合同等，这些合同都是格式合同文本，所有合同条款都是合同一方当事人（比如电信公司或银行）已经制定成文，客户对于合同一方（比如电信公司或银行）的目的心知肚明，领取合同文本之后，甚至都不必细看内容就签字了，这就是目的默认式合同话语。

目的默认式合同话语是如何连贯的？下面以电信业务服务合同部分合同条款为例展开目的默认式合同话语连贯分析。

合同语料

例 11：电信业务服务合同

客户名称（甲方）：张××（手机用户）

受理单位（乙方）：中国电信股份有限公司××分公司

第一条　电信网络服务：

1.1　乙方以本合同约定的方式公示网络覆盖范围以及漫游范围，在覆盖网络的范围里，乙方向甲方提供网络服务、客户服务以及甲方申请开通的各项通信服务。

1.2 甲方申请开通默认网络服务以外的其他电信服务，应按照乙方规定办理手续，由乙方缴纳费。国际漫游服务只能在与乙方签订漫游合同的电信运营商网络覆盖范围内享有。

第二条 入网要求：

2.1 甲方办理入网服务，需要提交真实有效、完整、准确的资料，并办理登记手续。甲方有义务配合乙方通过电话等方式对登记资料进行核实。本协议有效期内，甲方登记资料如有变更，应主动向乙方办理变更手续。

2.2 乙方要求甲方提供担保手续的，甲方应予以配合并办理担保手续。

第三条 风险控制：

3.1 甲方应妥善保管自己的通信终端以及密码不被非法盗用。如果发现通信费异常增长，经初步查实有问题的，可以及时拨打客户服务电话 10000 或到乙方营业网点办理暂时停机手续，并向公安机关报案，乙方应积极配合公安部门调查情况。

3.2 甲方尚未支付的通信费用达到乙方明示或者另行通知的话费信用额度时，甲方应及时缴纳手机话费等通信费用。否则，乙方有权停机。

第四条 UIM 卡规定：

4.1 甲方自行设置和清除 UIM 卡的密码（PIN 的初始密码为 1234），连续三次输入错误密码将会锁卡。发生锁卡时，甲方不得自行解锁，应携带甲方本人有效证件到乙方的营业网点解锁。

4.2 本协议期限内，甲方若发生 UIM 卡遗失或被盗或人为损坏的，可向乙方申请办理停机。

第五条 协议解除：

5.1 甲方要求终止网络服务的，应在结清相关费用以及违约金（如有）后办理退网手续，话费余额退还或按照本合同双方的另行规定（如有）处理。

5.2 遇到下列情况，乙方有权单方解除本合同或收回甲方业务号码：

5.2.1 甲方办理入网、变更手续时提供的登记材料虚假不实。

5.2.2 甲方业务号码被执法机关、司法机关认定用于违法犯罪活动或其他不当用途。

5.2.3 甲方停机 60 个工作日仍未补交通信费用和违约金，或被停机 60 个工作日仍然未配合更正登记手续。

合同语料的目的默认式合同话语分析：对于上述电信业务服务合同语料而言，第一步可以先用图来展示，第二步再用文字进行分析。这个默认式目的连贯网络可以用树状信息结构来表达和体现（杜金榜，2007：40-50）。如图 5-4 所示。

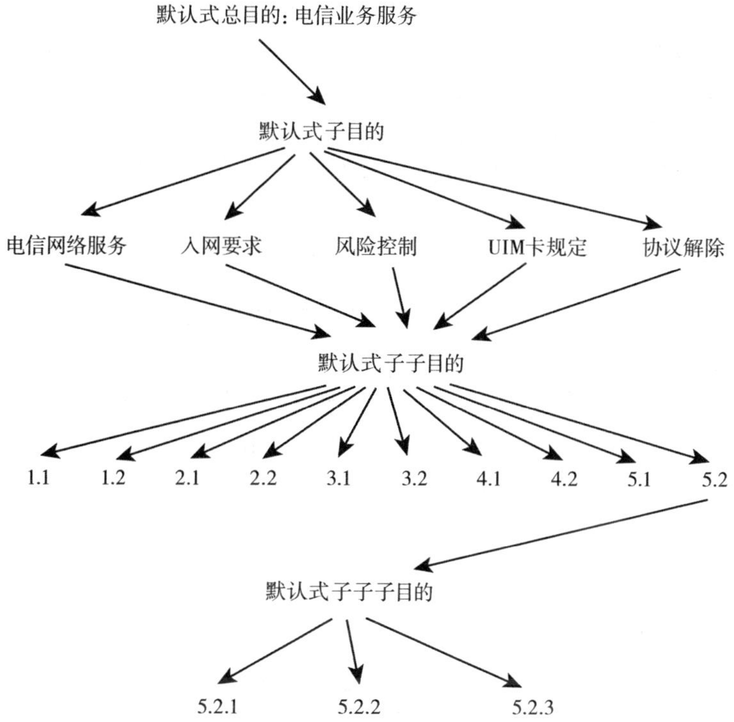

图 5-4 目的默认式合同话语连贯关系

根据上面的图示，可以用以下三个方面的文字进行阐述和分析：

一方面，默认式总目的是电信业务服务。甲方手机客户和乙方电信公司作为合同当事人，对于电信业务服务合同的总目的是完全明白的，彼此心知肚明。因此，尽管该份合同的全部条款是乙方电信公司单方面指定并打印好的格式合同文本，甲方手机客户也没有提出反对意见，不反对就表示默认、承认、许可和接受采纳。因此甲方和乙方默示并认可签订这份合同和办理手机网络入网相关服务手续。

另一方面，在默认式总目的之下，乙方电信公司单方面指定和规定了电信业务服务合同的全部合同条款，明确了甲方手机客户和乙方电信公司作为合同当事人的权利义务，也就是电信网络服务、入网要求、风险控制、UIM 卡规定、协议解除五个默认式子目的。并在这五个默认式子目的之下，乙方电信公司单方面指定和确定 1.1、1.2、2.1、2.2、3.1、3.2、4.1、4.2、5.1、5.2 共十个“默认式子子目的”。甲方手机客户同样表示默认和接受采纳乙方规定的这十个合同条款以及十个默认式子子目的。

再一方面，乙方电信公司为了明确合同双方当事人的责任和义务，单方面将协议解除的默认式子目的以及 5.2 的“默认式子子目的”进一步细化为 5.2.1、5.2.2、5.2.3 三个默认式子子子目的，以此保护乙方电信公司自身的合法权益，从而降低了合同风险，提高了合同订立的质量，这也就是“目的默认式合同话语分析”的应用价值所在。

5.6.3 利益驱动式合同话语连贯分析

目的的内容和目的指向是利益。而合同的目的指向和目的的内容就是合同利益。人们奋斗所争取的一切，都与他们的利益有关。合同从订立开始，直到合同履行、合同变更以及终止，都存在着相应的目的性，即订立目的、履行目的、变更目的以及终止目的。哪一种目的的产生和变化，都与利益分不开。合同一般会涉及合同当事人的利益与国家利益（合同第三方的利益）。

5.6.3.1 合同当事人的利益

表面上，合同是由甲、乙双方签订的，当事人有各自的利益。如个人房屋租赁合同中的出租方和承租方双方的利益完全不一样，出租方所追求的最大利益就是收取租金，获取利益的最大化，而承租方所追求的最大利益就是能够租到价格便宜、居住条件好、舒适度较高和干净整洁的房子。

5.6.3.2 国家利益——合同第三方的利益

实际上，合同签订中，不仅仅涉及甲、乙两方的利益，还涉及第三方的利益，即国家利益。合同话语的言语行为即合同的正式签订，是依照国家合同有关法律，引入了国家利益，用书面语言来固化合同当事人利益实现的条件、程序和违约（即违反合同言语行为目的）所承担的法律责任。所有的合同必须符合国家利益，否则，合同无效。国家虽然表面上没有参与签订合同话语的言语行为过程，但是实际上每一份合同中都涉及国家利益。

合同语料背景：

例 12：商品房买卖合同

2008 年 1 月 6 日，第一被告李×思与第二被告吉祥房地产开发公司签订商品房买卖合同，购买××房地产开发公司出售的位于滨×县××路×××号

××大厦 118 房（以下简称“118 房”），建筑面积 206 平方米。合同签订之后，吉祥房地产开发公司为李×思办理了预售登记。因李×思资金短缺，无法一次性付清房款，2008 年 12 月 3 日，李×思与吉祥房地产开发公司解除合同。两个被告（李×思与吉祥房地产开发公司）同意将该房产转卖给原告杨×锋。2008 年 12 月 31 日，原告杨×锋与第二被告吉祥房地产开发公司就同一套房子（118 房）签订了新的商品房买卖合同。合同签订当日，原告杨×锋将 118 房的全部房款 200 万元汇付到第二被告吉祥房地产开发公司指定的账户上。此后，第二被告吉祥房地产开发公司一直没有到滨×县房产管理部门变更预售房产的备案登记，致使该套房产一直处于第一被告李×思的名下。2010 年，118 房已经到了办理房产证的阶段，因为备案未做变更手续，第一被告李×思与第二被告吉祥房地产开发公司又不愿意协助原告杨×锋办理房产证业务，造成产权证和土地证到 2015 年仍然没有办理到原告杨×锋名下，给原告造成精神上和资金上以及房产所有权上的巨大损失。因此，原告杨×锋将第一被告李×思与第二被告吉祥房地产开发公司告上法庭，请求法院判令：(1) 两个被告依法将 118 房的产权过户到原告杨×锋名下。(2) 请求法院判令两个被告依法为原告杨×锋办理房产对应的土地所有权证。(3) 两个被告承担全部诉讼费。

合同语料利益驱动式合同话语连贯分析：

首先，上述合同纠纷案语料中涉及两次合同订立行为，即同一套房产“118 房”，被出售两次，签订了两份不同房屋所有权人的商品房买卖合同这两个房屋所有权人分别是李×思、杨×锋。两份商品房买卖合同涉及四方的利益，即杨×锋的利益、李×思的利益、吉祥房地产开发公司的利益、国家利益。

其次，当李×思与吉祥房地产开发公司撤销第一份商品房买卖合同之后，双方就应到滨江县房产管理部门办理“房产撤销”手续，这是第一个问题，涉及双方的利益，彼此不愿意承担相关费用，因而不予办理。而当杨×锋与吉祥房地产开发公司签订第二份商品房买卖合同，李×思与吉祥房地产开发公司又没有到滨江县房产管理部门办理房产变更手续，这是第二个问题，涉及三方的利益。

最后，同一套房产被出售两次而签订两份一样的商品房买卖合同，这就是第三个问题，第二份合同本应该是“商品房转让合同”，说明吉祥房地产开发公司与杨×锋签订的第二份商品房买卖合同只是一种形式上的合同，通过这种方式，吉祥房地产开发公司可以直接将房产证办理到原告杨×锋名下，从而逃避国家税收政策，逃避第二次交易的房产税费，损害了国家利益。根据《合同法》的相关规定，凡是损害国家利益的合同，均认定为无效合同。因此，杨×锋与吉祥房地产开发公司所订立的商品房买卖合同为无效合同。杨×锋自2008年12月31日支付给吉祥房地产开发公司的200万元房款以及自2008年12月31日至2015年12月31日法院民事判决书下达之日期间的利息，均由吉祥房地产开发公司退还给原告杨×锋。

通过对上述合同纠纷案件的利益驱动分析，不难发现，每一份合同，正是因为包含了合同当事人的利益与国家利益（合同第三方的利益），合同话语的整个篇幅才能连贯在一起。正是因为各方利益是相互连贯的，因此，合同当事人在订立合同、履行合同、变更合同的时候，应从利益驱动的视角全方位审查合同话语，避免合同话语漏洞的出现，从而保护自身的合法权益。

利益，是合同当事人进行合同话语互动的前提和基础，也是合同得以订立和履行的动力。有了利益，各方当事人所订立的合同条款才有了意义。利益为合同当事人的合同话语互动提供了可能性。利益作为合同目的的指向和合同的具体内容，涵盖着合同当事人甲、乙双方的利益和第三方的国家的利益。三方的利益一脉相承、息息相关，共同的利益才成就或成全了合同约首、合同正文以及合同全文话语的连贯。有了利益，整个合同话语才能从上至下、自下而上地衔接和连贯，才能使得合同约首、合同正文、合同约尾三部分相结合起来从而形成一个连贯的合同话语整体。

5.7 小结

综上所述，本章的主要结论是语用学目的原则适用于合同话语的研究。语用学目的原则贯穿于整个合同话语过程的始终，即从《合同法》的立法行为开始至形形色色的具体合同实务法律行为，再到话语引起的合同纠纷司法行为的全过程，合同的每一个条款、每一个环节，随处都可见到目的原则的应用。可以说，目的原则全面覆盖了合同话语，包括从合同立法行为到法律行为，再到合同的司法行为，从总目的到子目的再到子子目的甚至子子子目的等，构建了一个合同话语的目的系统网络，如图5-5所示。

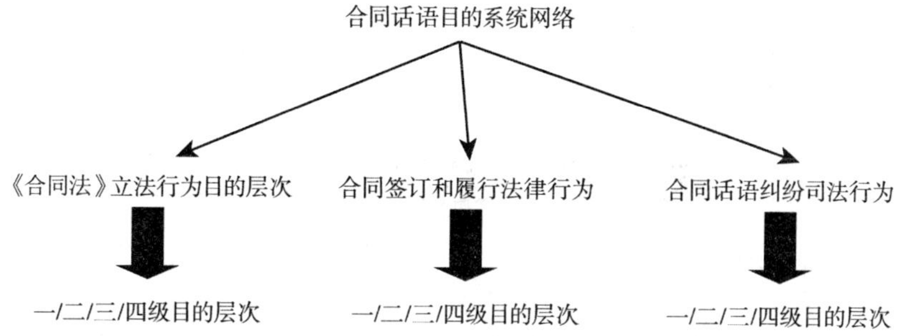

图 5-5　合同话语目的系统网络

本章主要对目的原则视角下的汉语合同话语进行了系统性的研究和分析。首先，阐述了合同言语行为与目的原则二者的辩证关系，即目的牵引着合同言语行为，合同言语行为受到目的的约束。并将合同话语目的原则进行了分类，包括隐性的国家目的原则 、显性的当事人目的原则。其次，从目的中性的合同言语行为、目的一致的合同言语行为、目的冲突的合同言语行为阐述合同话语目的关系。针对目的冲突的合同言语行为，采取应对目的冲突合同言语行为的博弈策略，包括目的冲突合同言语行为的归类式博弈策略、信息扩展式博弈策略、蜈蚣式博弈策略。最后，从目的内嵌式合同话语连贯分析、目的默认式合同话语连贯分析、利益驱动式合同话语连贯分析三个角度，探究目的原则视角下的合同话语连贯关系。

第六章　结论与展望

综上所述，合同是社会经济活动中最重要的法律文本之一，对国家发展有重要作用。合同的订立和合同的有效履行，反映着国民经济生产力的形成过程。合同的变更和合同的终止，影响着一个国家的新增资产的价值量（杨忠直，2015：79）。合同对推动市场经济的发展起着重要作用，但因合同话语模糊所造成的纠纷也影响着社会经济发展的秩序和合同当事人的合法权益。因此，合同话语语用研究的根本目的，就是要解决合同纠纷的现实问题。合同话语分析的现实意义和研究的应用价值在于：运用语用学理论，研究合同话语行为目的，减少合同纠纷给市场经济秩序带来的干扰，提高合同订立的质量，促进合同履行，保证合同的稳定和安全，降低合同风险，从而发挥合同对国民经济发展的推动作用。

6.1　本书主要结论

本书的主要结论是：将中、西方语用学理论结合起来研究汉语合同话语行为目的是可行的和有价值的。经典言语行为理论和间接言语行为理论与目的原则三者相结合所形成的三维分析框架适用于合同话语语用研究，合同话语人的言语行为、间接言语行为的言外之意以及合同话语目的差异性，是导致合同话语纠纷产生的根源。

合同话语的三维分析框架，包括合同话语言语行为层面（具体层面）、合同话语间接言语行为层面（抽象层面）、合同话语目的层面（现实层面）。从具体层面来说，合同是用来做事的，因此，合同话语是一种言语行为。从抽象层面来讲，合同的言语行为包含合同的字面意义和言外之意，合同话语也是一种间接言语行为。从现实层面来看，合同言语行为和合同间接言语行为又是有目的的，目的牵引着合同言语行为和合同间接言语行为，合同言语行为和合同间接言语行为受到目的的约束和制约。从具体到抽象、再到现实，三个层面逐层推进合同话语语用的研究和解析，得出合同目的的指向和内容是合同利益。有了目的和利益，合同话语得以连贯和衔接。合同话语的连贯和衔接，又使得合同话语主体，也就是合同当事人的合同目的和合同利益得以实现。从合同当事人的总目的到子目的再到子子目的以及子子子目的等，自上而下，相互关联，将合同言语行为和合同的间接言语行为建构成一个有目的层次的合同话语系统网络，有力地处理法与现实的关系（即合同话语与现实的合同纠纷之间存在的问题），解决法与道德的关系（即合同话语与合同订立和履行的有效性问题），保证法与安全性的关系（即合同话语与合同漏洞和合同陷阱的问题），从而得以保障法与正当性的关系（即合同话语与合同的正义、公平、公正的问题），确保合同话语的道德效力和社会伦理效力（莱因荷德，2013：27-30）。此外，通过对合同话语的三维分析框架的研究，得出合同话语言语行为层面（具体层面）、合同话语间接言语行为层面（抽象层面）、合同话语目的层面（现实层面）的不同结论，从以下三个方面进行具体总结。

6.1.1 具体层面：合同话语言语行为层面

从具体层面来讲，即从合同话语三维分析框架中的合同话语言语行为层面得出的结论有四点：

一是显性施行式可以作为提高合同言语行为精确性的一种方式和手段（奥斯汀，2013：70）。在合同双方的合作中，显性施行式在汉语合同话语中使用比较普遍。之所以普遍，是因为显性施行式使得合同条款中的话语相对稳定和固定，合同中若出现显性施行式表达，可以进一步增强合同话语的力度和可靠性，可以促使合同话语的表达更加明确、严谨和清晰。同样，显性施行式可以作为提高合同言语行为精确性的一种策略，让合同双方的话语建立在信任的基础上，即“言”必“行”，继而增强合同双方的信任感和对合同履行的责任感。

二是隐性施行式表达使合同话语在特定语境中出现复杂的、多类型的、多层次的隐性内容和隐性施事行为。隐性施行式在合同话语中多出现在合同款项支付期限和方式、合同违约责任、合同免责条件以及合同约尾等条款中。

三是合同话语是在经济活动语境下产生的一种完整言语行为实际现象，涵盖合同言内行为、合同言外行为、合同以言取效行为。第一，合同言内行为方面，频率较高地出现合同发音行为、合同发语行为和合同发言行为，即合同言内行为的重叠发音行为、合同言内行为的方位词规则发语行为和数词、量词规则发语行为以及换言话语标记语规则发语行为分析。合同条款反映了合同言内行为中的最高层次，即合同发言行为，合同当事人借助合同条款中的词汇、语句，表达合同主体应享有的权利和应履行的责任和义务。合同条款中的话语既反映和包含了词汇或语句的意义，又体现了词汇或语句的所指。第二，合同言外行为方面，存在合同数字言外行为。数字言外行为在经济合同话语中普遍存在，数字言外行为在合同话语中的言外用意和言外行为作用不可低估，通过数字言语行为，完成合同主体以言行事的合同任务。第三，合同以言取效行为方面，合同话语实施了对应取效行为和流程取效行为，从而保证了合同话语的完整性、严谨性和逻辑性。合同以言取效行为中的对应取效行为，呈现为时间＋事件对应的以言取效言语行为、合同主体＋事件对应的取效行为、合同主体＋重复对应的取效行为。而“时间＋事件对应的以言取效言语行为”在合同话语中大量出现为时间的细化对应情形，包括第一时间＋事件对应的以言取效言语行为、第二时间＋事件对应的以言取效言语行为、第三时间＋事件对应的以言取效言语行为、第四时间＋事件对应的以言取效言语行为、第五时间＋事件对应的以言取效言语行为等。合同话语存在相邻对与后续语对应的情况，在大量的合同话语中往往都会陈述和罗列发生事件的时间和阶段，以及与某个时间段所“对应”的后续行为（某某事件或事情），从而达到一种“对应”取效的行为结构。需要指出的是，合同以言取效行为中的流程取效行为，包括合同话语宏观流程的以言取效行为和微观合同话语流程的以言取效行为，后者又以元合同导语微观流程的以言取效行为、合同对比话语微观流程的以言取效行为、合同内嵌话语微观流程的以言取效行为、合同双向话语微观流程的以言取效行为、合同内包话语微观流程的以言取效行为五种形式反映了合同言语行为对合同的实效性、规范性所产生的决定性作用以及对合同的影响和效果。

四是合同是由合同言语行为预示语列、合同言语行为轮流语列、合同言语行为宣告语列三者共同组合起来的一个完整合同言语行为序列。预示语列出现在合同前言的话语结构中，达到预先准备的意向或意图，起着预先提示的作用，预示着合同核心条款签署的即将开始，连贯着合同正文的核心条款部分。合同轮流语列，是指合同订立主体执行的话轮交替和话轮切换，一个合同话轮终止之后，另一个话轮又会开始，直到整个合同正文条款话轮结束。多个话轮以及多个言语行为，使合同轮流语列构成一个连贯的整体，从而组合成合同的核心条款部分。轮流语列是合同当事人所做出的承诺，并承担某种义务去做某事，是合同当事人承诺即将做出的行为。合同宣告语列的使用，使合同更具有权威性、严谨性、效力性和规约性。

6.1.2　抽象层面：合同话语间接言语行为层面

从抽象层面来讲，即从合同话语三维分析框架中的合同话语间接言语行为层面得出的结论有三点：

一是合同是由合同话语实施的两种间接言语行为，包括规约性合同间接言语行为、非规约性合同间接言语行为。

二是合同间接言语行为的言外之意对合同当事人经济目的的实现起着决定性的作用，因此，在合同订立时，当事人要弄清楚对方的合同间接言语行为的言外之意，以防对方设置合同陷阱。合同间接言语行为的言外之意，涵盖“单方的言外之意”合同间接言语行为、“双方的言外之意”合同间接言语行为、“不能明说的言外之意”合同间接言语行为、“不想明说的言外之意”合同间接言语行为、“不便明说的言外之意”合同间接言语行为以及“不必明说的言外之意”合同间接言语行为，这六种言外之意合同间接言语行为大量存在于各种各样合同之中。当合同主体单方或双方不明说其真实意图，采用拐弯抹角或含蓄、委婉的语言或话语来隐藏自己的真实目的和想法时，当单方或双方的真实意图不一样时，当合同当事人实施“不便明说的言外之意”“不必明说的言外之意”“不便明说的言外之意”合同间接言语行为时，意味着合同潜在的风险就开始产生，合同当事人就要谨防合同漏洞和合同陷阱，避免合同纠纷的发生给自身带来经济损失。

三是合同间接言语行为的动态语境是分析合同间接言语行为的一个关键性因素。语境性是合同话语的一个特征，合同语境不同，订立的合同种类就不一样。不同的合同语境，对于合同条款和合同当事人的权利义务的规定也就不一样。合同话语人的主观条件不对称动态语境，是指合同话语人双方或多方主体的职业、身份、教育背景、文化层次、社会地位、经济地位、性格、处境、心情、脾气、年龄、性别、辈分、财产、思维方式、个人素质和修养、接触程度等主观因素不一样，不仅仅是不一样，甚至是不在一个层次，不在一个水平上。这些不对应或不对称的主观因素不同层次、不同程度地影响着合同话语人的间接言语行为。而合同签订的时间的客观条件不对称动态语境、合同的标的物客观条件不对称动态语境、发货收货的地点动态语境的客观条件不对称动态语境同样也会干扰合同话语人的间接言语行为。此外，合同话语人的目的不一致动态语境和合同话语人的利益不确定动态语境，也给合同当事人订立合同、履行合同带来不同程度的破坏力，从而影响合同话语的规范性和实效性，甚至给合同当事人造成精神上的伤害和经济利益上的重大损失。

6.1.3 现实层面：合同话语目的层面

从现实层面来讲，即从合同话语三维分析框架中的合同话语目的层面得出的结论有六点：

一是合同言语行为与目的原则二者存在着一定的辩证关系，二者相互作用、相互影响。

二是合同原则可划分为隐性的国家目的原则和显性的当事人目的原则。

三是合同话语目的关系表现为目的中性的合同言语行为、目的一致的合同言语行为、目的冲突的合同言语行为。

四是应对目的冲突合同言语行为的博弈策略主要有三个，即归类式博弈策略、信息扩展式博弈策略、蜈蚣式博弈策略。

五是合同话语的目的层次从具体合同实务层面来讲，得出的结论是：合同话语中存在四个层次的目的，即合同实务中的一级目的层次话语、合同实务中的二级目的层次话语、合同实务中的三级目的层次话语、合同实务中的四级目的层次话语。

六是目的原则下存在着三种合同话语连贯关系，包括目的内嵌式合同话语连贯关系、目的默认式合同话语连贯关系、利益驱动式合同话语连贯关系。

总而言之，目的原则和目的分析的现实意义和应用价值是：为人们表达目的、理解目的和实现目的提供语用启示（廖美珍，2005：352）。运用目的原则分析、研究合同话语，有利于帮助合同当事人正确表达合同订立的目的、正确理解合同间接言语行为之下的言外之意，从而实现合同经济目的和合同利益。运用目的原则，研究合同纠纷案件中当事人的隐性合同目的和合同利益，有助于法官和律师找出合同纠纷的症结所在，从而提高合同纠纷案件的审理效率。因此，目的原则为合同话语语用研究提供了一个崭新视角和合同话语语用分析的新途径，目的原则在合同话语中具有重要的研究价值。

6.2 启示

通过对汉语合同话语语用的研究和分析，得出四个方面的启示，包括语用学理论运用的包容性、合同话语语用研究的迫切性、合同法律话语的孕育以及对合同当事人与司法人员的启示，具体阐述如下。

6.2.1　语用学理论运用的包容性

如前所述，经典言语行为理论、间接言语行为理论、目的原则三个语用学理论，具有极大的包容性。这三个语用学理论的研究目前已覆盖与语言相关的许多领域，比如医学、心理学、法学、哲学、经济学、政治学、军事等学科领域，语用学理论的运用具有广泛性特点。正是因为语用学理论的广泛性和包容性特点，本书将经典言语行为理论、间接言语行为理论、目的原则三个语用学理论的精髓思想糅合在一起，形成合同话语的三维分析框架，运用到汉语合同话语语用研究之中，从具体层面入手，到抽象层面探究，再到现实层面剖析，层层探寻推进。通过研究发现合同话语纠纷问题，并深究其问题存在的根源，从而解决合同法律语言现实问题，这是本书研究的根本目的和主要任务。

6.2.2　合同话语语用研究的迫切性

合同每天每时每刻都在订立和产生，合同当事人双方或多方的目的不同、利益不同，就会签订不同种类和不同质量层次的合同。合同当事人所实施的合同言语行为，涉及言外之意的合同间接言语行为的差异，但凡是合同当事人单向或双向的言外之意行为以及不想明说或不能明说、不便明说和不必明说的言外之意行为，都有可能造成合同话语的漏洞和陷阱，给合同一方或双方当事人以有机可乘的机会，从而埋下合同风险的种子。如前所述，合同言语行为、合同间接言语行为、合同言语行为目的三个层面，都事关合同的订立质量、合同的履行安全性和实效性，稍有不慎，合同话语的语用失误就会导致合同纠纷的产生，不利于社会经济建设，也不利于国民经济总量的增长，给合同当事人利益甚至国家利益带来损失。可见，汉语合同话语语用研究具有研究的必要性和迫切性，开展此项研究势在必行，其具有重大的现实意义和应用价值。

6.2.3　合同法律话语语用研究的孕育

国内外学者对于法律语言学研究的成果丰硕，大多数研究成果集中于口头的法律语言研究，比如法庭话语调解、法庭话语标记语、法庭话语博弈、法庭打断现象、警察问讯等。有一部分研究成果侧重于书面的法律语言研究，比如遗书法律证据的研究、法院判决书语言研究、法官判案笔录的研究等，以及其他研究，诸如法律修辞、法律翻译、法律模糊语言、法律理论、法律情态系统等方面的研究。但是，结合中西方语用学理论对中国合同话语行为和合同话语目的进行研究的成果寥寥无几。本书是对书面法律话语研究领域和合同法律话语语用研究的一次尝试。

6.2.4 对合同当事人与司法人员的启示

汉语合同话语语用研究，对合同当事人（合同话语人、合同主体）和司法人员具有一定的启示作用。本书有利于合同当事人充分理解对方的合同目的以及言外之意，有助于提高合同当事人订立合同的质量性、安全性、规范性。此外，本书对于司法人员审理合同纠纷案件也有着一定的启示作用，有利于司法人员了解合同纠纷双方的意图和目的，能够找到其合同话语纠纷的根源所在，从而提高合同纠纷的审理和办案效率。本书对合同当事人与司法人员的启示的具体分析如下。

6.2.4.1 本书对合同当事人的启示

首先，在合同的要约言语行为和承诺言语行为阶段，合同当事人在要约阶段要直抒其意，承诺阶段要充分了解，使双方协商高度合意。

其次，在合同的订立言语行为阶段，合同当事人要注意合同文本的规范性和实效性。合同要贯彻国家目的原则，合同法律话语要规范，合同言语行为目的要明确完整。

最后，在合同的履行言语行为阶段，合同当事人要注意合同履行的目的一致性，并找到合同目的冲突的解决方法以及目的冲突的博弈策略，促进合同履行，提高合同履行的效率。

6.2.4.2 本书对司法人员的启示

首先，法官应掌握法律语言学知识，学习法律修辞学、法律语用学、法律语篇分析、法律语言心理学、法律伦理学、法律词汇学、法律语义学等知识，充分把握法律语言的特点和法律语言的句法结构，提高法官自身的法律语言学素质。

其次，法官应掌握合同话语知识，充分学习合同话语的特点，了解合同当事人的目的、目的冲突所在以及合同双方或多方当事人之间的矛盾关系。弄清楚合同行为话语和合同目的话语对合同订立、履行带来的破坏性所在。

最后，法官要学习一些语用学理论知识，特别是合同话语语用知识，摸清合同当事人的言外之意合同间接言语行为。此外，法官还应该充分了解合同目的原则与合同争议的关系，探寻合同当事人故意设置的合同陷阱和合同风险问题存在的根源，从而提高合同纠纷案件的审理效率。

6.3　创新点

探寻汉语合同话语语用研究的过程漫长而迷茫，艰辛伴随着兴奋，“痛”并快乐着。

6.3.1　中西语用学理论结合与合同话语三维分析框架

将中西方语用学理论结合起来，形成合同话语三维分析框架，从具体层面、抽象层面、现实层面，逐层剖析汉语合同话语行为和话语目的，深究合同话语纠纷产生的根源。

6.3.2　合同言语行为序列与合同话语连贯

序列性是合同话语的一个特征。合同话语是由预示语列、轮流语列、宣告语列组成的合同言语行为序列。合同作为一种书面的法律话语，由合同约首、合同正文以及合同约尾三部分组成。合同作为一种言语行为，每一部分肩负和承载着自身的目的和利益，合同约首实施预示语列合同言语行为，合同正文实施轮流语列合同言语行为，合同约尾实施宣告语列合同言语行为。在这三个合同言语行为序列中，合同约首的预示语列言语行为，为合同正文的轮流语列言语行为提供一种预示可能，是订立合同的基础。合同正文的轮流语列言语行为，保证合同正文的顺利制定。合同约尾的宣告语列奠定了合同盖章签字的基础，从而促使合同订立生效的宣告行为实施。前一个合同言语行为给后一个合同言语行为的实施创造了条件，从而使得合同约首、合同正文、合同约尾三者之间相互衔接和相互连贯，构成一份完整的合同法律文本。预示语列、轮流语列、宣告语列继而成为合同话语连贯关系的纽带。

6.3.3　合同间接言语行为言外之意与合同话语动态语境

合同间接言语行为除了合同字面意义以外，还包含合同的言外之意。通过对大量合同实务的阅读考证、多次与合同当事人的接触交流以及旁听法院对合同纠纷案件的审理判决，提炼总结出六种类型的合同间接言语行为言外之意，包括单方的言外之意、双方的言外之意、不能明说的言外之意、不想明说的言外之意、不便明说的言外之意、不必明说的言外之意的合同间接言语行为。这几种类型的合同间接言语行为，严重影响着合同当事人对合同条款和权利义务履行的解释和理解。单方或单向的言外之意，可能会干扰合同另一方当事人对合同话语的理解；双方或双向的言外之意，可能会引发合同话语纠纷；合同话语主体的不能明说、不想明说、不便明说、不必明说的言外之意合同间接言语行为，又或许会造成合同漏洞、合同陷阱甚至合同风险。合同间接言语行为对合同当事人的经济利益和合同目的的实现起着决定性作用。为何产生合同间接言语行为的言外之意，根本性原因在于合同话语的动态语境，动态语境是合同话语的一个特征。合同话语人的条件不对称（主观和客观条件不对称）、合同话语人的目的不一致、合同话语人的利益不确定的三种动态语境建构了合同间接言语行为言外之意；也正是由于合同间接言语行为的言外之意与合同话语的动态语境之根源，才导致无数合同话语纠纷的产生，给合同当事造成巨大的精神伤害和经济损失。

6.3.4 合同话语目的矛盾与目的统一

合同当事人（即合同话语人或合同话语主体）的目的往往是两极分化，互相矛盾的。买卖合同中的买受人的目的是“买”，出卖人的目的是“卖”，“买”与“卖”的目的矛盾。那么，“买”与“卖”的目的矛盾是如何统一在同一份合同之中的？在合同中，买方目的的实现，必须以卖方目的的实现为前提，反之亦然。只有实现对方的合同目的，才能同时实现自己的目的。例如，苹果买卖合同中买方想买苹果，就得付钱，实现了卖方想得到钱的目的。反之，卖方想得到钱，就必须卖苹果，实现了买方买苹果的目的。目的贯穿于合同之中，合同当事人将各自不同的目的，通过同一个言语行为来实现。一方目的实现的同时，也实现了对方的目的，双方不同的目的即目的矛盾就这样融合在了同一个合同言语行为里。合同言语行为就是以实现合同当事人各自在合同约定中的“目的”为前提，这个“目的”体现在言语行为主体在合同签订前的要约、承诺、协商、谈判以及合同的正式签订，到合同履行，最终实现合同言语行为目的的整个过程中。合同是多个法律言语行为目的的矛盾冲突与和谐的统一体，包括合同双方当事人或多方当事人的目的矛盾冲突与和谐统一，以及合同当事人的目的与国家目的的矛盾冲突与和谐统一，合同话语目的的实现就是使合同话语的目的由矛盾走向目的和谐的一个过程。

6.3.5 合同话语与目的原则研究领域的扩展

当前，目的原则主要运用于司法领域（如法庭话语等），本书将目的原则的研究领域扩展到合同法律话语研究。运用目的原则，把口头法律语言研究扩展到具体的书面法律语言研究（即合同话语或合同法律话语）的新领域。运用目的原则，提出合同隐性国家目的原则和显性当事人目的原则的观点，对合同言语行为的目的性展开研究。此外，将显性当事人目的原则划分为双方主体目的原则、单方主体目的原则、第三方主体目的原则。扩展和丰富了目的原则的研究领域和研究内容。

6.3.6 合同双向言语行为与合同多向言语行为

把合同当作双向或多向的言语行为，国内外目前似乎没有人研究。西方奥斯汀的经典言语行为理论，提出的是单向言语行为。而合同必须是双方或多方的合意，也就是相“合”为“同”，即合同双向言语行为或多向言语行为。合同双向言语行为一般涉及合同当事人的言语行为，而合同多向言语行为则涉及合同当事人和国家。

6.3.7 合同话语语用：从立法行为到法律行为再到司法行为

合同法律行为，一方面连接国家立法行为（合同要符合《合同法》等相关法律），另一方面合同签订又是一种法律行为，而当合同履行出现纠纷时，提交法院裁决，又引入司法行为。因此，本书从《合同法》入手，到合同实务订立履行的剖析，再到法院审理判决的合同纠纷案件研究。也就是说，汉语合同话语语用研究覆盖从立法行为到司法行为的全过程。

6.4 局限与不足

本书的局限与不足，本书涉及面较宽，涉及内容较多，归纳起来主要有三点：

首先，笔者尚未能精读所有法律语言学理论和合同法理书籍，也未能全面研究法律语言和合同语言，书中阐述所涉猎的观点和说法不一定客观和全面，仅为自己的一些心得。

其次，笔者缺乏法学、哲学、心理学、认知语言学等学科的理论背景，难以娴熟驾驭跨学科的本书的撰写。本书表面上是关于语用学方面的研究，但笔者深入撰写的过程中，却彷徨在合同法学、合同经济学以及语用学、话语分析、语言哲学、马克思主义哲学、心理学、认知语言学、功能语言学等跨学科的丛林深处，找不到跨学科知识的方向感，不知自己迷失在何处。虽然穷尽每一秒去阅览相关的跨学科理论知识，仍觉得自己是一条小鱼，来到了浩瀚如烟的跨学科汪洋大海里，渺小得不见踪影。在跨学科知识欠缺和理论薄弱的背景下，本书的研究局限性显而易见。

最后，合同话语语用方面的研究成果寥寥无几，加上还没有人专门将西方的经典言语行为理论和间接言语行为理论与语用学目的原则结合起来进行三维框架式地分析合同话语，这就在无形之中加大了本书研究的难度。此外，由于条件有限，笔者难以穷尽国内和国外的每一份汉语合同话语语用研究成果，资料文献收集的限制性、主观性和片面性，难免影响笔者的研究视野和研究的深度与广度，使得本书的一些观点出现不成熟、主观和片面的问题。

6.5　未来研究展望

首先，期待拓展其他语言的合同话语语用研究。本书是针对汉语合同话语语用的研究，未来的研究展望就是期待能够关注英语合同话语语用研究、日语合同话语语用研究、俄语合同话语语用研究、法语合同话语语用研究、德语合同话语语用研究等其他语种的合同话语语用研究。本书着重书面的合同话语研究，今后可尝试和探索口头形式的合同话语研究。

其次，期待深入研究合同话语的三维分析框架。本书以西方奥斯汀的经典言语行为理论、塞尔的间接言语行为理论与国内的语用学目的原则作为研究理据，所形成的合同话语的三维分析框架，包括合同话语言语行为层面（具体层面）、合同话语间接言语行为层面（抽象层面）、合同话语目的层面（现实层面）分析。从目前自身的理论水平来看，本书对三维分析框架所进行的合同话语语用研究的深度和广度还不够，有待进行更深层次、更加系统的理论建构和合同话语实践的分析与研究。

再次，期待进一步研究合同言语行为的目的性。目的性贯穿于国家合同法律制度和具体的合同实务中。在当前研究的基础上，期待未来下更多的功夫深入地研究合同话语，期待未来的合同话语语用的目的研究能够更加成熟、客观、全面。

最后，提出“目的的指向和目的的内容是利益”的观点。把这个观点放入未来的展望研究日程上，期待有朝一日能够研究合同的利益原则。随着研究的深入，发现目的与利益之间存在着某种关联，合同目的与合同利益就像合同的一对孪生兄弟，二者相互依托，相互作用，互为包含，互相所指。合同利益是合同订立和合同履行的动因。利益是促使合同话语连贯的一种方式，利益驱动是合同动态语境的因素之一。从目的原则研究，延伸到目的背后的利益驱动。在合同话语中，这个利益驱动包括合同当事人利益和国家利益。目的是人的一个主观范畴，指心理期望或通过主观努力想要实现的目标。利益是一个客观范畴，指人们客观存在的经济利益、政治利益以及社会利益。合同目的的指向和目的内容，就是合同利益。马克思主义利益理论的观点是：追求利益是人类一切社会活动的动因。期待下一步能够深入研究合同话语的利益关系、合同话语的利益结构和利益格局、合同话语的利益矛盾冲突、合同话语的利益协调、合同话语的利益规律、合同话语中的国家利益原则和合同当事人的利益原则等。

参考文献

一、中文参考文献

[1] [德] 海德格尔. 谢林论人类自由的本质 [M]. 薛华译. 沈阳：辽宁教育出版社，1999.

[2] [德] 费希特. 全部知识学的基础 [M]. 王玖兴译. 北京：商务印书馆，1986.

[3] [德] 海德格尔. 存在与时间 [M]. 陈嘉映，王节庆译. 北京：生活・读书・新知三联书店，1987.

[4] [德] 黑格尔. 历史哲学 [M]. 王造时译. 上海：上海书店出版社，2006.

[5] [德] 康德. 判断力批判 [M]. 邓晓芒译. 北京：人民出版社，2002.

[6] [德] 莱因荷德. 法哲学 [M]. 金振豹译. 北京：北京大学出版社，2013.

[7] [德] 尤尔根. 哈贝马斯. 交往行为理论 [M]. 曹卫东译. 上海：上海人民出版社，2004.

[8] [法] 阿兰・米哈伊尔・苏波特尼克. 言语行为哲学 [M]. 史忠义译. 开封：河南大学出版社，2010.

[9] [古罗马] 奥古斯丁. 忏悔录 [M]. 周士良译. 北京：商务印书馆，1996.

[10] [古希腊] 亚里士多德. 形而上学 [M]. 吴寿彭译. 北京：商务印书馆，1996.

[11] [捷] 奥塔. 经济-利益-政治 [M]. 北京：中国社会科学出版社，1984.

[12] [美] 科林・凯莫勒. 行为博弈：对策略互动的实验研究 [M]. 贺京同，那艺，冀嘉蓬等译. 北京：中国人民大学出版社，2006.

[13] [美] 帕特里克・博尔顿，[比] 马赛厄斯・德瓦特里庞. 合同理论 [M]. 费方域，蒋士成，郑育家译. 上海：格致出版社，2008.

[14] [意] 托马斯・阿奎那. 阿奎那政治著作选 [M]. 马清槐译. 北京：商务印书馆，1997.

［15］［英］J. L. 奥斯汀. 如何以言行事［M］. 杨玉成，赵京超译. 北京：知识产权出版社，2013.

［16］［英］诺曼·费尔克拉夫. 话语与社会变迁［M］. 殷晓蓉译. 北京：华夏出版社，2003.

［17］［英］约翰·兰肖·奥斯汀. 如何以言行事［M］. 张洪芹译. 北京：知识产权出版社，2012.

［18］L. 罗森菲尔德主编. 尼耳斯·玻尔集（第三卷）［M］. 戈革译. 北京：科学出版社，1990.

［19］曹方蓝. 奥斯汀言语行为理论的解构［J］. 哈尔滨学院学报，2012（6）：99-102.

［20］曹静. 塞尔的间接言语行为理论：概述与批判［J］. 科技信息，2007（15）：415-422.

［21］曹若男. 言语行为理论的哲学梳理［J］. 西北大学学报，2011（1）：168-170.

［22］曹宇. 目的原则视角下被告答话的话语意义——基于刑事案件庭审语料的实证研究［J］. 司法天地，2008（3）：149-150.

［23］常晨光，陈瑜敏. 功能语境研究［M］. 北京：外语教学与研究出版社，2011.

［24］陈成辉，刘绍忠. 言语行为理论对外语教学的启示［J］. 四川外语学院学报，2002（2）：143-146.

［25］陈刚. 马克思主义理论的当代意义［M］. 北京：光明日报出版社，2008.

［26］陈海庆，张绍杰. 语篇连贯：言语行为理论视角［J］. 外语教学与研究，2004（6）：420-426.

［27］陈虹. 论合同目的落空［J］. 沈阳农业大学学报，2000（3）：199-202.

［28］陈嘉映. 语言哲学［M］. 北京：北京大学出版社，2003.

［29］陈建平. 对外经贸合同翻译失真问题分析［J］. 中国科技翻译，2003（4）：32-35.

［30］陈金钊. 把法律作为修辞——认真对待法律话语［J］. 山东大学学报，2012（1）：69-78.

［31］陈谦. 商务合同翻译的责任与要求［J］. 中国三峡建设，1997（8）：30-31.

［32］陈正红. 近十年我国言语行为理论的应用研究综述［J］. 当代教育

理论与实践学报，2013（9）：189-191.
［33］陈忠华. 话语序列的符号学含义［J］. 外语研究，1994（4）：9-13.
［34］程红军. 词汇层面的英语合同语体特征研究［J］. 太原大学学报，2013（1）：82-84.
［35］程绍驹. 言语行为理论研究［J］. 读与写杂志，2009（3）：23-24.
［36］丛林. 博弈论大全［M］. 北京：中国华侨出版社，2013.
［37］崔冬梅. 奥斯汀与塞尔言语行为理论浅释［J］. 重庆科技学院学报，2009（6）：145-146.
［38］崔凤娟. 言语行为理论与会话含义理论的哲学之维［J］. 大连民族学院学报，2009（4）：341-351.
［39］崔建斌. 论语用学中的言语行为理论［J］. 渭南师专学报，1999（3）：67-71.
［40］崔建远. 合同法［M］. 北京：北京大学出版社，2012.
［41］崔建远. 论合同目的及其不能实现［J］. 吉林大学社会科学学报，2015（3）：40-50.
［42］崔卫. 商务英语合同的语言特色及翻译技巧［J］. 中国商贸，2010（12）：210-211.
［43］董明. 谈“语言博弈”中否定的使用［J］. 北京师范大学学报，1995（6）：87-91.
［44］杜金榜. 法律语篇树状信息结构研究［J］. 现代外语，2007（2）：40-50.
［45］杜金榜. 论法律修辞的基本要求及其关系［J］. 修辞学习，2006（4）：12-15.
［46］杜卫卫. 言语行为理论对大学英语教学的启示［J］. 商业文化，2007（12）：245-246.
［47］段友国. 商务合同英语的名词化目的及意义研究［J］. 考试周刊，2010（54）：143-144.
［48］范晓. 正确理解并处理静态和动态的关系［J］. 河南大学学报，1988（2）：81-86.
［49］房红梅. 人际隐喻与言语行为理论的互补性［J］. 外语研究，2001（4）：34-37.
［50］冯胜利. 论语体的机制及其语法属性［J］. 中国语文，2010（5）：400-412.
［51］符曼. 英文劳动合同的批评性话语分析［D］. 华中科技大学硕士学

位论文，2009.

[52] 付习涛. 言语行为理论研究综述 [J]. 求索，2004 (6)：174-177.

[53] 高桂珍，时真妹. 言语行为理论与语言教学 [J]. 大连理工大学学报，2004 (4)：27-29.

[54] 高鹏程. 利益概念的语言形式分析 [J]. 学术交流，2007 (1)：39-44.

[55] 龚晓斌，姜燕. 话语基调的情态手段——商务合同翻译研究 [J]. 海外英语，2014 (4)：1-7.

[56] 顾瑞. 论《合同法》中的合同目的 [J]. 辽宁师范大学学报，2006 (1)：27-29.

[57] 顾曰国. John Searle 的言语行为理论：评判与借鉴. [J]. 国外语言学，1994 (3)：10-16.

[58] 顾曰国. John Searle 的言语行为理论与心智哲学. [J]. 国外语言学，1994 (2)：1-8.

[59] 顾曰国. 奥斯汀的言语行为理论：诠释与批判 [J]. 外语教学与研究，1989 (1)：30-39.

[60] 顾曰国. 什么是会话修辞学 [J]. 外语教学与研究，1989 (2)：8-15.

[61] 郭贵春，贺天平. 现代西方语用哲学研究 [M]. 北京：科学出版社，2006.

[62] 郭聿楷. 间接言语行为 [J]. 外语学刊，1990 (2)：10-16.

[63] 国务院法制办. 中华人民共和国合同法典 [M]. 北京：中国法制出版社，2012.

[64] 韩仲谦，左进. 言语行为理论的再解读：从指称到构建 [J]. 安徽工业大学学报，2007 (1)：91-92.

[65] 何国雄. 语用理论与话语意义解释 [J]. 嘉兴学院学报，2005 (2)：57-61.

[66] 何静秋. 语言博弈下的法庭话语标记语研究 [J]. 海南师范大学学报，2012 (7)：92-96.

[67] 何莲珍. 论塞尔的言语行为理论 [J]. 浙江大学学报，1996 (4)：111-116.

[68] 何兆熊. 新编语用学概要 [M]. 上海：外语教育出版社，2002.

[69] 何志. 合同法原理精要与实务指南 [M]. 北京：人民法院出版社，2008.

［70］何志. 借款担保案件判定解说［M］. 北京：人民法院出版社，2003.
［71］何志. 借款合同判例与实务［M］. 北京：人民法院出版社，2005.
［72］何自然，陈新仁. 当代语用学［M］. 北京：北京大学出版社，2004.
［73］何自然，陈新仁. 当代语用学［M］. 北京：外语教学与研究出版社，2004.
［74］何自然，冉永平. 语用学概论（修订本）［M］. 长沙：湖南教育出版社，2002.
［75］何自然. 语用学概论［M］. 长沙：湖南教育出版社，1988.
［76］贺剑瑜. 经贸合同篇章修辞探究［J］. 科技信息，2009（26）：141-143.
［77］恒齐，隋云. 商务应用文的英译应与国际接轨［J］. 中国翻译，2003（3）：74-77.
［78］侯风英. 汉语批评语的言语行为理论解读［J］. 长春理工大学学报，2011（7）：44-45.
［79］候作前，乔宝杰，刘胜利. 运输合同案例评析［M］. 北京：知识产权出版社，2003.
［80］胡庚申，郝建华. 国际商务合同的若干语言研究［J］. 清华大学学报，2002（3）：91-93.
［81］胡庚申，王春晖，申云桢. 国际商务合同起草与翻译［M］. 北京：外文出版社，2002.
［82］胡桂丽. 目的原则下的刑事审判话语标记语研究［J］. 外语学刊，2009（4）：81-84.
［83］胡化凯. 对应原理与矩阵力学的建立［J］大学物理，1997（12）：35-44.
［84］胡铁生，马岩峰. 商务合同中暗示条款的言语行为理论探析［J］. 吉林师范大学学报，2009（5）：66-68.
［85］胡卫. 合同法论［M］. 北京：人民法院出版社，2010.
［86］胡壮麟. 语篇的衔接与连贯［M］. 上海：上海外语教育出版社，1994.
［87］黄国文. 语篇分析中的语篇类型研究［J］. 外语研究，1998（2）：4-7.
［88］黄欢. 合同目的解释原则在合同主要条款发生争议时的运用［J］. 法制与社会，2014（26）：250-260.
［89］黄名述. 合同法案例理论与实务［M］. 北京：中国政法大学出版

社，2013.

［90］黄萍. 意向性·言语行为·目的原则［J］. 外语学刊，2009（4）：69-72.

［91］黄强光. 建设工程合同纠纷司法前沿问题析解［M］. 北京：法律出版社，2010.

［92］黄晓，钟文，孙婷婷. 浅谈商务合同英语的词汇特点［J］. 天府新论，2006（6）：220-221.

［93］黄右昌. 罗马法与现代［M］. 北京：北京京华印书局，1930.

［94］纪燕. 对言语行为理论研究与应用的回顾与思考［J］. 长春工业大学学报，2012（1）：54-56.

［95］贾宝金. 法院审判应区分订立合同行为和履行合同行为——从一案例说起［J］. 传承，2010（2）：140-141.

［96］姜海清. 言语行为理论与翻译［J］. 苏州大学学报，2004（5）：77-80.

［97］姜晖，王强，王泽霞. 言语行为理论视角下的XBEX结构语用意义分析［J］. 东北师范大学学报，2012（3）：118-121.

［98］姜琳琳，袁莉莉. 从言语行为理论看法律语篇的翻译单位［J］. 江西社会科学，2008（11）：241-244.

［99］姜望琪. Firth的语篇语义学思想［J］. 外国语言文学，2008（1）：1-8.

［100］姜望琪. 当代语用学［M］. 北京：北京大学出版社，2003.

［101］焦宝乾. 逻辑与修辞——对法学研究范式的中西考察［J］. 中国法学，2014（6）：69-88.

［102］金剑锋，王闯，赵雅君. 合同纠纷典型案例评析［M］. 北京：人民法院出版社，2004.

［103］金景芳. 周易. 系辞传［M］. 沈阳：辽海出版社，2011.

［104］金彭年. 仓储保管合同案例评析［M］. 北京：知识产权出版社，2003.

［105］金荣. 言语行为理论下的语篇衔接与连贯［J］. 四川教育学院学报，2011（7）：65-68.

［106］柯贤兵，李思思. 法庭调解话语目的博弈研究［J］. 黄冈师范学院学报，2014（4）：102-106.

［107］柯贤兵，廖美珍. 法庭调解话语博弈交际研究［J］. 外语学刊，2011（5）：70-75.

[108] 柯贤兵. 话语交际博弈论——以法庭调解话语交际博弈为例 [J]. 社会科学家，2011 (5)：154-157.

[109] 柯贤兵. 中国法庭调解话语博弈研究 [D]. 华中师范大学博士学位论文，2012.

[110] 兰天. 国际商务合同中翻译技巧的灵活应用 [J]. 东北财经大学学报，2007 (1)：92-94.

[111] 雷卿. 言语行为理论对语言交际的解释力 [J]. 三峡大学学报，2006 (2)：89-91.

[112] 李国华. 商务合同语言的词源学剖析 [J]. 飞天，2012 (4)：122-123.

[113] 李海峰. 维特根斯坦语言哲学评析 [M]. 北京：中国社会科学出版社，2012.

[114] 李海荣. 言语行为理论下的翻译等值 [J]. 渭南师范学院学报，2008 (4)：87-89.

[115] 李继忠. 俄语国际贸易合同文本的语体特征 [J]. 解放军外国语学院学报，2000 (4)：48-51.

[116] 李明. 言语行为理论对翻译的解释作用 [J]. 重庆科技学院学报，2009 (5)：143-144.

[117] 李仁玉，董彪. 合同法判例制度研究 [M]. 北京：法制出版社，2003.

[118] 李淑苹.《旗帜飘扬》与《旗开得胜》的语用博弈 [J]. 长沙大学学报，2012 (1)：117-119.

[119] 李巍. 买卖合同纠纷案例与实务 [M]. 北京：清华大学出版社，2015.

[120] 李元胜. 言语交际博弈论研究管窥 [J]. 湖北民族学院学报，2012 (2)：111-115.

[121] 李云波. 合同目的的利益论解释 [J]. 学海，2009 (4)：163-166.

[122] 李中旭. 最新标准经济合同 [M]. 北京：线装书局，2004.

[123] 李卓. 利益语境下经济法的价值分析 [J]. 当代法学，2006 (3)：118-122.

[124] 梁晓月. 论合同目的 [D]. 中国社会科学院研究生院硕士学位论文，2012.

[125] 廖美珍. 法庭问答及其互动研究 [M]. 北京：法律出版社，2003.

[126] 廖美珍. 话语语用研究新进展：廖美珍学术论文自选集 [M]. 北

京：外语教学与研究出版社，2014.

[127] 廖美珍. 目的原则和语境动态性研究 [J]. 解放军外国语学院学报，2010 (4)：1-5.

[128] 廖美珍. 目的原则与法庭互动话语合作问题研究 [J]. 外语学刊，2004 (5)：43-52.

[129] 廖美珍. 目的原则与交际模式研究（续） [J]. 外语学刊，2009 (6)：101-109.

[130] 廖美珍. 目的原则与交际模式研究 [J]. 外语学刊，2009 (4)：62-64.

[131] 廖美珍. 目的原则与目的分析（上）——语用研究新途径探索 [J]. 修辞学习，2005 (3)：1-10.

[132] 廖美珍. 目的原则与语境研究——人为中心说 [J]. 湖北大学学报，2013 (1)：17-27.

[133] 廖美珍. 目的原则与语境研究——语境动态说 [J]. 解放军外国语学院学报，2010 (4)：1-5.

[134] 廖美珍. 目的原则与语境研究——语境系列研究之二 [J]. 湖北大学学报，2012 (5)：108-112.

[135] 廖美珍. 目的原则与语篇连贯分析 [J]. 外语教学与研究，2005 (5)：351-357.

[136] 廖美珍. 中国法庭互动话语研究对应结构研究 [J]. 语言科学，2003 (5)：78-89.

[137] 刘大为. 语体是言语行为的类型 [J]. 修辞学习，1994 (3)：1-3.

[138] 刘海云. 言语行为理论视角的语篇连贯探析 [J]. 青海师范大学学报，2008 (2)：109-112.

[139] 刘焕辉. 语言动态研究与交际语言学问题 [J]. 中国社会科学，1991 (4)：129-144.

[140] 刘丽芬，黄忠廉. "语言"、"言语"与"话语"三分 [J]. 中国科技术语，2008 (5)：28-32.

[141] 刘晓云，高建波. 试论言语行为理论在广告中的应用 [J]. 江西科技师范学院学报，2006 (1)：111-120.

[142] 刘永红. 什么是修辞 [J]. 俄语学习，2006 (3)：78-80.

[143] 刘有东. 合同法精要 [M]. 北京：人民法院出版社，2005.

[144] 刘圆圆. 浅析英文商务合同的词语特点及其翻译 [J]. 大学教育，2014 (7)：80-82.

［145］刘振聪，杨莉芳．言语行为理论批判：传承与嬗变［J］．天津外国语学院学报，2006（2）：26.

［146］刘志丹．哈贝马斯言语行为三重功能模式理论［J］．北京行政学院学报，2012（2）：117-120.

［147］陆艳芳．商务合同的词汇特征及其汉英翻译［J］．湖北师范学院学报，2007（5）：132-134.

［148］吕叔湘．吕叔湘语文论集［M］．北京：商务印书馆，1983.

［149］吕震帮．诗词名篇今译［M］．上海：复旦大学出版社，1991.

［150］栾吉斌，单军娜．广告语篇连贯的言语行为理论解析［J］．佳木斯大学学报，2007（1）：161-163.

［151］马蒂尼奇．语言哲学［M］．牟博，杨音莱，韩林合等译．北京：商务印书馆，1998.

［152］马忠法．合同目的的案例解析［J］．法商研究，2006（3）：120-125.

［153］孟冬梅．语言博弈之逻辑分析［J］．求索，2009（12）：118-120.

［154］孟娜佳．跨文化言语交际的哲学基础——言语行为理论［J］．云南农业大学学报，2011（3）：94-98.

［155］莫再树．商务合同英语的词汇特征［J］．山东外语教学，2003（6）：47-53.

［156］莫再树．商务合同英语的文体特征［J］．湖南大学学报，2003（3）：83-88.

［157］欧阳林舟．话语理论对于教学研究的启示［J］．当代教育论坛，2010（1）：52-54.

［158］彭述初．简述奥斯汀与塞尔的言语行为理论［J］．湖南冶金职业技术学院学报，2009（1）：97-100.

［159］彭述初．言语行为理论述评［J］．当代教育理论与实践，2012（8）：129-131.

［160］钱冠莲，霍永寿．语用学诠释［M］．北京：清华大学出版社，2003.

［161］钱敏汝．篇章语用学概论［M］．北京：外语教学与研究出版社，2001.

［162］钱汝敏．篇章语用学概论［M］．北京：外语教学与研究出版社，2001.

［163］邱惠丽．奥斯汀言语行为理论的当代哲学意义［J］．自然辩证法研

究，2006（7）：37-40.

［164］冉永平. 语用学：现象与分析［M］. 北京：北京大学出版社，2005.

［165］塞尔. 言语行为：语言哲学论［M］. 涂纪亮导读. 北京：外语教学与研究出版社，2001.

［166］申琦. 浅议规范企业合同行为［J］. 当代经济，2009（1）：78-79.

［167］史有为. 汉语语篇连贯性问题概析［J］. 修辞学习，2004（5）：1-10.

［168］束定芳. 言语行为理论述评［J］. 外语教学，1989（2）：8-14.

［169］宋德文. 国际贸易英文合同文体与翻译研究［M］. 北京：北京大学出版社，2006.

［170］宋雷. 涉外合同翻译常见错误评析［J］. 中国翻译，1998（6）：22-25.

［171］孙海燕. 塞尔的语言哲学观评析［J］. 河南师范大学学报，2007（5）：67-70.

［172］孙淑芳. 言语行为理论中的若干争议问题［J］. 中国俄语教学，1998（1）：7-12.

［173］孙文凯. 浅析《合同法》中的合同目的［J］. 法制与经济，2015（Z3）：83-86.

［174］孙志祥. 合同英译理解过程中的"合法"前提和"求信"标准［J］. 中国翻译，2001（5）：52-55.

［175］唐淑敏. 涉外经济合同英文语体初探［J］. 外语教学，1996（1）：16-21.

［176］陶红印. 试论语体分类的语法学意义［J］. 当代语言学，1999（3）：15-24.

［177］涂纪亮. 意向性理论的几个问题［J］. 中国社会科学，1991（4）：19-27.

［178］汪洪. 从两则相似性案例解读用人单位单方解除劳动合同行为的合法性及合理性考量［J］. 法律适用，2010（9）：53-55.

［179］王春晖. 涉外经济合同英译的质量标准［J］. 中国科技翻译，1994（3）：50-53.

［180］王大方. 透过言语行为理论看塞尔对西方哲学的发展［J］. 黑龙江社会科学，2009（1）：133-135.

［181］王贵斌. 特许经营合同案例分析［M］. 北京：中国工商出版

社，2004.

[182] 王桂莲. 目的理论与商务合同翻译 [J]. 文学教育，2014 (10)：144-145.

[183] 王宏军. 谈 Austin 和 Searle 的言语行为理论 [J]. 国外外语教学，1998 (2)：1-34.

[184] 王怀禄. 新编常用合同范本 [M]. 北京：中国法制出版社，2011.

[185] 王建平. 语言哲学 [M]. 北京：中共中央党校出版社，2003.

[186] 王晶红. 奥斯汀与塞尔言语行为理论探析 [J]. 吉林华侨外国语学院学报，2011 (2)：125-127.

[187] 王利民，崔建远. 合同法新论·总则 [M]. 北京：中国政法大学出版社，1997.

[188] 王琳. 商务英语合同翻译策略 [J]. 辽宁科技大学学报，2011 (5)：537-540.

[189] 王玲. 商务英语合同中承诺类言语行为研究 [D]. 吉林大学硕士学位论文，2011.

[190] 王澎. 浅析奥斯汀与塞尔言语行为理论 [J]. 高教探索，2013 (3)：91-93.

[191] 王平. 目的论视域下的康德历史哲学 [M]. 上海：上海交通大学出版社，2012.

[192] 王雪玲. 语言哲学视阈下的语言交际博弈论 [J]. 当代外语研究，2010 (4)：13-17.

[193] 王轶. 论合同行为的一般生效条件 [J]. 法律适用，2012 (7)：22-26.

[194] 王园. 国际商务合同词汇特征探析 [J]. 兰州教育学院学报，2014 (10)：113-115.

[195] 王泽功. 承揽合同案例评析 [M]. 北京：知识产权出版社，2003.

[196] 王振铎. 合同行为与审计执法在纠纷案件中的效力认定 [J]. 中国审计，2009 (1)：58-59.

[197] 王志录，姜杰，赵守安. 企业合同行为的自律性原则 [J]. 辽宁经济，2004 (2)：48.

[198] 韦森. 言语行为与制度的生成 [J]. 北京大学学报，2005 (6)：121-130.

[199] 魏屹东. 认知科学哲学问题研究 [M]. 北京：科学出版社，2008.

[200] 文兵. 言语行为认定模式研究 [J]. 外语教学，2014 (6)：40-44.

［201］吴大正. 信号与线性系统分析［M］. 北京：高等教育出版社，2005.

［202］吴飞飞. 公司担保合同行为的最佳方式范式何以形成公司越权担保合同效力认定的逆向思维［J］. 法学论坛，2015（1）：61-67.

［203］吴贵武. 商务英语合同语体分析［J］. 科技信息，2011（18）：163-164.

［204］吴红军. 庭审话语目的语用距离关系分析［J］. 新疆大学学报，2015（2）：128-133.

［205］吴红军. 新疆维吾尔语庭审话语目的关系分析［J］. 新疆大学学报，2012（2）：149-156.

［206］吴庆宝. 典型合同判解研究［M］. 北京：中国法制出版社，2003.

［207］吴庆宝. 合同权益疑难案件判定解说［M］. 北京：人民法院出版社，2003：126-132.

［208］吴荣荣，杨海超，曹明明. 买卖合同纠纷案例答疑［M］. 北京：中国法制出版社，2009.

［209］吴庭刚. 论合同目的的查明［J］. 山东社会科学，2006（9）：91-93.

［210］吴延平. 奥斯汀和塞尔的言语行为理论探究［J］. 吉林师范大学学报，2007（4）：60-63.

［211］狭里，常小强. 合同欺诈案例与点评［M］. 北京：经济管理出版社，2003.

［212］夏甄陶. 关于目的哲学［M］. 上海：上海人民出版社，1982.

［213］夏征农. 大辞海·语言学卷［M］. 上海：上海辞书出版社，2003.

［214］肖本罗，李彩虹. 后期维特根斯坦语言哲学观——维特根斯坦与言语行为理论问题［J］. 唐山学院学报，2006（2）：57-60.

［215］谢林. 先验唯心论体系［M］. 梁志学，石泉译. 北京：商务印书馆，2009.

［216］辛斌. 批评性语篇分析方法论［J］. 外国语，2002（6）：34-41.

［217］辛斌. 言语行为、交际意图和预示语列［J］. 外语学刊，1999（1）：30-34.

［218］辛斌. 语篇研究中的互文性分析［J］. 外语与外语教学，2008（1）：7-10.

［219］徐峰. 英文商务合同中的替代［D］. 西南政法大学硕士学位论文，2008.

[220] 徐默凡. 论语体言语行为 [J]. 当代修辞学，2013 (2)：27-35.

[221] 徐阳光，张喻忻，王祺. 借款合同纠纷案例分析 [M]. 北京：知识产权出版社，2004.

[222] 徐有渔，周国平，陈嘉映等. 语言与哲学 [M]. 北京：生活. 读书. 新知三联书店，1996.

[223] 许国新. 英文国际经济贸易合同中状语的语用分析与翻译技巧 [J]. 中国翻译，2002 (3)：61-64.

[224] 许红峰. 技术合同案例评析 [M]. 北京：知识产权出版社，2003.

[225] 许钟宁. 修辞手段与语体手段 [J]. 宁夏大学学报，2007 (5)：8-11.

[226] 薛海英. 中英合同文本的指示语 [D]. 西南政法大学硕士学位论文，2008.

[227] 杨红，柯贤兵. Searle 间接言语行为理论与诗歌隐喻哲学 [J]. 海南大学学报，2014 (6)：118-125.

[228] 杨宁芳. 奥斯汀的言语行为理论探究 [J]. 重庆工学院学报，2008 (7)：37-43.

[229] 杨文波. 修辞在公文语体中的应用 [J]. 唐都学刊，1989 (4)：97-101.

[230] 杨毅明. 数字信号处理 [M]. 北京：机械工业出版社，2012.

[231] 杨玉成. 奥斯汀论言和行 [J]. 哲学研究，2004 (1)：68-72.

[232] 杨忠直. 工程合同冲突协调的经济力学解释 [J]. 管理工程学报，2015 (4)：79-82.

[233] 姚仁安. 对工商行政机关确认无效经济合同行为性质及其可诉性的研究 [J]. 中外法学，1993 (1)：39-41.

[234] 叶红英. 言语行为理论对交际教学的启示 [J]. 重庆工学院学报，2007 (6)：137-147.

[235] 易明勇. 言语行为理论关照下的国际贸易合同语篇研究 [J]. 滁州学院学报，2013 (4)：28-31.

[236] 尹付. 论言语行为理论与会话含意理论之迥异 [J]. 中南大学学报，2011 (4)：197-200.

[237] 尹卓. 合同纠纷案例精析 [M]. 北京：法律出版社，2006.

[238] 印辉. 电子商务合同案例评析 [M]. 北京：知识产权出版社，2002.

[239] 余东明. 意义和所指的哲学含义与语用研究 [J]. 外语与外语教

学，2000（2）：4-12.

［240］於晓丹. 塞尔间接言语行为理论初探［J］. 科教文汇，2006（10）：173.

［241］翟弘，徐美彦. 奥斯汀的言语行为理论对“十八相送”的解释力［J］. 株洲工学院学报，2005（5）：143-144.

［242］张德禄，刘洪民. 主位结构与语篇连贯［J］. 外语研究，1994（3）：27-33.

［243］张德禄. 语篇连贯与语篇的信息结构——论语篇连贯的条件［J］. 外语研究，1992（3）：7-11.

［244］张栋. 担保法新释与例解［M］. 北京：同心出版社，2000.

［245］张兢田. 语用博弈中信息不确定的产生［J］. 现代语文，2012（6）：79-80.

［246］张美君. 语域理论视域下商务合同英语修辞特征研究［J］. 哈尔滨学院学报，2011（8）：93-97.

［247］张巧梅. 国际商务合同的功能语篇分析［D］. 西南政法大学硕士学位论文，2011.

［248］张清. 庭审话语中的目的关系分析［J］. 山西大学学报，2010（6）：130-133.

［249］张晓杭. 系统功能语法视角下的商务合同语篇分析［D］. 西南财经大学硕士学位论文，2007.

［250］张晓明. 论利益概念［J］. 哲学动态，1995（4）：22-23.

［251］张旭春. 德里达对奥斯汀言语行为理论的解构［J］. 国外文学，1998（3）：3-8.

［252］张宗和，王玮. 劳动合同签约行为的博弈决策［J］. 商业经济与管理，2009（5）：42-48.

［253］赵惠琳. 正确理解和适用合同目的及其根本违约规则［J］. 政治与法律，2003（5）：137-140.

［254］赵明. 言语行为理论与等效翻译原则［J］. 中国矿业大学学报，1999（5）：149-153.

［255］赵永平. 论法律语言研究的语用学转向［J］. 齐齐哈尔大学学报，2015（1）：132-135.

［256］郑道昌，蔡先凤，何艳萍. 提单和租约的词汇特点及翻译［J］. 宁波大学学报，2002（2）：46-50.

［257］中共中央马克思恩格斯列宁斯大林著作编译局. 马克思恩格斯全集

（第一卷）[M]. 北京：人民出版社，1995.

[258] 中共中央马克思恩格斯列宁斯大林著作编译局. 马克思恩格斯全集（第十九卷）[M]. 北京：人民出版社，2006.

[259] 周维娣. 以言行事——从言语行为理论解析公益广告语的动态功能[J]. 盐城师范学院学报，2009（3）：107-111.

[260] 周相. 罗马法原论（下）[M]. 北京：商务印书馆，1994.

[261] 朱慧敏. 语言哲学视野中的言语行为理论发展评述 [J]. 山东社会科学，2009（3）：151-153.

[262] 朱永生. 语境动态研究 [M]. 北京：北京大学出版社，2005.

[263] 祝铭山. 承包合同纠纷 [M]. 北京：中国法制出版社，2004.

[264] 祝铭山. 担保合同纠纷 [M]. 北京：中国法制出版社，2004.

[265] 祝铭山. 购销合同纠纷 [M]. 北京：中国法制出版社，2004.

[266] 祝铭山. 管辖权争议纠纷 [M]. 北京：中国法制出版社，2004.

[267] 祝铭山. 借款担保合同纠纷 [M]. 北京：中国法制出版社，2004.

[268] 祝铭山. 借款合同纠纷 [M]. 北京：中国法制出版社，2004.

[269] 祝铭山. 劳动合同纠纷 [M]. 北京：中国法制出版社，2004.

[270] 祝铭山. 委托代理纠纷 [M]. 北京：中国法制出版社，2004.

[271] 祝铭山. 运输合同纠纷 [M]. 北京：中国法制出版社，2004.

[272] 祝铭山. 租赁合同纠纷 [M]. 北京：中国法制出版社，2004.

二、英文参考文献

[1] Alston, W. Illocutionary Acts and Sentence Meaning [M]. Ithaca, NY: Cornel University Press, 2000.

[2] Anscombe, G. E. M. Intention [M]. Ithaca, NY: Cornel University Press, 1963.

[3] Aristotle, R. M. Metaphysics [M]. Delta: Parmenides Publishing, 1050.

[4] Austin, J. L. How to Do Things with Words [M]. Oxford: Oxford University Press, 1962.

[5] Azariadis, C. Implicit Contracts and Underemployment Hquilibria [J]. Journal of Political Economy, 1975 (6): 1183-1202.

[6] Bach, K. & Harnish, R. Linguistic Communication and Speech Acts [M]. Cambridge: MIT Press, 1979.

[7] Bailey, M. N. Wages and Employment under Uncertain Demand [J]. Review of Economic Studies, 1974 (1): 37-50.

[8] Barker, S. Reneing Meaning: A Speech-Act Theoretic Approach [M]. Oxford: Oxford University Press, 2004.

[9] Bartolini, C. & Governatori, G. & Milosevic, Z. Introduction to the Special Issue: Electronic Contract Architectures and Languages [J]. International Journal of Electronic Commerce, 2008 (4): 5-7.

[10] Bennett, J. Linguistic Behaviour [M]. Cabridge: Cambridge University Press, 1976.

[11] Bloomfield, L. Language [M]. London: Allen & Unwin Ltd., 1933.

[12] Boatright, J. R. Is There an Internal Morality of Contracting [J]. Academy of Management Review, 2007 (1): 293-295.

[13] Bowles, M. L. & Coates, G. Image and Substance: The Management of Performance as Rhetoric or Reality [J]. Personnel Review, 1993 (2): 3-21.

[14] Bugel, S. D. Translation Contract [J]. Multilingual Computing & Technology, 2005 (8): 18-19.

[15] Bushey, J. & Demoulin, M. & McLelland, R. Cloud Service Contracts: An Issue of Trust [J]. Canadian Journal of Information & Library Science, 2015 (8): 128-153.

[16] Collins, D. E. Indirectness in Legal Speech Acts: An Argument against the out of Ritual Hypopaper [J]. Journal of Pragmatics, 2009 (41): 427-439.

[17] Collins, D. E. Reanimated Voices: Speech Reporting in a Historical Pragmatic Perspective [M]. Amsterdam: John Benjamins Publishing, 1985.

[18] Corts, K. S. The Interaction of Implicit and Explicit Contracts in Construction and Procurement Contracting [J]. Journal of Law, Economics & Organization, 2012 (3): 550-568.

[19] Coulthard, M. & Brazil D. Exchange Structure in Advance. In M. Coulthard (ed.), Spoken Discourse Analysis [M]. London and New Yew York: Routledge, 1975.

[20] Danet, B. Language in the Legal Process [J]. Law and Society Review, 1980 (14): 445-564.

[21] David, E. Translation Versus Concessio: Retrieving the Debate about Contracts of Alienation with An Application to Today's Employment

Contract [J]. Politics & Society, 2005 (3): 449-480.

[22] David, H. A. Treatise of Human Nature [M]. Oxford: Oxford University Press, 1978.

[23] Domberger, S. & Fernandez, P. & Fiebig, D. G. Modelling the Price, Performance and Contract Characteristics of IT Outsourcing [J]. Journal of Information Technology, 2000 (2): 107-118.

[24] Drew, P. Strategies in the Contest between Lawyer and Witness. In J. Levi and A. Walker (eds.), Cross-Examination in Language in the Judicial Process [M]. London and New Yew York: Plenum, 1990.

[25] Eric, P. Origins: A Short Etymological Dictionary of Modern English [M]. London: Routledge, 1977.

[26] Estabrooks, C. A. Renegotiating the Social Contract? The Emergence of Knowledge Translation Science [J]. The Canadian Journal of Nursing Research, 2008 (2): 11-15.

[27] Ferdinand, D. S. Cours de Linguistique Generale [M]. Paris: Pavot, 1949.

[28] Firth, J. R. Speech [M]. London: Ernest Benn Limited, 1930.

[29] Firth, J. R. The Technique of Semantics. Transacftions of the Philological Society. [M]. Oxford: Oxford University Press, 1959.

[30] Forguson, L. W. Locutionary and Illocutionary Acts. In G. Warnock (ed.), Essays on J. L. Austin [M]. Oxford: Clarendon Press, 1973.

[31] Frege, G. Sense and Reference [M]. Oxford: Blackwell, 1952.

[32] Fried, J. & Howitt, P. Credit Rationing and Implicit Contract Theory [J]. Journal of Money, Credit & Banking, 1980 (3): 471-487.

[33] Fujii, Y. The Translation of Legal Agreements and Contracts from Japanese into English: The Case for A Free Approach [J]. Babel Academic Journal, 2013 (4): 421-444.

[34] Gay, P. & Salaman, G. & Rees, B. The Conduct of Management and the Management of Conduct: Contemporary Managerial Discourse & the Constitution of the Competent Manager [J]. Journal of Management Studies, 1996 (3): 263-282.

[35] Gerding, E. F. Contract as Pattern Language [J]. Washington Law Review, 2013 (4): 1323-1356.

[36] Gilbert, D. U. & Behnam, M. Advancing Integrative Social Contracts Theory: A Habermasian Perspective [J]. Journal of Business Ethics, 2009 (2): 215-234.

[37] Goering, E. M. Distributional in Contract Negotiations: An Interaction Analysis of Strategy Use [J]. Journal of Business Communication, 1997 (4): 383-400.

[38] Gordon, D. A Neoclassical Theory of Keynesian Unemployment [J]. Economic Inquiry, 1974 (4): 341-359.

[39] Grant, D. HRM Rhetoric and the Psychological Contract: A Case of "Easier Said than Done" [J]. International Journal of Human Resource Management, 1999 (2): 327-350.

[40] Green, M. Illocutionary Force and Semantic Content [J]. Linguistics and Philosophy, 2000 (23): 435-473.

[41] Gregerson, L. Rhetorical Contract in the Lyric Poem [J]. Kenyon Review, 2006 (2): 161-178.

[42] Grice, H. P. Logic and Conversation. In Adam Jaworski and Nikolas Coupland (eds.), The Discourse Reader [M]. London: Routledge, 1975.

[43] Grice, H. P. Meaning [J]. Philosophical Review, 1957 (7): 15-32.

[44] Gu, Yuguo. Doctor-Patient Interaction as Goal-Directed Discourse in Chinese Social Cultural Context [J]. Journal of Asian Pacific Communication, 1996 (7): 3-4.

[45] Gutwinski, W. Cohesion in Literary Texts [M]. The Hague: Mouton, 1976.

[46] Gürtler, M. & Gürtler, O. The Interaction of Explicit and Implicit Contracts: A Signaling Approach [J]. Journal of Economic Behavior & Organization, 2014 (9): 135-146.

[47] Halliday, M. A. K. & Hasan, R. Cohesion in English [M]. London: Longman, 1976.

[48] Halliday, M. A. K. & Hasan, R. Language, Context and Text: Aspects of Language in a Social-Semantic Perspective [M]. Geelong Victoria: Deakin University Press, 1985.

[49] Halliday, M. A. K. Categories of the Theory of Grammar [J].

Word, 1961 (2): 241-292.

[50] Halliday, M. A. K. The Notion of " Context " in Language Eucation. In M. Ghadessy (ed.) , Text and Context in Functional Linguistics [M]. Amsterdam: John Benjiamins, 1999.

[51] Hare, R. Meaning and Speech Acts [J]. The Philosophical Review, 1970 (79): 3-24.

[52] Holdcroft, D. Words and Deeds: Problems in the Theory of Speech Acts [M]. Oxford: Clarendon Press, 1978.

[53] Jakobson, R. Closing Statement: Linguistics and Poetics. In T. A. Sebeok (ed.), Style in Language [M]. Mass.: MIT Press, 1960.

[54] Jucker, A. H. & Taavitsainen, I. Diachronic Speech Act Analysis: Insults from Flying to Flaming [J]. Journal of Historical Pragmatics, 2000 (1): 67-95.

[55] Kaplan, S. N. & Stromberg, P. Characteristics, Contracts and Actions: Evidence from Venture Capitalist Analyses [J]. Journal of Finance, 2004 (5): 2177-2210.

[56] Kearns, J. Conditional Assertion, Denial and Supposition as Illocutionary Acts [J]. Linguistics and Philosophy, 2006 (29): 455-485.

[57] Keenoy, T. HRM Rhetoric, Reality and Contradiction [J]. International Journal of Human Resource Management, 1990 (3): 363-384.

[58] Klimas, T. Language of Contract [M]. Durham, N. C.: Carolina Academic Press, 2006.

[59] Kotter, J. P. The Psychological Contract [J]. California Management Review, 1973 (15): 91-99.

[60] Labadie, J. G. The Reproductive Rights of Latinas and Commercial Surrogacy Contracts-English Translation [J]. Texas Hispanic Journal of Law & Policy, 2008 (1): 49-66.

[61] Lawrence, P. Management Development in Europe: A Study in Cultural Contrast [J]. Human Resource Management Journal, 1993 (1): 11-23.

[62] Lepore, E. &Van, G. R. John Searle and His Critics [M]. Oxford: Blackwell, 1991.

[63] Lewis, D. Convention [M]. Cambridge, MA: Harvard University Press, 1969.

[64] Linda, B. & Schalk, R. Influence of Pre-Merger Employment Relations and Individual Characteristics on the Psychological Contract [J]. South African Journal of Psychology, 2008 (2): 305-320.

[65] Lyons, J. Introduction to Theoretical Linguistics [M]. Cambridge: Cambridge University Press, 1968.

[66] Lyons, J. Semantics [M]. Cambridge: Cambridge University Press, 1977.

[67] Malinowski, B. The Problem of Meaning in Primitive Language. In C. K. Ogden & I. A. Richards (eds.). The Meaning of Meaning [M]. London: Kegan Paul, 1923.

[68] Nerlich, B. & Clarke, D. Language, Action and Context: The Early History of Pragmatics in Europe and American 1870-1930 [M]. Amserdam: John Benjamins Publishing Company, 1996.

[69] Nicotera, A. M. Thinking about Communication and Conflict [M]. New York: State University of New York Press, 1995.

[70] Olivecrona, K. Legal Language and Reality [M]. New York: Bobbs Merril Press, 1962.

[71] Onsman, A. Tempering Universities Marketing Rhetoric: A Strategic Protection against Litigation or an Admission of Failure [J]. Journal of Higher Education Policy and Management, 2008 (1): 77-85.

[72] Peng, Xu & Burgess, J. & James, F., et al. Relationships between Medicare Advantage Contract Characteristics and Quality of Care Ratings [J]. Annals of Internal Medicine, 2015 (5): 353-358.

[73] Peyrat, G. D. Union Discourse and Perceived Violation of Contract: A Social Contract-Based Approach [J]. Industrial Relations, 2008 (3): 479-501.

[74] Pondy, L. R. Reflections on Organizational Conflict [J]. Journal of Organizational, 1992 (13): 257-261.

[75] Poole, D. L. Beyond the Rhetoric: Shared Responsibility Versus the Contract with America [J]. Health & Social Work, 1995 (2): 83.

[76] Radin, M. J. Rhetorical Capture [J]. Arizona Law Review, 2012 (2): 457-468.

[77] Rainey, R. & Dixon, B. & Ahrendsen, B. L., et al. Arkansas Landlord Selection of Land Leasing Contract Type and Terms [J].

International Food & Agribusiness Management, 2005 (1): 1-19.

[78] Rawolle Shaun. Understanding Equity as an Asset to National Interest: Developing a Social Contract Analysis of Policy Discourse [J]. Studies in the Cultural Politics of Education, 2013 (2): 231-240.

[79] Rosen, S. Implicit Contracts: A Survey on Economic Literature [J]. Journal of Economic Literature, 1985 (23): 1144-1175.

[80] Rosenthal, R. W. Games of Perfect Information, Predatory Pricing, and the Chain Store Paradox [J]. Journal of Economic Theory, 1981 (25): 92-100.

[81] Rousseau, D. M. Psychological Contracts in Organizations: Understanding Written and Unwritten Agreements [M]. Thousand Oak: Sage, 1995.

[82] Rozovics, M. J. Drafting Multiple Language Contracts [J]. GP Solo, 2011 (3): 14-17.

[83] Sandra, C. & Briner, R. B. Causal Explanations of Psychological Contract Breach Characteristics [J]. Psychologist Manager Journal, 2013 (2): 85-106.

[84] Sbisa, M. Speech Act Theory. In J. Verschueren, J. Ostman and J. Blommaert (eds.), Handbook of Pragmatics [M]. Amsterdam: John Benjamins Publishing Company, 1995.

[85] Scholliers, C. & Tanter, E. & Wolfgang, D. M. Computational Contracts [J]. Science of Computer Programming, 2015 (8): 360-375.

[86] Schuhmann, K. & Smith, B. Elements of Speech Act Theory in the Philosophy of Thomas Reid [J]. History of Philosophy Quarterly, 1990 (7): 47-66.

[87] Searle, J. L. & Kiefer, F. & Bierwisch, W. Speech Act Theory and Pragmatics [M]. Dordrecht: D. Reidel Publishing Company, 1980.

[88] Searle, J. L. Austin on Locutionary and Illocutionary Acts [J]. Philosophical Review, 1968 (77): 405-412.

[89] Searle, J. L. Expression and Meaning [M]. Cambridge: Cambridge University Press, 1979.

[90] Searle, J. L. Indirect Speech Acts. In P. Cole and J. Morgan (eds.), Syntax and Semantics [M]. New York: Academic Press, 1975.

[91] Searle, J. L. Speech Acts: An Essay in the Philosophy of Language

[M]. Cambridge: Cambridge University Press, 1969.

[92] Searle, J. R. & Vanderveken, D. Foundation of Illocutionary Logic [M]. Cambridge: Cambridge University Press, 1985.

[93] Searle, J. R. A Classification of Illocutionary Acts [J]. Language and Society, 1979 (5): 1-23.

[94] Searle, J. R. A Taxonomy of Illocutionary Acts. In K. Gunderson (ed.), Language, Mind and Knowledge [M]. Minneapolis, MN: University of Minnesota Press, 1975.

[95] Searle, J. R. Indirect Speech Acts. In Expression and Meaning: Studies in the Theory of Speech Acts [M]. Cambridge: Cambridge University Press, 1979.

[96] Searle, J. R. Intention and Intentionality [M]. Cambridge: Cambridge University Press, 1983.

[97] Searle, J. R. Speech Acts: An Essay in the Philosoph of Language [M]. Cambridge: Cambridge University Press, 1969.

[98] Searle, J. R. Speech Acts: An Essay in the Philosoph of Language [M]. Cambridge: Cambridge University Press, 1969.

[99] Searle, J. R. The Philosophy of Language [M]. Oxford: Oxford University Press, 1971.

[100] Searle, J. R. What Is a Speech Act? In Maurice Black (ed.), Philosophy in America [M]. London: Allen and Unwin, 1965.

[101] Secomandi, N. & Wan, M. A Computational Approach to the Real Option Management of Network Contract for Natural Gas Pipeline Transport Capacity [J]. Manufacturing & Service Operations Management, 2012 (3): 441-454.

[102] Sefton, P. M. State-Potentials and Social-Subjects in Systemic Functional Theory: Towards a Communicational Social Semiotic [D]. University of Sydney, 1995.

[103] Shanks, T. Affect, Critique and the Social Contract [J]. Theory & Event, 2015 (1): 1.

[104] Shannon, C. & Weaver, W. The Mathematical Theory of Communication [M]. Urbana: University of Illinois Press, 1949.

[105] Sinclair, J. & Coulthard, M. Towards an Analysis of Discourse: The English Used by Teachers and Pupils [M]. Oxford: Oxford University

Press, 1975.

[106] Smith, B. Towards a History of Speech Act Theory. In A. Burkhardt (ed.). Speech Acts, Meaning and Intentions: Critical Approaches to the Philosophy of John Searle [M]. Berlin: Walter de Gruyter Press, 1990.

[107] Sperber, D. & Wilson, D. Relevance Communication and Cognition [M]. Oxford: Basil Blackwell, 1986.

[108] Sperber, D. & Wilson, D. Relevance: Communication and Cognition [M]. Oxford: Blackwell, 1996.

[109] Stansbury, J. Reasoned Moral Agreement: Applying Discourse Ethnics within Organizations [J]. Business Ethics Quarterly, 2009 (1): 33-56.

[110] Stephenson, G. M. & Kniveton, B. H. & Morley, L. E. Interaction Analysis of an Industrial Wage Negotiation [J]. Journal of Occupational Psychology, 1997 (50): 231-241.

[111] Strawson, P. Austin and "Locutionary Meaning". In G. Warnock (ed.), Essays on J. L. Austin [M]. Oxford: Clarendon Press, 1973.

[112] Strawson, P. Intention and Convention in Speech Acts [J]. The Philosophical Review, 1964 (73): 439-460.

[113] Strydom, D. B. & Van, Z. & Willemse, B. J. Characteristics of Potato Contract Producers in the South African Potato Processing Industry [J]. Agrekon, 2014 (2): 65-82.

[114] Takahara, P. Q. Pragmatic Functions of the Given/New Contract in Child Discourse [J]. Language Science, 1979 (2): 249-272.

[115] Tasneem, F. Electronic Contracts and Cloud Computing [J]. Journal of International Commercial Law & Technology, 2014 (2): 105-116.

[116] Thomas, J. Meaning in Interaction [M]. London: Longman, 1995.

[117] Tsohatzidis, S. Foundation of Speech Act Theory: Philosophical and Linguistic Perspectives [M]. New York: Routledge, 1994.

[118] Usher, M. Defending and Transcending Local Identity through Environmental Discourse [J]. Environmental Politics, 2013 (5): 811-831.

[119] Van, D. T. A. Text and Context: Explorations in the Semantics and Pragmatics of Discourse [M]. London: Longman, 1977.

[120] Verschuren, J. Understanding Pragmatics [M]. Oxford: Oxford University Press, 1999.

[121] Walton, R. E. & McKersie, R. E. A Behavioral Theory of Labor Negotiations [M]. New York: McGraw Hill Press, 1965.

[123] Warnock, G. Essays on J. L. Austin [M]. New York: Routledge, 1989.

[124] Watson, T. Rhetoric, Discourse and Argument in Organizational Sense Making: A Reflexive Tale [J]. Organizational Studies, 1995 (5): 805-821.

[125] Wegener, P. Untersuchungen be die Grund Fragen der Sprachlebens [M]. Berlin: Halle, 1885.

[126] Wenger, M. On the Rhetorical Contract in Human-Computer Interaction [J]. Computers in Human Behavior, 1991 (4): 245-262.

[127] Werth, P. L. & Focus L. Coherence and Emphasis [M]. Oxford: Croom Helm Clarendon Press, 1984.

[128] Wilkinson, R. T. & Hoffman, D. The Common Sense of Contract Formation [J]. Standford Law Review, 2015 (6): 1269-1301.

[129] Wilkinson, R. T. Intuitive Formalism in Contract [J]. Academic Journal, 2015 (7): 2109-2129.

[130] Wittgenstein, L. Philosophical Investigations [M]. Oxford: Blackwell, 1958.

[131] Wittgenstein, L. Tractatus Logico-Philosophicus [M]. London: Routledge & Kegan Paul, 1922.

[132] Wittgenstein, L. Tractatus Logico-Philosophicus [M]. London: Routledge & Kegan Paul, 1962.